W0178298

·

MICHAEL LENTZ

ATMEN
ORDNUNG
ABGRUND

FRANKFURTER
POETIKVORLESUNGEN

S. FISCHER

Erschienen bei S. Fischer

© S. Fischer Verlag GmbH, Frankfurt am Main 2013

Satz: Dörlemann Satz, Lemförde
Druck und Bindung: CPI books Gmbh, Leck
Printed in Germany
ISBN 978-3-10-043937-6

habe nun den text meines lebens
gelesen worden freie gelenkkörper
entfernt kann ich mich nun freier
bewegen kann ich mich nicht
eine frage der blockade die mich bewegt
prognose gut zwanzig jahre es geht
halt sage ich ob ich damit aufhören soll
nicht wirklich einfach die antwort
weitermachen wie bisher und ein ende
abwarten wie im leben das leben das leben

Michael Lentz, *habe nun den text meines lebens*, unveröffentlicht

Prolog
DIE DAME RHETORICA

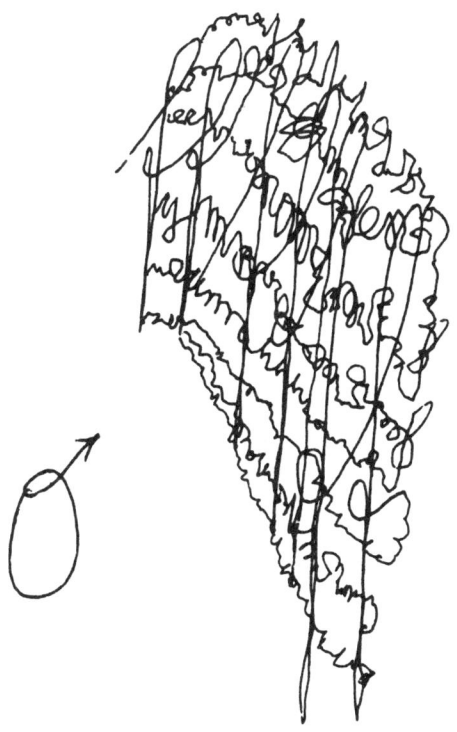

olitüde
(Aus Oskar Pastior, *sonetburger.* Berlin: Rainer Verlag 1983
© Oskar Pastior Stiftung, Berlin)

Sie werden eine gütig dreinblickende, leicht nach vorn gebeugte Person sehen, die etwas hüftsteif dasteht, huldvoll in ihren Gesten, ihre Kleidung ein Stilbruch. Die Puschen und der wallende Unterrock passen nicht so recht zum darüber drapierten Festkleid, das Haupt ziert eine Krone – oder umgekehrt? Der Kopf ist im Vergleich zu den Füßen verschwindend klein, schmallippig die Gestalt. Eine belebte Puppe, die sich lieber wieder umziehen ginge, eine karnevaleske Anprobe zur Unzeit.

Sie werden sehen: Bei genauerer Betrachtung erweist sich die Person, wenn sie denn eine ist, als unbeschreiblich disparat. Stilbruch herrscht auf allen Ebenen – ein vermeintliches Paradox, ist der Figur die Frage nach dem Stil doch eine wesentliche. Die Figur beherbergt viele Figuren. Wer zählt sie alle, »nennt die Namen, die gastlich hier zusammenkamen«? Der Betrachter hat eine untersichtige Perspektive eingenommen, möglicherweise kniet er. Die Person verjüngt sich nach oben, bei näherem Hinsehen wirkt sie, als beuge sie sich ein wenig nach hinten. Beschreibt ihre inszenierte Erscheinung eine nach oben hin aufsteigende Wertehierarchie? Die amorphe Masse geerdet und von merkwürdigen Auswüchsen umzingelt, das Haupt himmlisch entrückt. Das Bild ums Bild: der Ausschnitt eines Triumphbogens, der das Figurenensemble mittig rahmt und ihm so Symmetrie verleiht. Die solchermaßen beherbergte Gestalt, eine wahre Unschuld, die nicht weiß, wohin mit ihren Händen, könnte sonst ins Wanken geraten, sich der Kleidung entledigen, ihre wahre Gestalt verraten. Der Triumphbogen ist der Rahmen des Bildes, das keinen Rahmen hat außer dem Papier als unechtes Passepartout, und Papier passt immer. Das Papier simuliert die Begrenzung seiner selbst, das Auge kann Bild von Abbild nicht unterscheiden und ebnet im Verbund mit dem Papier jedwede Tiefe ein: Die Erde ist eine Scheibe. Simulation ist eine Wirkmacht. Geht diese Wirkmacht von der Gestalt aus, ist ihre bildliche Darstellung eine Devotionalie.

Schrift ist ein Wallfahrtsort. Sie verheißt mehr, als sie halten kann. Sie erinnert uns permanent an Wörter und Dinge, denen wir nie begegnet sind, die wir nicht erlebt, an die wir nie im Leben gedacht haben. Aber wir richten unser Leben danach aus, nach dem Unbegegneten, Nichterlebten, Niegedachten.

Kommen wir der Gestalt, die uns alle gestaltet (und nun schon so lange aufgehalten hat), ein wenig näher. »Ein wenig«: So sagt man halt, wie weit es auch sein mag. »Näher«: reine Utopie, die letzte vielleicht, die unserem verschäftigten Alltag zugrunde liegt. »Zugrunde«: eine räumliche Metapher, final verwendet in »zugrunde richten«. »Zu Grunde«, da ist die Richtung des Richtens schon vorgegeben.

Die Füße der Gestalt werden von einem plumpen Unterrock umspielt. Das knielange Oberkleid scheint ebenso zu kurz geraten zu sein wie der mit einer Blumenbrosche über der Brust befestigte Umhang. Sein feiner Stoff macht den Unterrock zum Nachthemd. Die Kürze ergibt Sinn, sie gibt den Blick frei auf drei Hundeköpfe und einen lodernden Topf rechts und links zu den Füßen der Gestalt. Die in verschiedene Richtungen schauenden Hundeköpfe stecken in einer Art Sack, das Ensemble sieht aus wie ein hundekopfblühender Fenchel. Das Kleid der Dame ist beblümt, es ist der Fruchtkelch des Umhangs, den dieselbe Blumenornamentik schmückt. Die linke

Hand, einladend ausgestreckt, öffnet den Blick auf das Futter des Umhangs: die Kehrseite der Rede. Die rechte Hand hält einen ellenlangen Stab, der in der Armbeuge und an der Schulter lehnt. Welche Hoheit wird der Dame mit diesem Zepter verliehen? Zwei Schlangen umwinden den Stab. Über ihren einander zugewandten Häuptern je ein Flügel. Eine diskusartige Scheibe bildet den Himmel dieses symmetrischen Gebildes. Der Himmel wird durch eine runde Kugel auf dem Stab gehalten. Ist diese Kugel die Welt, dann ist der Himmel die Hölle. Die Hölle hat eine viel größere Ausdehnung als die Welt. Dafür ist es viel exklusiver, auf der kleinen Welt zu sein, als in der Hölle zu schmoren. Die meisten sind bereits in der Hölle. Dass wir leben, ist vorübergehend. Augenscheinlich kann die Dame ihren Mund nicht halten. Was diesem Mund entkommt, sind keine Worte. Es tropft nicht herab aus diesem Mund, und doch scheint da etwas auszufließen. Eine dreistrahlige Kette.

Was weiß ich nun über diese Dame und ihre so verschwiegen vielsagende Inszenierung? Nicht eben viel. Ich kann sie mir aufgrund der Beschreibung ungefähr vorstellen, ich kann sie mir vielleicht in Erinnerung rufen, sollte ich sie schon einmal gesehen haben. Ich finde sie womöglich, ihrem Erscheinungsbild entsprechend, beachtlich unbeachtlich. Der *symbolische* und *allegorische* Gehalt des figürlichen Ensembles erschließt sich mir aber erst, wenn ich die rhetorische Ikonographie mitsamt ihren mythologischen Allusionen decodieren kann. Die Dame wird dann zu einem emblematischen Sinnbild. Sie wird zur Dame *Rhetorica*.

Jedes Element in diesem Symbol-Kompositum hat seine eigene Deutungsgeschichte, und zugleich steht kein Element für sich in diesem Bild, das aus Bildern arrangiert wurde und bei Unkenntnis der für das Bildganze signifikanten Elemente wieder in Einzelbilder zerfällt. Hier herrscht eine Simultaneität von Ungleichem diachroner Herkunft, das nur von einem

RHETORICA

Rhetorica
(Aus: Cristoforo Giarda,
Bibliothecae Alexandrinae Icones Symbolicae, 1628)

Namen und dem damit verbundenen System domestiziert wird: *Rhetorica*. Ihr gekröntes Haupt, auch als Himmel und als Staatsoberhaupt, ist den Blicken in ganzer Undeutlichkeit deutlicher entzogen als das durch überschüssiges Gewand anonymisierte Fußvolk.

Eine Hierarchie der Ordnungen. Füße. Die fußmessende Metrik der Antike. Versfüße. Der rechte Fuß der *Rhetorica* ist vorangestellt. Sie geht bemessenen Schrittes. Ihr Schritt ist bildlich eingefroren.

Es herrscht Bewegung im Stillstand. Literatur.

Die rhetorische Ikonographie hat ihre eigene bildnerische Geschichte.[1] Die Geschichte der visualisierten Personifikation der Rhetorik lässt sich beschreiben als ein Inventar von mythologisch-symbolischen Versatzelementen, die, vor dem semantischen Horizont der Sieben Freien Künste (*septem artes liberales*), zu emblematischen Arrangements mit unterschiedlicher Gewichtung der Attributionen kombiniert werden. Aus dieser bildnerischen *ars combinatoria* resultiert eine rezeptions- und wertungsgeschichtlich aufschlussreiche Typologie der Rhetorikikonographie. Die Ikonographie der *Rhetorica* als Kompositfigur ist selbst Teil der rhetorischen Wirkungsgeschichte, die sich, analog zu den verbalen Urteilen über sie, in zwei Lager teilt, deren Extreme Vergöttlichung und Verdammung heißen. Dies geschieht jeweils selbst, ob im Medium des Bildes oder des Wortes, mit rhetorischen Mitteln.

Die Entschlüsselung der Kompositfigur *Rhetorica* als Sinnbild erfolgt über die Entschlüsselung ihrer Teilelemente. Jedes segmentierbare Detail wird zu einem Symbol bzw. symbolisch aufgeladen und der zentralen Figur als Attribut zugewiesen. In einem Darstellungstypus können Elemente fehlen, die in einem anderen Typus den semiotischen Gehalt dominieren. An die Stelle eines – mitunter auch erotisch konnotierten – Schwertes als Symbol der Herrschaft, der göttlichen Gerechtigkeit oder der Gewalt kann so ein Symbol treten, dessen Deutung einen vor größere Probleme stellt, indem es mehr voraussetzt.

Findet sich in einer Handschrift von Martianus Cappellas' *De nuptiis Philologiae et Mercurii* aus dem 10. Jahrhundert und über vier Jahrhunderte später in der Federzeichnung *Die Beredsamkeit* von Albrecht Dürer aus den Jahren 1495 / 96 eine *Rhetorica* bzw. *Eloquentia*, die mit dem Machtsymbol des Schwertes ausgestattet ist, so hält die *Rhetorica*-Darstellung in Cristoforo Giardas *Bibliothecae Alexandrinae Icones Symbolicae* aus dem Jahr 1626 bloß einen merkwürdigen Stab.[2]

Bei dem Stab, den die Dame gar nicht festzuhalten scheint, der wie ins Bild nachträglich hineinkopiert wirkt, handelt es sich um den Heroldsstab, der dem Herold als Überbringer von (militärischen) Befehlen oder sonstigen geheimen Botschaften Immunität und eine sichere Rückkehr gewähren sollte. Als Symbol des Handels wurde der Heroldsstab später Merkurstab genannt. Der Name Merkur ist das römische Äquivalent zum griechischen Hermes, dessen Qualitäten auf Merkur übertragen wurden.

Zwischen Merkur und der Rhetorik hatte bereits in der antiken Literatur »eine gedankliche Verbindung« existiert, die auch der »mittelalterlichen Geisteswelt (…) nicht fremd« war. Als bildliches Attribut der Rhetorik findet sich, so Stephan Brakensiek, der »Schlangenstab des Merkur, der Caduceus, erst in der humanistisch geprägten Kunst der Frühen Neuzeit«[3]. Das Schwert drängt er in seiner Symbolfunktion zurück.

Hermes war u. a. der Gott der Rhetorik und – für manche Rhetorikkritiker ein Synonym – der Magie. Mit dem Hermesbzw. Merkurstab, lateinisch *Caduceus*, habe Merkur, so die Legende, die Seelen in den Orkus hinabgeführt und sie aus demselben wieder herausgebracht, wie Vergil es im 4. Buch der *Aeneis* beschreibt. Solchermaßen ist der *Caduceus* ein »Zauberstab der Analogie«, als welchen Novalis das poetische Verfahren der Dichtung bezeichnete.[4] Kraft seiner Redegewalt galt Merkur auch als »Begründer der Zivilisation«.[5] Ursprünglich soll der Hermesstab ein Ölzweig gewesen sein, der mit seinen zwei verknoteten Spitzen auch als züchtigende Rute dienen konnte. Hermes besänftigte mit ihm zwei kämpfende Schlangen, die daraufhin den Stab umwanden. Seitdem galt er als Friedensstifter. Der symbolisch aufgeladene Hermesstab verleiht der Dame *Rhetorica* somit auch den Status der Gerechtigkeit obwalten lassenden Friedensrichterin, was die Bedeutung der Redekunst für das Gericht bzw. die Gerichtsrede herausstellt. Als solche ist sie auch prominent dargestellt worden vom Kartäuserprior Gregor Reisch in den zwölf Büchern seiner *Margarita Philosophica* (1503), der für das Studium der *septem artes liberales* und als Handbuch der Philosophie wichtigsten Enzyklopädie des späten Mittelalters. Im dort abgebildeten, figurativ komplexen[6] Holzschnitt *Typus Rhetorice* wird das aufwendig gestaltete Gewand der Rhetorik durch die »iusticia« gebändigt, die Inschrift des Gürtels. Der auch hier als Frau personifizierten Rhetorik ragen eine Lilie als Symbol der Beredsamkeit bzw. der Lob- und Strafrede und ein loderndes Flammenschwert aus dem Mund, Letzteres allerdings mit der Spitze voran, was als Selbstreflexivität auch im Sinne von Sich-selbst-Richten gedeutet werden kann. Dass Knauf und Griff des Schwertes von der Rhetorik weg weisen und somit zum Ergreifen des Schwertes einladen, kann gedeutet werden als Sentenz: Wer sich der Rhetorik bedient, bedient sich einer Waffe. Auf einer anderen Darstellung der *Margarita Philosophica* geht die Dame Grammatik mit einem geschulterten Degen geradezu lustwandeln.

Der Roman kann ein Schwert sein. Als reflektierende und selbstreflexive Form kann der Roman sich selbst richten, indem er eine permanente Selbstaufhebung betreibt. Er vollzieht sich im Flüchtigen, er flüchtet in Worten, weil er das Schwert nicht zur Anwendung bringen möchte. Er hat so viel Zeit, dass sich das Schwert verflüchtigt. Wer einen Roman schreibt, so ließe sich vielleicht schlussfolgern, leitet Gewalt in die Bewegung der Schrift um. Das »Fiktive als Mobilisierung des Imaginären«[7] kann allerdings die Korrektur dieser Abfuhr wieder einfordern, wenn eben auch nur fiktional. Gewalt wirkt so untergründig an der »Mobilisierung des Imaginären« mit – wobei konzediert sei, dass das Imaginäre in der Diversifikation der Begriffsverwendung selbst imaginär bleibt. Als solches vermag das Imaginäre »nicht gegenständlich zu werden«.[8] Das Drama hat weniger Zeit:

> JUNGER SOLDAT Ich leids nicht, reden Sie nicht, ich vertrag keine Ungerechtigkeit.
> MUTTER COURAGE Da haben Sie recht, aber wie lang? Wie lang vertragen Sie keine Ungerechtigkeit? Eine Stund oder zwei? Sehen Sie, das haben Sie sich nicht gefragt, obwohls die Hauptsach ist, warum, im Stock ists ein Elend, wenn Sie entdecken, jetzt vertragen Sies Unrecht plötzlich.
> JUNGER SOLDAT Ich weiß nicht, warum ich Ihnen zuhör. Bouque la Madonne, wo ist der Rittmeister?
> MUTTER COURAGE Sie hören mir zu, weil Sie schon wissen, was ich Ihnen sag, daß Ihre Wut schon verraucht ist, es ist nur eine kurze gewesen, und Sie brauchten eine lange, aber woher nehmen?
> JUNGER SOLDAT Wollen Sie etwa sagen, wenn ich das Trinkgeld verlang, das ist nicht billig?
> MUTTER COURAGE Im Gegenteil. Ich sag nur, Ihre Wut ist nicht lang genug, mit der können Sie nix ausrichten, schad. Wenn Sie eine lange hätten, möcht ich Sie noch aufhetzen. Zerhacken Sie den Hund, möcht ich Ihnen dann raten, aber was, wenn Sie ihn dann gar nicht zerha-

cken, weil Sie schon spüren, wie Sie den Schwanz ein-
ziehn. Dann steh ich da, und der Rittmeister hält sich an
mich.

ÄLTERER SOLDAT Sie haben ganz recht, er hat nur einen
Rappel.

JUNGER SOLDAT So, das will ich sehn, ob ich ihn nicht zer-
hack.

Er zieht sein Schwert. Wenn er kommt, zerhack ich ihn.

DER SCHREIBER *guckt heraus:* Der Herr Rittmeister kommt
gleich. Hinsetzen.

Der junge Soldat setzt sich hin.

MUTTER COURAGE Er sitzt schon. Sehn Sie, was hab ich
gesagt. Sie sitzen schon. Ja, die kennen sich aus in uns
und wissen, wie sies machen müssen. Hinsetzen! und
schon sitzen wir. Und im Sitzen gibts kein Aufruhr. (…)[9]

Zurück zum Hermesstab, zum *Caduceus.* Über die Herkunft
des Gegenstandes und des Namens *Caduceus* ist oft gerätselt
worden. Neben der Ölzweig-Version gibt es auch etymolo-
gisch spitzfindige Erklärungen. Ludwig Julius Friedrich Höpf-
ner zitiert diesbezüglich in *Deutsche Encyclopädie oder Allge-
meines Real-Wörterbuch aller Künste und Wissenschaften* den
»Mythologisten« Abt Plüche folgendermaßen: »Im Morgen-
lande trug jede in Ansehen und Würde stehende Person ein
Zepter, oder einen Ehrenstab, und öfters eine goldne Platte
an der Stirn, die man *Cadosch*, oder *Caduceus* nennte, wel-
ches einen Heiligen (im Hebräischen) bedeutet; anzuzeigen,
wer diesen Stab trüge, sey ein Mann, der ein öffentliches Amt
habe, der frey und ungehindert gehen und kommen könne,
und dessen Person unverletzlich sey. Dies ist der Ursprung des
Namens, den man dem Stabe des Mercurs beyleget. Also ward
aus einem Bilde, dessen Absicht war, an ein Hinwegziehen zu
erinnern, ein Wegweiser, Ausleger, (…) Götterbote.«[10] Wer
den *Caduceus* der Rhetorik trägt, so ließe sich schlussfolgern,

ist ein Diplomat der Rede und der Poesie, er kann in der Sprache ungehindert gehen und kommen, denn die Rhetorik hat ihn zur Kunst der Rede und der Sprache befähigt. Der Romanautor kann im Rahmen der Grenzen, die ihm die Sprache und das Imaginäre im Versuch seiner über das Fiktive vermittelten Gestaltwerdung auferlegen, im fiktiven Spiel, im Spiel des Fiktiven sich »frey und ungehindert« bewegen – eine Konfiguration, die konsequenterweise totalitäres Denken auf den Plan ruft, die Freiheit des Imaginären als das noch nicht Gleichgeschaltete zu assimilieren und zu kontrollieren. Das Imaginäre ist allerdings selbst totalitär, es lässt sich nicht abschalten, nicht kontrollieren, nicht in Erscheinung rufen, nicht vorhersagen, nicht in Dienst nehmen. Aus dem Imaginären wächst auch der Totalitarismus. Versteht man Imaginäres als Antizipation, über das bzw. über dessen Bilder zunächst noch »die Herrschaft (…) entzogen bleibt«, so geschieht Wolfgang Iser zufolge in der Vorstellung »ein Dirigieren von Imaginärem durch erinnerungsgeladene, kognitive Absichten, um Abwesendes oder Nicht-Gegebenes gegenwärtig zu machen«.[11]

Die Romantik kann begriffen, aber nicht auf den Begriff gebracht werden als das Totale des Imaginären. Deshalb fängt sie in der Antike an und hat bis heute nicht aufgehört anzufangen. Die Romantik ist ein Bumerang.

Die diskusartige Scheibe über dem Flügelpaar von Giardas *Rhetorica* ist untypisch für den *Caduceus*. Ob sie wohl eine Anspielung auf die von Plüche angeführte »goldne Platte an der Stirn« ist? Bei Giarda dient sie möglicherweise zur symbolischen Kennzeichnung des Hermesstabes als hoheitliches Insignium: Die Rhetorik regiert – ob mit Schwert oder Hermesstab.

Merkwürdiger noch als der in seinem Symbolgehalt kulturgeschichtlich variabel besetzte *Caduceus* mag die dreistrahlige Kette erscheinen, die Madame Rhetorik, als wäre es die natürlichste Sache der Welt, aus unversiegbarer Quelle aus dem

Mund zu fließen scheint. Werden die Hunde insgeheim am Gängelband der Ketten geführt? Mit der Kette werde ich mich in der Abteilung *Elocutio* beschäftigen. Und mit den Hunden und dem lodernden Topf noch im Rahmen dieser Vorlesung.

Rhetorik. Alles steht mit allem in Verbindung

Es hat hier also alles seinen korrespondierenden Bezug. Die Lilien als Ornamente des rhetorischen Kleides sind nicht nur das Symbol der Unschuld, des Todes oder des Unerklärlichen, sondern auch der künstlerischen Phantasie, der selbst etwas Numinoses anhaftet. Als *flores rhetorici*, das heißt Tropen oder rhetorische Figuren, blühen sie selig in sich selbst, wenn man sie lässt und nicht in beengende Vasen ohne Wasser stellt. Diese Blumen sind mehr als Ornament und Zierde, sie sind das Selbstvermögen der Sprache. In der Natur als *natura naturans* kommen sie nicht vor, wohl aber unwillkürlich in der menschlichen Rede und, bewusster eingesetzt, im literarischen Text. Wie die rhetorische Ikonographie in miteinander korrespondierende symbolische Teileelemente, so ist die Rhetorik als Theorie und Technik der Redekunst zur Konstituierung ihrer Ordnung in einzelne Disziplinen untergliedert: *inventio, dispositio, elocutio, memoria* und *actio* bzw. *pronuntiatio*.

Quintilian diskutiert die Definitionsgeschichte der Rhetorik.[12] In seiner weitesten Begriffsbestimmung ist die nach ihrem *artifex*, dem Redner, benannte Rhetorik »die Lehre von der guten Rede«: »rhetorice (…) est bene dicendi scientia«,[13] an anderer Stelle »die Kunst, gut zu reden«: »rhetorice ars est bene dicendi«[14]. Quintilian gliedert die Rhetorik in die Kunst, den Künstler und das Kunstwerk: »*Kunst* soll dabei soviel heißen wie *Lehrfach*, das heißt also: sie ist die Lehre von der guten

Rede. Der Künstler ist der Mann, der diese Lehre empfangen hat, das heißt also der Redner, dessen Ziel es ist, gut zu reden. Das *Werk* ist das, was von dem Künstler hervorgebracht wird, das heißt also die gute Rede. All das gliedert sich wieder in verschiedene Arten.«[15] Diese Arten (*species*) finden sich in den Rhetoriken von Aristoteles, Cicero, Quintilian und in der *Rhetorica ad Herennium*.[16]

Es handelt sich hier kurzgefasst um die fünf Stationen der Verfertigung einer Rede: Die *inventio* findet die Gedanken, die in der *dispositio* angeordnet und in der *elocutio* mittels Figurenschmuck eingekleidet werden. Die *memoria* als Erinnerungslehre stützt sich auf die bildtheoretisch fundierte Annahme einer topischen Organisation des Gedächtnisses und dient, auf die *actio* als öffentlicher Vortrag ausgerichtet, dem Auswendiglernen einer Rede. Die *actio* oder *pronuntiatio* bezeichnet die rednerische Praxis unter den Aspekten des auf Wirkung ausgerichteten Vortrags mit der Stimme, der Mimik und Gestik, der körperlichen Haltung und zum Beispiel der räumlichen und akustischen Bedingungen.

Rhetorik, warum? Hier herrscht sinnreiche Vernunft und ein vernünftiges Reich der Sinne. Es ist die Sehnsucht des ästhetischen Freelancers nach der Regelpoetik, nach der Selbstunterwerfung, nach dem Barock. Geistige Einkünfte in geregelten Bahnen.

Weil ich nicht Maß halten kann. Weil die Erfahrung lehrt, dass ein regelpoetisch angefertigtes Prokrustesbett allemal überraschendere, scharfsinnigere, rätselhaftere Ergebnisse zeitigt als die pure Not literarischen Produzierens. Einbildungskraft schafft noch keine Worte, fessellose Imagination fängt keinen Text.

Ich bin ordnungsbesessen, kann aber keine Ordnung halten. Literaturtheorie ist eine Ordnungsinstanz. Sie interessiert mich mehr als die Literatur. In der Beschäftigung mit Rhetorik

wähne ich, alles an seinem Platz zu finden und wiederzuer-
kennen. Ich suche in theoretischen Texten meinen Einfall.
Diese Texte dienen mir als *exempla* (*praecepta*), sie sind die
poetologischen *loci* (Topoi). Erfinden des Stoffs – *inventio* –
heißt auch hier Finden, Auffinden.

I. INVENTIO

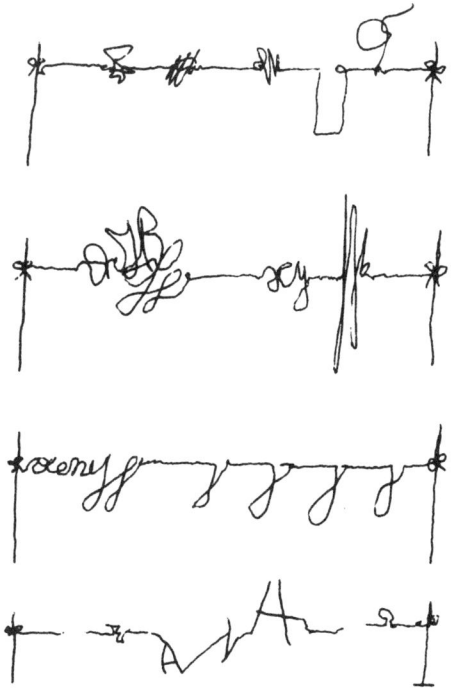

frischgewaschenesgedicht
(Aus Oskar Pastior, *sonetburger.* Berlin: Rainer Verlag 1983
© Oskar Pastior Stiftung, Berlin)

Gonsalv K. Mainberger beschreibt die *inventio*, wie sie in der Rhetorik kodiert ist, als Verkörperung der triadischen Struktur der Suche: »1) Suche nach Verborgenem, nach den in der Sache schlummernden Argumenten; 2) theoriegeleitete *Techne* zur Überwindung der *Tyche* [Forscherglück]; 3) schöpferisches Erfinden von Neuem, Überraschendem, Nützlichem, kurz von semantischem und mithin nachhaltigem oder fiktionalem Mehrwert.«[1]

Was suche ich, was ist das Verborgene? Die Tradition. Was ist Tradition? Das, was ich vorfinde. Wie verläuft die Suche? Gezielt auf Umwegen. Und die Umwege gehören auch zum Ziel.

Der Konnex zwischen Rhetorik und Literatur hat sich nie ganz verloren, auch und gerade über den historischen Wandel bzw. Bruch vom Mündlichen zum Schriftlichen hinaus nicht – das zeigt sich auch darin, dass die Rhetoriken, die doch allesamt die metasprachliche Systematisierung der Rede (als eine Königsdiziplin der Mündlichkeit) zum Gegenstand haben, im reflektierenden und selbstreflexiven Medium der Schrift verfasst wurden. Die Stimme und das Bild waren von Anfang an in der Schrift, und die Stimme ist gegenüber der Schrift nicht bloß archaisch, sie hat wie diese epistemologische und kognitive Qualitäten, und es findet sich Schrift in ihr. Die Selbstwahrnehmung, die sich selbst vernehmende und dabei die

Rede bzw. die Stimme stabilisierende auditive Rückkopp-
lungsschleife schreibt sich in die voranlaufende Stimme ein.
Orale Poesie ist z. T. hochkomplex und rhetorisiert *ante lit-
teram*.

Dass sich der Konnex zwischen Rhetorik und Literatur nie
ganz verloren hat, zeigt sich auch in der romantischen Neube-
setzung rhetorischer Figuren durch Friedrich Schlegel oder
Novalis, und schlagend in Friedrich Nietzsches berühmtem
Diktum »die Sprache *ist* Rhetorik«, mit dem er die Unmög-
lichkeit dekretierte, zwischen Sprache und Rhetorik ein Drit-
tes zu denken, das als Ordnungsinstanz beide voneinander
unterscheidbar machen könnte: »Das ist der erste Gesichts-
punkt: die Sprache *ist* Rhetorik, denn sie will nur eine doxa,
keine episteme übertragen.«[2] Sprache will nur eine Meinung,
kein Wissen übertragen. Dass die Sprache stets nur etwas
überträgt, führt dazu, dass jedes Wort als Tropus anzusehen
ist, als Synekdoche, Metapher oder Metonymie.

Sprache *ist* Mangel, Sprache *ist* Verlegenheit – in Anbe-
tracht der Unmöglichkeit, mit Sprache über Sprache hinaus
zu gelangen und dem Leben mehr abzugewinnen als Schein,
Wahrheit womöglich.

Ein weiterer Blick zur *Rhetorica*: Vom Kopf zu den Füßen.
Vom Mund zum Hund. Die dem Mund entströmenden Ket-
ten sind den drei Hunden zu Füßen der *Rhetorica* angelegt,
dem hundekopfblühenden Fenchel. Dort siedelt auch das
Feuer. Was Rede bzw. Sprache doch vermag! Zur Darstellung
ihrer energetischen Prinzipien erfindet sie ihre Umwelt gleich
mit und legt die Geister, die sie rief, in Ketten.

Hund und Feuer als Subimagines der *Rhetorica* sind Insig-
nien einer rhetorischen Affektenlehre. Ihre hierarchische Sub-
ordinierung wird angezeigt durch ihre Gruppierung zu Füßen
der Dame, was einerseits den Gesetzen der Schwerkraft, ande-
rerseits aber der Subordinierung der Affekte unter die sie lei-

tende Vernunft folgt, welche die Rede mittels der rhetorischen Ordnung formt. Es findet also keine Schemaüberblendung, sondern eine substrukturierte Ordnung statt.

Den dreiköpfigen Zerberus (Kerberos), der als Höllenhund den Eingang zum Hades bewachte, besänftigte der Sänger-Dichter Orpheus dem Mythos nach mit seinem Gesang. In der Ikonographie der *Rhetorica* bei Giarda steht der orphische Zerberus für die Poesie und zugleich für die Tugend der Mäßigung. Als Sinnbild eines barocken Ideals ist er das Antidot zum Feuer, das für lodernde Leidenschaft steht. Der Rhetorik dient also ein auf Ausgleich bedachter Affektendualismus. Ist von dem einen Affekt zu viel oder zu wenig da, wird er von dem konträren Affekt abgelöscht oder angestachelt: Das Höllenfeuer im lodernden Topf der Leidenschaft treibt den Höllenhund, der durch Gesang oder Rede besänftigt wird.

Exemplum Schiller

Noch Friedrich Schiller wusste von den idealischen Vorzügen gegensätzlicher Affektdisposition zwischen dichterischem Subjekt und objektiver *poiesis* ein Lied zu singen. In seiner vernichtenden Rezension von Gottfried August Bürgers Gedichten warnt er den Dichter davor, »mitten im Schmerz den Schmerz zu besingen«. Seine Begründung richtet das rhetorische Angemessenheits-Prinzip am ästhetisch-philosophischen Begriff des »Idealschönen« aus, verliert also das Regulativ der Rhetorik nicht aus dem Blick: »So, wie der Dichter selbst bloß leidender Teil ist, muß seine Empfindung unausbleiblich von ihrer idealischen Allgemeinheit zu einer unvollkommenen Individualität herabsinken.« Dann führt Schiller das Kriterium der zeitlichen Distanz ein, die den Affekt mildert, den Dichter als Wissenden aber stärkt: »Aus der sanftern und fernenden

Erinnerung mag er dichten, und dann desto besser für ihn, je mehr er an sich erfahren hat, was er besingt; aber ja niemals unter der gegenwärtigen Herrschaft des Affekts, den er uns schön versinnlichen soll.« Das Postulat der Distanz soll Schiller zufolge auch vor dem Subjekt nicht haltmachen, das so zu seinem eigenen, sich entfernenden Beobachter wird: »Selbst in Gedichten, von denen man zu sagen pflegt, daß die Liebe, die Freundschaft u.s.w. selbst dem Dichter den Pinsel dabei geführt habe, hatte er damit anfangen müssen, sich selbst fremd zu werden, den Gegenstand seiner Begeisterung von seiner Individualität los zu wickeln, seine Leidenschaft aus einer mildernden Ferne anzuschauen.« In der rhetorischen Anthropologie ist die Vermittlung von *natura* als Anlage oder Talent (*ingenium*) und *ars* als Kunstlehre (*techne*) ein Kernmoment rhetorischer Pädagogik. In diesem Sinne zeigt sich auch Schiller als Pädagoge, der auf eine Vermittlung von Rhetorik, Ästhetik und Philosophie im Begriff des Idealschönen zielt, das einer ungezügelten Affektpoetik unter der Maßgabe eines autopoetisch freien Geistes gegensteuert: »Das Idealschöne wird schlechterdings nur durch eine Freiheit des Geistes, durch eine Selbsttätigkeit möglich, welche die Übermacht der Leidenschaft aufhebt.«[3]

Schillers Maxime veranlasste mich, den Prosatext *Muttersterben* so lange umzuarbeiten, bis er endlich eine Gestalt angenommen hatte, die primäre Affekte hinter eine eigene chronotopische Ordnung und Dynamik zurückdrängte: Schreiben mit kalter Leidenschaft.

Und tatsächlich: Es kommt nur in seltenen Momenten vor, dass ich nicht das Gefühl habe, es wirke im Hintergrund des Schreibens ein Regulativ, das manche Sätze verhindert und manche andere leider nicht. Dieses imaginäre Regulativ hat einen starken Assistenten, der die Sätze im Prozess ihres Entstehens abtastet und evtl. korrigiert: die Rhetorik – insbesondere mit ihren drei Stationen der *inventio, dispositio* und *elocutio*. Es ist bedauerlich, dass ich nicht alle rhetorischen Termini auswendig kann. Was würde das andererseits in einem Gespräch nutzen? Ergäbe es Sinn, zu sagen: »Entschuldigen Sie, Sie haben soeben klipp und klar ein Hendiadyoin verwendet« oder »Ihr Anakoluth sitzt da nicht ganz richtig«? Das hätte wohl genauso viel Erkenntniswert wie Karl Valentins analytisch ins Leere laufende Rede: »Die Gesellschaft im Eisenbahnwagen war sehr gemischt; es waren fast lauter Reisende, nur der eine Herr, der in München den Zug versäumte, fuhr nicht mit.«[4]

Angemessenheit – kein bloß rhetorischer Begriff

Angemessenheit ist ein ethisches und ästhetisches Postulat von ungebrochener Relevanz. Die Frage der Angemessenheit hat sich nach dem Ende normativer, das heißt auch rhetorik-induzierter Gattungspoetiken ästhetisch von der Interrelation zwischen *res* und *verba* auf die Kontextualität der *verba* untereinander verschoben, was beispielsweise an der expressionistischen und futuristischen Wortkunst, den historischen Avantgarden und der Konkreten Poesie zu beobachten ist.

Bertolt Brecht polemisierte gegen Gottfried Benn, dieser habe »Wörter zusammengeführt, die sich sonst niemals kennengelernt hätten«.[5] Ich verstehe die regelinduzierte Montage heterogenen, weil dekontextuierten Sprachmaterials zu spannungsgeladenen Sinnzusammenhängen als geradezu befreiend: Auf die Sprache ist Verlass, während oder wenn ich schon verlassen bin. Verlass. Die Sprache ist ein Verließ, in der Rhetorik selbst kann man sie finden – und in den Wörterbüchern, Enzyklopädien, Fachsprachenlexika. Nachts kann ich nicht schlafen, weil ich an den Tod denke. Das Denken an den Tod verläuft einförmig. Der Bildervorrat ist stark restringiert. Tagsüber kann ich nicht denken, weil ich Schlaf denke. Abgründe, die bedrohlich sind, weil man in sie nicht stürzen kann, die körperlich spürbar vor Augen stehen. Der Vollzug des Sturzes wird immer wieder aufgeschoben: ein Standbild, das nicht laufen lernen will. Die »Gewalt (…) der Beredsamkeit«[6] reißt die Abgründe selbst in den Abgrund. Dazu braucht es einen Zwang, eine Mechanik. Permanente Neubildung von Text ist selbst ein rhetorischer Zwang.

Oder warum genügt nicht ein Text für immer, ein einziger Text für alles?

Dieser Text müsste ein Gesetz sein. Kafkas Text *Vor dem Gesetz* lässt rhetorisch geschickt die Frage offen, was denn dieses Gesetz sei. Wer oder was hindert mich daran zu sagen: Das Gesetz ist die Sprache, die nach Nietzsche Rhetorik *ist*. Oder das Gesetz ist die Interpretation bzw. der unendliche Prozess der Interpretation, auch der Selbstinterpretation. »Da das Tor zum Gesetz offensteht wie immer und der Türhüter beiseite tritt, bückt sich der Mann, um durch das Tor in das Innere zu sehn«, heißt es in Kafkas Text.[7] Wie das Tor zum Gesetz steht auch das Tor zur Sprache offen wie immer, über dessen Schwelle man aber genauso wenig eintreten kann in die Sprache wie der Mann über die Schwelle des Tors in das Gesetz. Auch wir lagern immer nur *vor* der Sprache. Einlass erlangen wir vielleicht nicht einmal in den Tod. Wo sollte er sein? In uns. Der Türhüter ist auch in uns. Kant meinte, das moralische Gesetz sei in uns, der Begriff der Pflicht fordere »an der Handlung, *objektiv* Übereinstimmung mit dem Gesetze, an der Maxime derselben aber, subjektiv, Achtung fürs Gesetz, als die alleinige Bestimmungsart des Willens durch dasselbe«.[8] Vor dem Gesetz vollzieht sich das Gesetz performativ. Der Text ist das Gesetz. Das Gesetz ist, dass es nicht betreten werden kann. So verstanden, kann *Vor dem Gesetz* nicht interpretiert werden. Wie das Gesetz ist auch die Sprache kein Ort. Ortlos hat die Sprache aber Topoi als basale Erkenntnisquellen. Mit der Sprache kommt man über die Sprache nicht hinaus.

Doch: Auf die Sprache ist Verlass, während oder wenn ich schon verlassen bin. Die »prinzipielle Diskrepanz von Zeichen und Bezeichnetem«, die laut Bernd Scheffer »auch eine neue Schrift und ein neues Alphabet niemals (…) überbrücken«[9] können, ist jedweder sprachlichen Operation vorgängig und kann nur durch die Setzung negiert werden, dass etwas, ein Zeichen, auf kein Bezeichnetes weise. Wir sind diese Diskrepanz, indem wir sprechend und schreibend zwischen Zeichen und Bezeichnetem oszillieren »wie immer«. Wir sitzen oszillierend fest. In diesem Festsitzen ist auf die Sprache Verlass. Sprache über kontextuelle Verwendungszusammenhänge tanzen zu lassen, ihre Kleider neu zu kombinieren, so wie dies Franz Mon unternimmt, über dessen *Wörter voller Worte* in der Abteilung *dispositio* zu sprechen sein wird, zeugt von einem freien Geist. Und was dieser freie Geist zu leisten vermag, sagt Heinrich F. Plett in einem großartigen Satz: »Die rhetorische Energie trägt entscheidend dazu bei, den Sündenfall rückgängig zu machen.«[10]

Dass »in der Operationsweise, in der Struktur der Sprache und der Rhetorik selbst eine der bevorzugten Quellen der *ars inveniendi* sprudelt«,[11] wie Stefan Rieger dies formuliert, zeigt mein Text *Das muss von etwas handeln* aus dem Band *Muttersterben*:

Das muss eine Handlung sein. Da passiert was. Das ist selbstverständlich. Da läuft was ab. Da läuft etwas immer weiter hinterher. Bis es vor sich selber steht. Das muss dann aber schon schnell gelaufen sein. Also das geschehen dieser geschichte ist ein akt von vorgang ablauf oder abfolge mit aktion im handstreich und geschehen voller historie ein unternehmen so ganz mit entfaltung entwicklung oder vergangenheit wie es so schön heißt. Mit anderen worten ein bravourstück komplett mit eingriff und feldzug. Der gang der handlung ist somit voller vorleben oder vorwelt oder vorzeit ein lebenslauf sozusagen voller sitte überlieferung herkommen und weiterführung. Eine gewohnheit mit kampagne und machenschaften gewissermaßen. Streng genommen auch eine geschichte mit füllung eingeweide und inneres. Ursprünglich sicherlich eine ladung mit verpacktem nämlich füllsel ware substanz. Eigentlich auch eine sache mit vorgang ablauf und folge schritt und trott und fluss. Mit anderem namen eine angelegenheit der umtriebe und fortentwicklung, ein entwicklungsgang mit werdegang, eine operation mit tätigkeit und handstreich, ein geschehen quasi mit handlungsgerüst und inhalt, an und für sich also ein ereignis mit kern und gehalt, so gut wie ein prozess mit fortgang lauf und fabel, schließlich gleichsam ein verlauf mit maßnahme und tat, oder sagen wir ungefähr eine weitergabe mit brauch und erbe, ursprünglich ein fall mit gestern und hergang, demnach eine aktivität des früheren und gewesenen, könnte aber auch sein ein überfall angriff anschlag eine attacke offensive überrumpelung ein raubzug gewaltstreich einfall und vorstoß quasi, oder doch vielmehr ein attentat raubzug einbruch eine aggression und invasion ein anschlag ausfall einmarsch, vielleicht wohl eher ein komplott ansturm ausfall beziehungsweise eine offensive invasion und ränke, will heißen aktion kaprize erleuchtung, das heißt einmarsch alias flausen und funke und plan respektive überfall und hinterhalt, anderenfalls laune mucke grille will sagen gedanke nämlich sondern plünderung ansonsten beutezug und gegenangriff und eingebung und kapriole und handstreich wie gesagt dagegen lieber anders gesagt je nachdem auch besser gesagt je nachdem sonst außerdem ferner tradition. Das ist es.[12]

Der Sprache entlang schreiben

Das ist es. Der Sprache entlang schreiben. Der Sprache folgen. Ihr vertrauen, dass sie in die Realität einfädeln kann. Ihr vertrauen, dass sie Realität *ist*. Den Thesaurus anwerfen. Fächer aufmachen. Durch ein Labyrinth gehen. Im Dschungel sein. Die sich öffnenden Wege halten Seitenpfade verborgen, die sich erst zeigen, wenn es zu spät ist umzukehren. *Ein Wort gibt das andere*:

Das andere Wort gibt ein
Wort dir eben, das ein Tag
in andere Worte gibt, das
wieder Rabenditos nagt:
bis Tod nirwana-geerdet,
geistert dir da Wonne ab!

Ein Wort anders gibt »ade«,
das dortige wabert »nein«.
Das da beginnt wie roter
TagNeid. Andres Beiwort:
Dein erdenwortig »basta!«

GastDiebe, in RandWorte
abgeirrt wie StandOden,
nisten Worte dir da Gabe,
gaben Worte dir da Stein,
da, wo dein Nest abgeirrt.

Da ist bar ein DegenWort
dein Wort: Ein GastBarde.

Ein Wort gibt das andere: ein Anagramm.[13] Das Degenwort: *Rhetorica*. Das andere Wort: Tod. Wo liegt »da«? Es liegt im Alphabet, genauer in der Teilmenge des Alphabets, die von der zu anagrammierenden Ausgangszeile – »Ein Wort gibt das andere« – repräsentiert wird: a b d e g i n o r s t w.

Das Wort Handlung gibt das Wort Geschehen. Das Wort Geschehen gibt das Wort Akt. Das Wort Akt gibt das Wort Vorgang und dieses das Wort Ablauf und dieses das Wort Abfolge und dieses das Wort Aktion und dieses das Wort Handstreich und dieses wieder das Wort Geschehen und dieses das Wort Historie, und Entfaltung gibt Entwicklung.

Was aber entwickelt sich? Es entwickelt sich eine Entfaltung. Es entfaltet sich das Spiel der Sprache. Dieses Spiel ist vorgeordnet und schafft Ordnung über sprachimmanente Textorganisationsprinzipien. Das vorgeordnete Spiel, in das der Sprechende und Schreibende eintritt, gewährleistet über die Ordnung schaffende »Erzeugungsmatrix«[14] der Sprache, dass das Spiel nicht arbiträr, die freie Wahl des Subjekts also eine in definierten und eben nicht kontingenten Grenzen ist. Imagination erscheint demgegenüber als ein unendliches und sich stets wandelndes, metamorphosierendes Dispositiv, das jedwede Gestaltung erfahren und jedwede Gestalt annehmen kann. Dem Imaginären gegenüber als »eine von den Restriktionen und Regeln der topisch beschränkten Außenrealität entfesselte Freistätte subjektiver rhetorischer Imagination«[15] erscheint das Gestaltungspotential von Sprache als defizitär. Gleichwohl neigt Peter L. Oesterreich zufolge das Ich »auch noch auf dem forum internum dazu, sich schematisch in den topischen Vorgaben und Rollenschemata seines äußerlich vorgegebenen Weltbildes zu bewegen«. So ließen sich »auch im rhetorischen Innenraum des Menschen zunächst mehr oder weniger schematische Reproduktionen eines stereotypischen Massenstils vorfinden«. Die genetische Introversion durch peristatische Umbesetzung gebe zwar »eine notwendige, aber keine hinreichende Bedingung zur Erzeugung eines authentischen Selbst ab«. Dazu bedürfe es ferner der »zweiten Operation: einer mehr oder weniger weitreichenden Enttopisierung des Weltinnenraumes«.[16]

Mit Erich Kleinschmidt ist aber festzuhalten, dass die »Entbindung des Imaginären (…) genuin an Ausdrucksmedien gebunden« ist, »deren wesentlichstes, weil allgemein nutzbares (…), die Sprache ist«. Die Beschränkung, die Sprache allein durch ihre Materialisation erleidet, die etwas festlegt, wenn auch vielfach anschlussfähig, und etwas anderes ausschließt, wird aufgewogen durch ihre wahrnehmbare Anwesenheit. Diese erlaubt es medial, mit imaginativen Komplexen als den aufkommenden Emanationen des Imaginären zu interagieren: »Imagination und Sprache bilden eine konstitutive Wechselbeziehung.«[17] Mit den Worten von Wolfgang Iser: »Das Imaginäre ist kein sich selbst aktivierendes Potential, sondern bedarf der Mobilisierung von außerhalb.«[18] Das Imaginäre muss intentional aufgeladen werden. Wenn Iser feststellt, das Fiktionale lasse sich »nicht als Bestimmung von Spiel verstehen, sondern« funktioniere »als Instanz, Imaginäres über seinen pragmatischen Gebrauch hinaus erfahrbar zu machen, ohne von dessen ›Entfesselung‹ überschwemmt zu werden, wie etwa im Traum oder in Halluzinationen«,[19] so ließe sich am Beispiel von Antonin Artaud, François Dufrêne oder Carlfriedrich Claus aufzeigen, dass gerade dies der Traum der Literatur sein kann, sich der Überschwemmung des entfesselten Imaginären hinzugeben und sich so als Medium zu begreifen. Inwieweit hier eine regulative Kontrolle des Kontrollverlustes greift, die Schwelle zwischen Fiktionalisierung, entgrenzter Autobiographie und dem Imaginären nur in Richtung der Psychopathologisierung überschritten werden kann, und dann vielleicht irreversibel, müsste an anderem Ort diskutiert werden.

Auch wenn das Subjekt nicht frei ›schalten und walten‹ kann, wie es sich das nur zu gerne imaginiert, insbesondere im Akt des Schreibens – es fühlt sich durch das Auffinden scharfsinniger Kombinationen nicht zu Unrecht belohnt, als hätte es diese allererst hervorgebracht. Das *Erfinden* fungiert ganz im rhetorischen Sinne des griechischen *heuresis* als *Auffinden* von Vorhandenem, das aus seiner Latenz an die Rede- bzw. Textoberfläche geholt wird.

Das muss von etwas handeln fungiert als Selektionsmodell bereitgestellter Wortpfade. Das zunächst in einen assertorischen Satzrahmen gefasste Ausgangswort »handeln« – *Das muss von etwas handeln* – wird als performative Äußerung, als illokutionärer Akt verstanden, der anschließend realisiert wird. Die Realisierung verbleibt ganz auf der Ebene von Synonymbildungen, wobei jedes neu eingeführte Synonym als Nukleus einer erneuten Synonymisierung dient. Jedes neu eingeführte Wort dient somit als Topos, als Ort innerhalb einer sich allmählich verfertigenden topographischen *inventio*. Von der Ausgangsgestalt »handeln« führt der Weg über Umwege auf unwegsames Gelände. Von »handstreich« über »sitte« und wieder zurück bis zu »invasion« und wieder zurück zu »handstreich« ist es da nicht weit. Und was sich mit »handstreich« als dem Bewegen der Seiten eines Wörterbuches deuten ließe, gibt sich, obwohl mit »plan«, schnell schon hinterhältig als bloße »laune« zu erkennen, die nichts im Sinn hat als eine »plünderung«, nämlich des Wörterbuches, das selbst noch diesen »beutezug« eingibt. *Das muss von etwas handeln* ist eine Selbstentnahme der Sprache, neukonfiguriert zu einer repräsentativen Textinsel. In der Drift des Synonymen etabliert die Sprache eine Ordnung, die über referentielle Abgründe, gewissermaßen ohne ein Wort zu verlieren, hinweggleitet und jeden Ort als Ursprung driftender Bewegung installieren kann. »Tradition« wird in diesem Kontext wörtlich gelesen als Hinübergeben über Orte und Zeiten.

Was muss von etwas handeln? Es bleibt ungesagt. Das Verborgene ist Tradition, Auslieferung ist Tradition. Tradition, eine Kriegstechnik. Überfall und Auslöschung. Die rhetori-

sche Ikonographie kennt zahlreiche Darstellungen einer krie-
gerisch gerüsteten *Rhetorica*. Hier trägt die Sprache die Insig-
nien der Kriegsrhetorik, die so handelt, als sei der Krieg ganz
von selbst der Vater aller Dinge – und Wörter. Das redet *Das
muss von etwas handeln* uns ein. Und wir bezeugen das.

Exemplum Samuel Beckett: Das letzte Band

wenn zum beispiel nur einer in einem Raum ist heißt ein Hör-
spiel von Franz Mon aus dem Jahr 1982. In Samuel Becketts
Theaterstück *Das letzte Band* ist nur Krapp in einem Raum. Er
ist sein eigener und sein einziger Zeuge. Er bezeugt sich selbst
immer wieder im Spiegel eines Tonbandgerätes.

Ein Aufnahmemedium kann zu Selbstgesprächen verfüh-
ren. Dient die Aufnahme dem oder der Sprechenden zunächst
dazu, mit lauter Stimme autobiographisches Erleben zu doku-
mentieren, kann sich der Akt des Sprechens insbesondere
dann, wenn das Erlebte als Sagbares erschöpft ist, als ein Spre-
chen überhaupt verselbständigen. Dieses Weitersprechen ist
schnell vom Verstummen bedroht, denn der Zugriff auf einen
selbst wieder imaginären, kreativ aufzufüllenden ›Vorrat‹ an
Vorstellungen, die nicht wahrnehmungsinduziert, wohl aber
mit sinnlichen Perzeptionen und Erinnerungen verknüpft
sind, erweist sich als ein beschränkter, vermag der oder die
Sprechende nämlich phantasmatische Wirklichkeitsentgren-
zungen im Medium versprachlichter Bildfigurationen nicht
beliebig abzurufen. Ein Aufnahmemedium wie das Tonband
erlaubt, die Unterbrechungen der Erzählzeit mittels Unterbre-
chung der Aufnahme zu löschen und so die Spuren der all-
mählichen Verfertigung der imaginär überformten Erinne-
rung zu beseitigen. Das Tonband trägt so zur Selbsterfindung
des Menschen bei, die Peter L. Oesterreich (mit René Des-

cartes als philosophischer Kronzeuge und seinen *Medita-tionen* als neuzeitliches Paradigma) als »das zentrale anthro-pologische Projekt der Neuzeit« bezeichnet hat: »Als homo inveniens wird der Mensch zum Erfinder nicht nur seiner äußeren Kulturwelt, sondern auch seines eigenen, inneren Selbst.«[20] Dieser Prozess der Selbsterfindung des Menschen konfiguriert sich je nach zivilisatorischem Status quo anders.

An *Krapp's Last Tape* von Samuel Beckett lässt sich beobach-ten, wie jemand über sich selbst zu Gericht sitzt im »steten Wechsel von Selbstschöpfung und Selbstvernichtung«[21], wie es bei Friedrich Schlegel heißt. Die »Selbstvernichtung« zeigt sich in Krapps Urteilen über sein früheres, stimmlich konser-viertes Selbst dadurch, dass die Erfindung des eigenen Selbst als »Prozeß rhetorischer Autopoiesis«[22] von Ich-Dissoziatio-nen bedroht ist: Das erinnernde Subjekt weist das mittels Ton-bandaufnahme sich selbst sprechende und sich vorgängig erinnernde Subjekt, das selbst wieder erinnert wird, als nicht-identisch von sich. Vornübergebeugt, wie über ein Gewässer oder einen Spiegel, erlebt es im Anhören der eigenen Stimme eine narzisstische Kränkung, Alter und Ego finden nicht mehr zum Alter Ego zusammen. Gleichwohl bringt der 30 Jahre jüngere[23] andere Krapp den sich an seine Erinnerungen erin-nernden und dabei oftmals scheiternden älteren Krapp zum Sprechen, zunächst in Form von Kommentaren zu dem Abge-hörten, schließlich indem Krapp ein neues Band, *Das letzte Band*, bespricht. Dieser rhetorische Prozess der Selbsterfin-dung ist indes eine Wiederholung, hat doch schon der jüngere Krapp über sich zu Gericht gesessen, indem er seiner Meinung nach zehn bis zwölf Jahre alte Aufnahmen von sich anhörte, was er auf dem vom älteren Krapp abgehörten Band kundtut — eine metadiegetische Einlassung, die man als Matrjoschka-prinzip der Erinnerung bezeichnen könnte.[24] Der ältere Krapp ist somit sein eigenes Medium, erinnert er sich doch an seine Jugend und früheren Lieben mittels seiner vorgängigen Erinnerungen, an die er sich oftmals nicht mehr erinnern kann. Stutziges Nichterinnern oder Nicht-wahrhaben-Wollen lässt ihn das Tonband vorspulen oder abschalten, um nachzugrübeln, assoziativ abzudriften oder das Gehörte zum Teil zynisch zu kommentieren. Einig ist er sich mit dem jüngeren Krapp, der die Überwindung der Jugend feiert, darin, dass es zum Glück zu Ende geht. Die »rhetorische Genese« des »inneren Ich oder Selbst«[25] vollzieht sich bei Krapp als krisenhaftes Selbstgespräch, das er anscheinend nur mit Hilfe von Alkohol durchzustehen vermag: »*Krapp (…) gets up, goes backstage into darkness. Ten seconds. Pop of cork. Ten seconds. Second cork. Ten seconds. Third cork. Ten seconds. Brief burst of quavering song.*«[26]

Auch der Sprachgebrauch der beiden Krapps ist divergent. Dies zeigt sich neben dem elaborierteren Stil, den der jüngere Krapp pflegt, insbesondere an dessen Verwendung von Fachvokabular wie zum Beispiel »viduity«, das den älteren Krapp nötigt, ein »enormous dictionary«[27] zu konsultieren. Hierbei delektiert er sich insbesondere am Klang der nachgeschlagenen Begriffe und prüft auch schon mal die grammatische Korrektheit der lexikalischen Auskünfte. Überhaupt ist das artikulatorische Auskosten einzelner Wörter wie zum Beispiel »Spooool!«, das ihm ein »happy smile« ins Gesicht zaubert, gegenüber »All that old misery«[28] die einzige Freude, der er sich vorbehaltlos hingibt, sieht man einmal vom Alkohol ab.

Der bei sich und außer sich seiende Krapp hat es vielleicht schon aufgegeben, in sich zu sein. Futurologisch ausgewiesen als »a late evening in the future«, befindet sich Krapp in seiner »Bude« (»*Krapp's den*«)[29] als einem *locus imaginativus*, einem subjektiv imaginativen Ort des Selbstgesprächs und inszeniert ein »gegen die öffentliche Außenwelt abgeschirmtes, eigenständiges und mit ihr konkurrierendes rhetorisches Szenarium«.[30]

Krapps *forum externum* ist der von seiner jüngeren Stimme besetzte Hallraum der Tonbandaufnahmen, die als Tagebuch

41

oder Brief an sich selbst fungieren. Außenwelt wird über die Tonbandstimme vor das *forum internum* transportiert und wandelt sich zur Innenwelt. Krapp redet monologisch mit sich selbst, wobei er zwar auf sein abgehörtes Selbst, das ihm doch so fremd ist, reagieren, dieses frühere Selbst aber nicht mehr antworten kann. In der introversiven egologischen Umbesetzung der von Oesterreich angeführten fünf personalen peristatischen Topoi – »erstens die oratorische; zweitens die oppositionelle; drittens die klientelische; viertens die alliierte und fünftens die dezisionäre Redepartei« – agiert Krapp redend »mit sich, gegen sich, vor sich und für sich«.[31]

Selbstgewissheit – und das ist der fundamentale Unterschied zu den Cartesianischen Meditationen – erlangt er hierbei nicht. Sein Denken ist sprachzentriert, nicht mehr geistzentriert wie bei Descartes. Die sinnliche Wahrnehmung der Außenwelt hat sich in die unzuverlässige, beim älteren Krapp gleichwohl Spott produzierende sprachliche Repräsentation der (das Ich einbegreifenden) Außenwelt gewandelt, als gleichzeitiger Akt von *inventio* und *memoria*. Die Frage nach dem identitätsstiftenden Sein, das als ein zeitliches, wenn auch jenseits der Sprachgrenze des Todes nicht als ein teleologisches zu begreifen ist, ist für Krapp über das Abhören alter Tonbänder an das Spiegelmoment der Selbstwahrnehmung gebunden. Georges Berkeleys Fundamentalsatz empiristischer Erkenntnistheorie, »esse est percipi« (»Sein ist Wahrgenommenwerden«) erfährt hier eine dissoziative Modifikation: Im Wahrnehmen seiner selbst erscheint das Selbst als ein anderer. Nur so ist vielleicht Existenz für Krapp zu ertragen. Das Reale ist in der sprachlichen Evokation der Erinnerung schließlich immer noch eine Bedrohung, wie seine abwehrenden, ironischen, zynischen, sich unverständig oder unwillig gebärdenden Reaktionen auf erinnerte Erfahrungen zeigen, für die Topoi wie Liebe, Scheitern (auch als Schriftsteller), Tod und Abschied stehen.

Das Bewusstsein davon, so einiges im Leben nicht verarbeitet zu haben, mag auch durch das Manipulieren der Erinnerungsmaschine Tonband, durch verbergendes Vorspulen oder Passagen wiederholendes Zurückspulen motiviert sein. Mit der autovoyeuristischen Fetischisierung der Stelle, des Moments, der Reminiszenz, an der sich Krapp geradezu berauschen kann, korrespondiert so das Verdrängen, das Abdrängen in die Latenz. Interessanterweise vernichtet Krapp die Tonbänder nicht, ihre alphanumerische Archivierung mitsamt Inhaltsangabe in Form eines Registers lässt vielmehr auf eine Auratisierung des elektroakustisch ausgelagerten, stimmlich fixierten Gedächtnisses schließen. Die Registratur (»ledger«) dient dazu, die extrinsische Memoria-Apparatur aus Tonbandgerät und Tonbändern quasi enzyklopädisch zu erschließen, um so, im Zusammenspiel von Aufschreibesystemen wie Register, Wörterbuch und Brief bzw. Briefumschlag, die Erinnerung der Erinnerung mittels Gedächtnisstützen zu ermöglichen, was allerdings, das Stück zeigt es, nicht immer gewährleistet werden kann.

So erweist sich zum Beispiel der Briefumschlag, den Krapp am Schluss zu Rate ziehen will, mit seinen für den Zuschauer opaken Aufzeichnungen als unbrauchbar oder inhaltlich nicht mehr relevant, jedenfalls zerknüllt Krapp ihn und wirft ihn ärgerlich weg. Der Briefumschlag könnte eine, zugegebenermaßen verdeckte, Allusion auf die Liebesbriefe von Crampas' an Effi Briest in Theodor Fontanes gleichnamigem Roman sein. Seine eigene und Effis Liebestragödie analogisierend, spielt Krapp auf Effi direkt an, wenn er sich folgende, von ihm sogleich wieder revozierte Sentimentalität erlaubt: »Scalded the eyes out of me reading Effi again, a page a day, with tears again. Effi … *Pause.* Could have been happy with her, up there on the Baltic, and the pines, and the dunes. *Pause.* Could I? *Pause.* And she? *Pause.* Pah!«[32]

Becketts Gedächtnistheater als rhetorische Selbsterfindung

zeigt in der Konfrontation von bildlich angereicherter *memoria* im Sinne der Rhetorik und archivierender Gedächtnisauslagerung einen von Vergesslichkeit bedrohten alten und erfolglosen[33] Dichter als Hermeneuten des jungen Dichters Krapp. Die Grübeleien des alten Krapp signalisieren nicht nur, dass er sich an vieles wohl nicht mehr genau erinnern kann, was ihm seine junge Stimme vom Band suggeriert, sondern auch, dass private Assoziationen und terminologische Metamorphorisierungen, sollte ihr Urheber den dechiffrierenden Schlüssel verloren haben, zu hermeneutischen Polstellen werden können, die dann nur noch spekulativ ausdeutbar sind. So betreibt der 69-jährige[34] Krapp eher widerwillig eine Philologie der Stellen – und sitzt in der Falle: Er wird sich nie lange überredet haben müssen, seine alten Aufnahmen noch einmal anzuhören, und jedes Mal wird ihm von vornherein klar gewesen sein, wie nutzlos dieses Unterfangen im Sinne einer Bewältigung sein wird. Erinnerung erzeugt so die Erinnerung an die Erinnerung, die als Erzählung ihrer selbst eine Erzählung enthält, die wiederum sich als Erzählung erzählt. Eine klassische *Mise en abyme*: bodenlos.

Auch sich selbst gegenüber operiert Krapp also als ein genuin rhetorisches Wesen, indem er sich selbst findet und im Auffinden zugleich erfindet (*inventio*), die Bruchstücke seiner selbst kombinatorisch neu anordnet (*dispositio*) und das so neu Geordnete der sich ihrerseits erinnernden Tonbandstimme des jüngeren Krapp in einer neuen Tonbandaufnahme als Kommentar der erinnerten Erinnerung sprachlich neu fasst. Der Akt des Auf-Band-Sprechens stellt sich als eine regelrechte *performatio* (*actio*) dar: »Just been listening to that stupid bastard I took myself for thirty years ago, hard to believe I was ever as bad as that. Thank God that's all done with anyway.«[35] Dass eben nicht alles »aus und vorbei« ist, zeigt Krapps rückblickenes Wegdriften, kaum ist der letzte Satz ausgesprochen: »The eyes she had!«

Krapp handelt mit sich selbst gegen sich selbst. Oesterreich hat darauf hingewiesen, dass sich *Cogito* aus co-*agito* ableitet, was so viel heißt wie *secum agere* – mit sich selbst handeln bzw. verhandeln.[36] Krapp realisiert die doppelte rhetorische Bedeutung von *agere*: Er stellt den Erinnerer dar, spielt in dieser Vergegenwärtigungskrise gewissermaßen die Rolle seines Lebens, und er führt einen Prozess mit und gegen sich als sein eigener Richter.[37] Der Tod unterbricht diese Reihe, und genau deshalb scheint Krapp den Tod herbeizusehnen – wenn er ihn nicht doch fürchtet, weil sein Leben zum süchtigen Abhören der eigenen Tonbänder geworden ist. Diese apparative *inventio*, die es ermöglicht, seine eigene Stimme wiederzuhören, und die eigenes Erlebtes einfaltet, perpetuiert das nicht mehr stillstehende Selbst in eine potentiell unendliche Rückkopplungsschleife.

Immerhin, ein Stück kann hierfür nur ein prozessuales Modell liefern. In *Krapp's Last Tape* behält die Stimme des jüngeren Krapp das letzte Wort. Kaum zu glauben, dass Krapp tatsächlich sein letztes Band besprochen haben soll. Dafür sind möglicherweise seine Zweifel zu groß, dass nämlich sein über sich selbst zu Gericht sitzendes *forum internum*, sein »Weltinnenraum«, wie es bei Rilke heißt, eine bloße Imagination sein könnte. Zudem reduziert sich sein Leben als Abhörkammer immer mehr, während der erinnerte Raum eine nicht auszudenkende imaginäre Ausdehnung annimmt.

Ror Wolf – Der Sprache verschlägt es die Sprache

Das Selbstverständliche, Automatisierte, das sich in *Das muss von etwas handeln* zeigt, kann »plötzlich« abhandenkommen. Der Sprache kann es »plötzlich« die Sprache verschlagen. Das Ich hat in *Raoul Tranchirers Notizen aus dem zerschnetzelten*

Leben von Ror Wolf plötzlich seine chronotopische Orientierung verloren. Es ist in der Beschreibung dissoziativer Erfahrungen, die sich zum Beispiel im Auseinanderdriften von Ereignis und verzögerter Wahrnehmung desselben äußern, zurückgeworfen auf den phatischen Akt der Rede, der ihm den als solcher nicht artikulierten Schrecken zu überbrücken hilft. Dieses Ich ist damit gegenüber Krapp in einer gewissermaßen vorgerückten Position, es hat über bloße situative Bewusstseinsreste hinaus schon keinen Zugriff auf Gedächtnisinhalte mehr, es hält sich nur noch mit der grammatischen Fiktion des »Ich«-Sagens beisammen. An die Stelle von reflektierter Wahrnehmung ist der Syllogismus getreten, der durch das Schreckenswort »plötzlich« schon permanent angeschossen wird:

> **Plötzlich.** Plötzlich, nachts, stand ich auf und dachte nichts. Alles, was ich beobachtete, verschwand sofort. Ich bemerkte plötzlich, daß ich in meiner Wohnung herumstand und offenbar etwas suchte, aber ich hatte vergessen, was ich suchte. Plötzlich fiel mir ein, daß ich schon lange in meiner Wohnung herumstand, also suchte ich auch schon lange nach etwas, das ich vergessen hatte. Plötzlich hatte ich auch das Suchen vergessen, ich hatte auch plötzlich das Stehen vergessen, aber plötzlich bemerkte ich, daß ich lief, daß ich herumlief. Plötzlich bemerkte ich mein Herumlaufen und sagte: Wenn ich herumlaufe, muß ich etwas suchen, aber was ist es, was suche ich, sagte ich. Plötzlich fiel mir ein, daß ich eigentlich gar nichts sagen wollte. Macht nichts, sagte ich, macht nichts.[38]

Geradezu exemplarisch demonstriert der Text das Suchen und (Er)Finden der Gedanken, die im (selbst)reflexiven Akt ihrer Erinnerung als Erzählen und Erzähltes dem Vergessen und Verschwinden entrissen werden. *Inventio* wird hier sich selbst zum Thema – und figuriert als konservatorische Arbeit. Allerdings ist diese Arbeit stets bedroht, vom Abweichenden, Plötzlichen, von der Evidenz der Wahrnehmung, der spontanen Reaktion, dem Zufälligen (sollte es den Zufall geben), vom Vergessen – von Ereignissen mithin, die von zielgerichteter Intentionaliät ausgeklammert werden.

Der Ich-Erzähler berichtet retrospektiv von seinen fortwährenden Entdeckungen, die er eines Nachts gemacht hat, und zwar jedes Mal »plötzlich«. Der nicht zu synonymisierende Zweisilber durchschießt als rhythmisches Pattern den Text auf eine Weise, die ihn als Homolog in Erscheinung treten lässt: In der bedrängenden, nachdrücklichen Wiederholung realisiert seine phonematische Gestalt seinen Bedeutungsgehalt. »Plötzlich« ist selbst plötzlich, ein explosives Plosiv, das immer wieder der gleitenden Sprache ins Wort fällt und das Kontinuum des Bewusstseinsraums unterbricht. Diese Entdeckungen beschränken sich zunächst auf Beobachtungen der Außenwelt, als welche sich der Erzähler dann aber – möglicherweise mit dem Verschwinden seiner Umwelt – selbst wahrnimmt. Was genau der Erzähler beobachtete, ist uninteressant bzw. mit seinem Verschwinden bereits vergessen. Selbstbeobachtung als Selbstentdeckung ist im Zugriff des Subjekts auf sich selbst nicht weniger als die auftauchenden und wieder entgleitenden Beobachtungen vom Verlöschen bedroht. Der Erzähler (als sich selbst Beobachtender) findet schließlich in der logischen Form des Syllogismus zwei nicht wieder selbst von ephemerer Kontingenz gefährdete Gewissheiten: Wenn man nachts schon lange in seiner Wohnung herumsteht, und das plötzlich bemerkt – dieses Bemerken unterbricht die selbstvergessene Kontinuität des Herumstehens –, dann muss man auch schon lange nach etwas gesucht haben; warum sollte man sonst so lange herumgestanden haben. Der andere Syllogismus konstatiert für die konträre Bewegungsform denselben Sachverhalt: »Wenn ich herumlaufe, muß ich etwas suchen.« Über eine bloß formale Gewissheit kann dieser Syllogismus nicht hinausgelangen, er ist das emergente Produkt von Beobachtungen, die in der Erinnerung selbst wieder nur einen schematischen Status aufweisen: »aber was ist es, was suche ich, sagte ich.« Auch bei dieser Frage wird sich der Erzähler nicht lange aufgehalten haben. Im Suchen, ob herumstehend oder herumlaufend, beobachte ich mich zumeist nicht, ich bin ganz in der Tätigkeit des Suchens aufgegangen. Erst in der reflektierenden Vergegenwärtigung des Suchens wird Selbstbeobachtung als ein Bewusstsein seiner selbst aktiviert. Der Erzähler ist sich gewiss, zu beobachten, er kann sagen, er selbst sei die beobachtende und das Vergessen erleidende Instanz, er ist sich seiner selbst, des Beobachtens und Vergessens gewiss – bis vielleicht auch diese Gewissheiten dem Prozess der Auflösung anheimfallen.

Drei Wörter strukturieren seine Erzählung: plötzlich, suchen und vergessen. »Plötzlich« ist die Zentralchiffre der Trias. Um diese Wörter herum gruppieren sich komplementäre binäre Oppositionen, mittels derer sich das mit »plötzlich« markierte Transitorische im Text entfaltet. Die Oppositionen lauten »stehen – herumlaufen«, »bemerken – vergessen«, »beobachten – verschwinden«. Die gegenläufigen Bewegungen, die sich in diesen Oppositionen vollziehen, bedingen die Löschung alles Vorgängigen. Somit erscheint schließlich jede Bewegung gelöscht, woran der Erzähler vielleicht sogar Gefallen findet: Das Herumlaufen wird durch das Stehen gelöscht, das Suchen durch das Vergessen und dieses wiederum durch das Vergessen des Vergessens, die Plötzlichkeit einer Beobachtung oder eines Geschehens durch eine nachfolgende. Nicht gelöscht werden kann allerdings das berichtende Benennen dieses Bewusstseinsinhalte im Detail nicht protokollierenden, sondern eben überschreibenden Gedächtnisprozesses, insofern das Benennen sich schriftlich manifestiert und konserviert. Dieser Gedächtnisprozess funktioniert hier analog zu

dem von Sigmund Freud beschriebenen Mechanismus des so-
genannten »Wunderblocks«, der aus dem Zelluloid und dem
Wachspapier des Deckblatts und einer Wachstafel besteht. Das
›Sagen als überhaupt etwas sagen‹ kann der Erzähler nicht re-
vozieren, es kann als Rede bzw. Stimme und Schrift nicht zu-
rückgenommen werden, so wie laut Freud »die Dauerspur
des Geschriebenen auf der Wachstafel selbst erhalten bleibt
und bei geeigneter Belichtung lesbar ist«: Der Akt der *actio* hat
sie unauslöschlich manifestiert. Daran erinnert sich Ror Wolfs
Erzähler, wenn er feststellt, nichts gesagt haben zu wollen. Tat-
sächlich hat er ja auch nichts gesagt, außer dass sein Wahrneh-
mungs- und Gedächtnisapparat dysfunktional arbeite, was
ihm durch Störungen der Plötzlichkeit bewusst geworden sei.
Offen bleibt dabei, was Ursache und was Wirkung ist. Freud
zufolge liefert der Wunderblock »also nicht nur eine immer
von neuem verwendbare Aufnahmsfläche wie die Schiefer-
tafel, sondern auch Dauerspuren der Aufschreibung wie der
gewöhnliche Papierblock; er löst das Problem, die beiden Leis-
tungen zu vereinigen, indem er sie *auf zwei gesonderte, mit-
einander verbundene Bestandteile – Systeme – verteilt.*« Freud
stellt des Weiteren fest: »Das ist aber ganz die gleiche Art, wie
(…) unser seelischer Apparat die Wahrnehmungsfunktion er-
ledigt. Die reizaufnehmende Schicht (…) bildet keine Dauer-
spuren, die Grundlagen der Erinnerung kommen in anderen,
anstoßenden Systemen zustande.«[39] Die von Freud angeführ-
ten Systeme sind bei Ror Wolf der Wahrnehmungsapparat des
Erzählers, der nur die Löschung vorgängiger Beobachtungen
konstatieren und über syllogistische Schlussfolgerungen Vor-
gängiges als solches überhaupt rekonstruieren kann, und
Schrift, der bei Ror Wolf das Paradox eignet, »nicht zu sein
und doch etwas zu sein«, – Erich Kleinschmidt zufolge eine
Erscheinungsweise des Imaginären: »Die Negativität des Ima-
ginären wäre dann keine der Nichtexistenz, sondern eine der
Nichtbenennbarkeit. Der Übertritt des Imaginären in die

Sprache verweist auf die Geschichte seines Verlustes. Das Imaginäre bleibt immer entzogen, unrepräsentierbar. Sein Dasein erfüllt sich im Verweis, der sich im Medium sprachlicher Bilder darstellt.«[40]

Der Erzähler bei Ror Wolf hat nichts gefunden als die ephemeren Spuren der Suche, deren Örter die Wörter »suchen«, »vergessen« und »plötzlich« sind, die das Gedächtnis in einem merkwürdig leeren Erinnerungsraum entfaltet. »Macht nichts« – das ist gegen seine ursprüngliche Intention gerichtet, die neben dem sich selbst immer ursprünglichen »Plötzlichen« der einzige Ursprung dieser nächtlichen, aus dem Verborgenen auftauchenden Einbrüche in die Kontinuität ist. Dass es nichts macht, kann heißen: Es hat keine Auswirkung, es ist nicht schlimm. Bedenkt man, dass der griechische Begriff *Poiesis* (ποίησις) ›herstellen, hervorbringen, machen‹ bedeutet, so könnte »Macht nichts, macht nichts« auch heißen: Die Poesie, das Imaginäre machen nichts, richten nichts Negatives an – doch gerade im Fall des Imaginären kann sich der Erzähler nicht so sicher sein, und ich bin sicher, er weiß das. Und da er das weiß, wehrt er den Schrecken, den es abgründig produziert, mit der Dopplung der Bannformel ab.

Wenn der von Gedächtnisverlust und umfassender Orientierungslosigkeit bedrohte Erzähler wieder Zutrauen gefasst hat und nun der Überzeugung ist, eine einmalige Episode durchlebt zu haben, oder wenn dieses vorerst finale »macht nichts« in der Selbstbeschwichtigung als letzte resignative Schwundstufe zu verstehen ist, die auch das Ich freiwillig preisgibt: »Macht nichts« – dann heißt das: Es ist total egal.

Ror Wolfs *Notiz aus dem zerschnetzelten Leben* ist eine Hommage an das Wort »plötzlich« und den Zustand der Plötzlichkeit, deren Quelle als das Diskontinuierliche und Nichtidentische verborgen bleibt. Die »zeitliche Modalität der ›Plötzlichkeit‹«[41] markiert das Transitorische im Text mit all seinen epiphanen Momenten, das zugleich als Angstabfuhr gegen die mit dem Wort »plötzlich« verbundenen Schrecken fungiert. Das Wort »plötzlich« durchschneidet die Textoberfläche und in seinem jähen, unvorbereiteten Erscheinen auch das Gedächtnis, es löscht die Wörter als Örter aus und initiiert zugleich die Suche nach Wörtern und Örtern, nach Wörtern *als* Örtern.

Plötzlich, das ist: Das Suchen der Suche, das Vergessen des Vergessens, das Beobachten des Beobachtens. Vor dem rettungslosen Zurücktreiben bewahrt den, der da »ich« sagt, eine Geste: Die Geste des bagatellisierenden oder erleichterten Abwinkens. Das Ich ist noch Herr im Haus des Verschwindens. An all das erinnert sich der Erzähler – noch. An wen adressiert er eigentlich seinen Monolog? Zumindest an sich selbst. Sich reden hörend, ist er nicht allein im Raum. »Nichts«, das war sein letztes Wort, und es bleibt dem Leser überlassen zu entscheiden, ob »plötzlich nichts« als Formel eines umfassenden Gedächtnis-, Orientierungs- und Ordnungsverlustes die Manifestation einer Demenz ist.

Ror Wolfs Prosaminiatur *Plötzlich* erweist sich als ein erkenntnistheoretisches Kabinettstückchen logisch-rhetorischer Stoff- als Selbstfindung, das in seiner Erzählordnung (bei den Sachverhalten angemessenem, nämlich schlichtem rhetorischem Schmuck, wie es die Ausdruckslehre der *elocutio* verlangt) ein sich zunehmend entleerendes Gedächtnis demonstriert, das in der Erinnerung sich selbst nur noch formal fassen kann. Der Text erzeugt eine Physiognomie des Erzählers. Man kann sich gut vorstellen, dass der Erzähler die Sachverhalte, die er des Berichtens für wert befindet, ohne große stimmliche, gestische oder mimische Anstrengung in ruhigem Ton vermittelt. Infolgedessen scheinen sie durch sich selbst zu sprechen. Der *actio* als dem Akt des Erzählens kommt nur die Funktion der von Störungen weiterer Plötzlichkeiten verschonten Übermittlung dieser kleinen Rede zu, ohne den Zuhörer von den ereigneten Plötzlichkeiten erst überzeugen zu müssen.

Und da ist noch etwas: »Plötzlich, nachts, stand ich auf und dachte nichts. Alles, was ich beobachtete, verschwand sofort.« Wer sagt denn, dass es sich bei diesem Beobachten bloß um *sinnliches* Wahrnehmen von etwas handeln muss? Vielleicht hat der Beobachtende ja *über*sinnliche Fähigkeiten, die Dinge im Akt ihrer Wahrnehmung verschwinden zu lassen – und er bemerkt diese Fähigkeiten *plötzlich* selbst. Ror Wolfs *Plötzlich* ist eine ursprungslose, aber rückläufige Genesis ohne Telos, an deren Ende auch wieder das Wort ist. Und das ist gut so, jedenfalls macht es »nichts«.

Vergessen, Suchen, Finden, Vergessen

Vergessen haben, was man suchte. Finden, weil man nicht suchte. Gonsalv K. Mainberger zufolge war und ist die *inventio* paradoxerweise selbst der Grund ihres Niedergangs, verspreche doch die »mathematik- und computergestützte Findigkeit, sämtliche Wissenslücken zu füllen und Argumentationsdefizite auszugleichen«. Das führe unweigerlich zu einem »Zustand der Sättigung und Überproduktion und wird so zugleich Ursache der Erschöpfung ihrer selbst«. Die solchermaßen mit der Zeit komplettierten Fundsachen liegen »alle schön geordnet in enzyklopädischer Vollständigkeit an ihrem Ort, es geht nur noch darum, sie zur Zeit und Unzeit abzurufen«. Geht Mainberger hier auch von einem Wissensbegriff aus, dem Invarianz und Vollständigkeit kategorial eignen, so beschreibt er als Konsequenz mit dem Erlahmen des innovativen Sucheifers der Wissenden und dem Gewahrwerden der »Nachfolgegeneration von Wißbegierigen, daß mittlerweile nur noch Bestände in abgedroschenen Formeln nachgeäfft und bis zum Überdruß umgeschichtet werden«, doch eine anthropologische Konstante der Kulturgeschichte, die in eine erneute Suche münde. Für Mainberger ist dies eine Sackgasse, aus der nur die entscheidende Richtungsänderung helfe, wie sie Paul Valéry aufgezeigt habe mit dem Satz: »Pascal avait ›trouvé‹, mais sans doute parce qu'il ne cherchait pas.«[42]

Der Kanonisierung folgt die Zerstäubung. Isidore Isou, der Begründer des Lettrismus, hat diesen Wechselprozess auf das Begriffspaar der sich zirkulär wiederholenden »l'hypostase amplique« und »l'hypostase ciselante« gebracht: die »reiche, ausgearbeitete« und die ziselierende, zersetzende Erscheinungsform.[43]

Müsste man aber nicht umgekehrt sagen, die Suche gestalte sich heute schwieriger, der Komplexität der Welterfahrung entspreche kein Archiv, keine Registratur, kein enzyklopädisches Unternehmen, kein hermeneutisches Subunternehmen mehr?

Gar nicht erst suchen, sondern finden. Finden im Sinne von Auffinden, etwas, das im Verborgenen war, entdecken. Zufällig finden. Dieses Finden ist ein zerstreutes Suchen, kein fokussiertes. Der solchermaßen Suchende befindet sich im passiven Modus des Suchens, er wartet ab. Gesetzt der Fall, man teilte Mainbergers Befund, hieße das dann, jeder fände dasselbe, wenn er aktiv suchte, weil zum Beispiel *das* hochintegrative Medium der Suche, das Internet, im Moment seiner Inanspruchnahme jedwede Individualisierung des Zugriffs ausschaltet? Bestünden dann Spitzfindigkeit und Scharfsinnigkeit als Differenzkriterien der *elocutio* nicht im Auffinden von verborgenen Quellen, über die kein Nachweis zu erbringen wäre als mit und in der Quelle selbst, im Auffinden entlegener Entdeckungen, im Auffinden entlegener Auffindungen, die zum Zwecke der ästhetischen Aneignung wiederentdeckt werden – oftmals leider nur vom Wiederentdecker? Die poetologische Indienstnahme von Fachsprachen, entlegenem Vokabular etc. macht den Dichter zum Trüffeljäger. Als solcher entwickelt der Autor ein poetologisches Beuteschema und dünkt sich wie Ohisver Muller in Jan Weiss' Roman *Das Haus mit den tausend Stockwerken* an den unangreifbaren Hebeln der Macht, diesmal der poetischen. Das Auffinden von Verborgenem ist ein Triumph. Als Autor mag man die Quelle nicht leichtfertig preisgeben, sehnt aber ihr Aufspüren seitens der Leser und der Forschung herbei.

Fragen nach der Beschaffung des Stoffes sind immer noch relevant, wenn auch nicht mehr im systemischen Bezugsrahmen rhetorischer Inventorik und ihrer Klassifikation der Örter. Wo bekomme ich meinen Stoff her und wie organisiere ich ihn? Diese Fragen gehen den poetischen, narrativen oder zum Beispiel dramatischen Realisierungen meist voraus, zumindest intuitiv. Explizit werden sie, sobald Störungen den Gang des allmählichen Verfertigens von Text auf seine Genese verweisen. Vielleicht ist dies der Grund dafür, dass Texte des Öfteren ausschließlich von ihrer Genese handeln: Sie kommen nicht von der Stelle, weil sie keinen Ort gefunden haben, von dem sie weg- und auf den sie zukommen könnten.

Der Eingriff des Schreibens zielt auf Zerstörung, auf Beseitigung des Schreibgrundes. Dieser, als manifestes Ereignis des Imaginären, wirkt impulshaft fort als Grundierung, die nicht selbst Gestalt werden kann. Was als Destruktions-Imagination aufbegehrte, mündet so in ein Sich-Fügen, im Einverständnis mit konservatorischen Prozessen, die Schrift fortschreiben.

Bei der inventorischen »Disziplinierung des Einfalls«[44] durch rhetorische Operationen, die unwillkürlich vollzogen werden, auch im Rahmen einer Anordnungspoetik (*dispositio*), hege ich einen Wunschtraum: die Regeln vorzufinden, an deren Regulierung ich selber mitarbeite.

Inventio könnte heute heißen, als Autor die Rhetorik zu entdecken, aufzufinden, die im Dekonstruktivismus eine Wiederauferstehung erfahren hat. Sie diszipliniert auf so wundersame wie wunderbare Weise.

Inventio: Hätte man doch ein kombinatorisches Kalkül, mit dem man poetische Texte generieren könnte, ohne dabei den Schlüssel aus der Hand geben zu müssen. So hätte man einen kryptographischen Schlüssel, mit dem man kryptographische Texte produzieren könnte.[45] Mit Hilfe dieser die Autonomie wahrenden kombinatorischen Methode, deren vordenkende Gewährsleute Ramon Llull, Gottfried Wilhelm Leibniz, Georg Philipp Harsdörffer und Novalis waren, hätte man zugleich eine gewisse Lebensruhe, bräuchte man doch bloß dabei zuzusehen, was am Ende rauskommt, dem Ergebnis die Zustimmung geben oder ihm diese verweigern. Poesiemaschinen – und man sitzt da, hebt den Daumen oder senkt ihn.

Grausam dagegen die Vorstellung, in eine Zelle gesperrt zu sein mit nichts als der eigenen Phantasie.

Und was heute den Vorwurf ästhetischen Recycelns betrifft: Rhetorik beförderte von Anfang an eine Ästhetik des Recycelns, indem die *imitatio* in einem ihrer beiden zentralen Aspekte auf die Nachahmung bzw. das Studium von *exempla*, also vorgängigen Beispielen der Literatur, zielte, die kanonische Mustergültigkeit erlangt hatten. Einflussangst war schon allein dadurch zurückgedrängt, dass ingeniöse Subjektivität keine Kategorie der Poetik war. Vorbildlich.

Ernst Jandl war mindestens so ingeniös wie ordnungsbesessen. Diese Ordnungsbesessenheit kommt in den enzyklopädisch angelegten Texten seines frühesten Bandes, *Laut und Luise*, im Recyceln tradierter poetischer und poetologischer Ordnungsschemata zum Ausdruck. Hierzu unter dem Stichwort *dispositio* in der nächsten Vorlesung.

II. DISPOSITIO

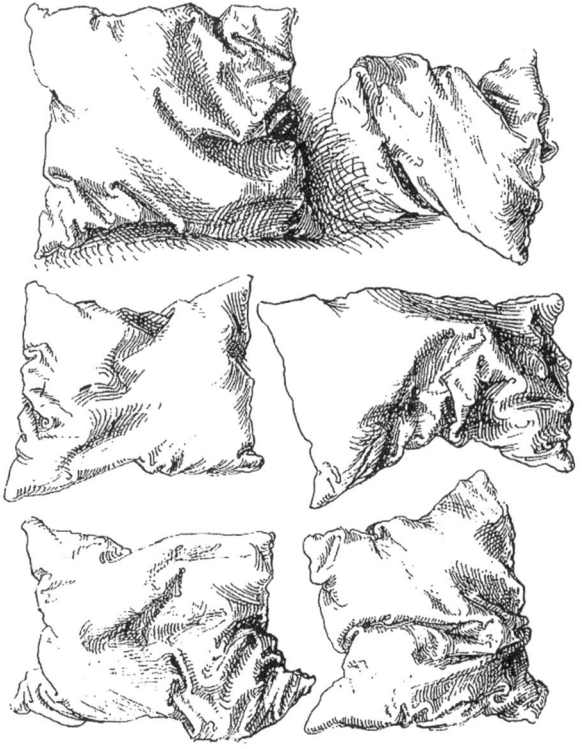

Federzeichnung *Sechs Kissen* von Albrecht Dürer (1493)

>»Wie aber kann Ungeordnetes eine stärkere Wirkung haben,
als was fest gebunden und richtig an seinen Platz gestellt ist?«
(Quintilian, *Ausbildung des Redners*, IX 4, 6)

Ordnung ist das halbe Leben und die ganze Rhetorik.

Die Rhetorik ist »die erste systematische Theorie des geord-
neten Textes«[1] und der wirkungsorientierten »Textherstel-
lung«[2]. Als Texterzeugungstheorie ist die Rhetorik zugleich
Textordnungstheorie,[3] die *partes orationis* werden mit Hilfe
der rhetorischen Lehre von den Redeteilen und ihren Gliede-
rungsprinzipien unter der Maßgabe des *aptum*, der Angemes-
senheit, in eine bestimmte Anordnung gebracht, die ziel- und
wirkungsorientiert ist.[4] *Inventio* und *dispositio* konkretisieren
sich an der »Ordnung des herzustellenden Texts«, an ihr reali-
siert »die *elocutio* ihre Gestaltungen«.[5] *Inventio*, *dispositio* und
elocutio erfahren in der jeweiligen Textordnung ihr integrie-
rendes Moment.[6]

Heinrich Lausberg zufolge ist die Grundfunktion der *dispo-
sitio* »die Aufteilung eines Ganzen«, also der Gesamtrede so-
wie jedes selbst ganzheitliches Einzelteiles, *res* wie *verba*.[7] Be-
trachtet man die in der *inventio* (auf)gefundenen Gedanken
als Materialsammlung der Rede, so dient die *dispositio* der
Ordnung des Materials. Allerdings erfolgt die Auswahl des
Materials bzw. der Gedanken in der *inventio* bereits im Hin-
blick auf die *dispositio* und die Nützlichkeit (*utilitas*). Unter
utilitas ist hier das Ziel der Rede, die »Funktion sonstiger
Kunstmittel für die Vollkommenheit (*virtus*) des Werks«[8], die
deliberative und die epideiktische Qualität zu verstehen.

Die antike Rhetorik unterscheidet drei funktionale Gattun-

gen der Rede: die Gerichtsrede (*genus iudicale*), die Beratungs-
rede (auch im politischen Sinne) (*genus deliberativum*) und
die Vorzeigerede (*genus demonstrativum*; epideiktisches Ge-
nus).[9] Da die »*dispositio* auf die *utilitas* hin orientiert ist«, so
Lausberg, »ist sie der Tugend des *aptum*«, der Angemessen-
heit, »und der Fähigkeit des *iudicium* (…) zugeordnet«, der
Urteilskraft bzw. des Geschmacks. Das *iudicium* ist Lausberg
zufolge ein »deliberatives Korrektiv der dichterischen Produk-
tion des *ingenium*«.[10] So verhindert die *dispositio* »das Gedan-
ken- und Wortchaos, sie bringt *res* und *verba* in die der *utilitas*
dienende Ordnung«. Ohne die *dispositio* sei die *inventio* »ein
beziehungsloser Vorgang«.[11] Quintilian schreibt in der *Aus-
bildung des Redners*, die Rhetorik sei die Wissenschaft, gut zu
reden, sie sei eine Kunst und eine »sittliche Leistung«. Ihr Stoff
seien »alle Gegenstände«, über die man reden müsse. Die Ge-
genstände fänden sich »gewöhnlich in drei Gattungen: der
Fest-, Beratungs- und Gerichtsrede«. Ferner bestehe jede Rede
»aus Gedanken und Worten«. Bei den Gedanken gelte »die Be-
trachtung der Auffindung, bei den Worten dem Ausdruck, bei
beidem der Anordnung«. All dies erfasse »die Kunst der Ge-
dächtnisübung«, und die »Kunst des Vortrages« bringe es zur
Wirkung.[12] In der *inventio* ist die *dispositio* demnach den *res*,
in der *elocutio* den *verba* zugeordnet.[13]

Dispositio als rhetorischer Begriff meint sowohl die Tätig-
keit der Anordnung des in der *inventio* gefundenen Stoffes als
auch das Ergebnis dieser Anordnung. Von der Rhetorik auf
die Poetik übertragen, meint Ordnung auch Textqualität, von
einem syntaktisch organisierten Textganzen bis hin zu sprach-
lichen Details wie dem Redeschmuck (*ornatus*, Tropen, Ge-
danken- und Wortfiguren).[14]

Martin Opitz hat den *dipositio*-Begriff in sein *Buch von der
Deutschen Poeterey* von 1624 übernommen. Das »V. Capitel«
der ersten deutschen Poetik behandelt neben der »invention
oder Erfindung« auch die »Disposition oder abtheilung der

dinge von denen wir schreiben wollen«.[15] Auf humanistischer Basis, ausgerichtet also an antiken Vorbildern, konstituiert Opitz eine Anordnungspoetik für die deutschsprachige Literatur, deren Prinzipien er der Tradition der romanischen Renaissancepoesie entnimmt.

Die Ordnung des Textes, das bestätigt Opitz, ist abhängig von den Gattungen. Allerdings setzt Opitz die genaue Kenntnis der von ihm angeführten Gattungen voraus, denn zu keiner von ihnen macht er nähere Angaben über Ordnung und Struktur der Gedichte. »Nicht nur zur Abweichung schweigt das *Buch von der Deutschen Poeterey*, sondern auch zur *dispositio* (…), von der eine Abweichung erfolgen könnte«, stellt Andreas Härter fest. Opitz' Poetik fehle somit »das integrierende Moment der Theorie der Textherstellung«. Die Poetik sei »unter diesem Gesichtspunkt keine vollständige Anleitung zur Herstellung von Poesie, sondern eine – keineswegs streng geordnete – Sammlung von Einzelangaben und normativen Feststellungen über Formen, Elemente und Verfahren der Poesie, der das ordnende Zentrum fehlt«.[16] Andererseits setzte sich sein »Konzept einer nationalhumanistischen Poesie«[17] innerhalb von zehn Jahren nach der Erstauflage von Opitz' *Buch von der deutschen Poeterey* im Jahr 1624 literatur- und versreformierend nicht nur im protestantischen Deutschland stark durch und erfuhr in Nachfolgepoetiken einige Erweiterungen, so zum Beispiel durch Philipp von Zesen, der sich in seiner Poetik *Deutscher Helikon* (1640) mit der Legitimation des daktylischen Versmaßes auf Augustus Buchner berief. Zu nennen sind auch Johann Peter Titz mit *Zwey Bücher Von der Kunst Hochdeutsche Verse und Lieder zu machen* (1642) und Justus Georg Schottelius mit *Teutsche Vers- oder ReimKunst* (1645) und *Ausführliche Arbeit Von der Teutschen Haubt Sprache* (1663). »Seine scharfsinnigen Epigramme, seine Lieddichtung, seine Adaptionen des großen Alexandergedichts, der Pindarischen Ode, der Sestine und verschiedener Formmuster des Sonetts machten Schule«, so Volker Meid in seiner bewundernswerten Gesamtdarstellung *Die deutsche Literatur im Zeitalter des Barock. Vom Späthumanismus zur Frühaufklärung.*[18] Opitz hat seine deutschsprachigen Zeitgenossen mit den genannten Gattungen und Formen allererst bekannt gemacht und ihre Adaption in der deutschsprachigen Literatur – mit eigenen Kunstdichtungen – initiiert. Die Folge waren »Nachahmung (*imitatio*) und Wetteifer (*aemulatio*) auf nationaler Ebene«.[19]

Der Begriff der *dispositio* als zweite Produktionsphase der Rede ist in der Rhetorik unmittelbar verbunden mit dem Begriff der Ordnung (*ordo*) als Abfolge, wobei die *ordo artificialis* als künstliche von der *ordo naturalis* als natürliche Abfolge der Redeteile zu unterscheiden ist. Die künstliche Abfolge gilt als absichtliche, kunstvolle Abweichung (*digressio, egressio*) von der natürlichen *ordo* »unter Rücksicht auf die *utilitas*«[20]. Lausberg zufolge gilt als *ordo naturalis* »die von Natur gegebene oder durch Gewöhnung als von Natur gegeben angesehene Ordnung«. Als eine natürliche Abfolge der (Gerichts-)Rede nennt er folgende: *exordium* (Einleitung) – *narratio* (Erzählung des Falls) – *argumentatio* (Beweisführung) – *peroratio* (affektsteigernde Zusammenfassung).[21] Die Beachtung der Chronologie und eine affektsteigernde Reihenfolge sind zentrale Prinzipien der natürlichen Ordnung. Mittels Abweichungen und Einschüben ist die *narratio* von der chronologischen Ordnung oft entbunden. Dies dient der Unterhaltung und der Erhaltung der Aufmerksamkeit. Die einzelnen Teile sind in sich wieder unterteilt. Die Ordnungsprinzipien *ordo naturalis* und *ordo artificialis* haben Relevanz von einem Redebzw. Textganzen bis hin zu den rede- bzw. textkonstituierenden unteren Einheiten wie Sequenz, Satz oder Kolon (rhythmisch gegliederte Grundeinheit; rhetorischer Rhythmus).[22] In der Poetik ist zwischen historiographisch-faktischer und poetischer (epischer, dramatischer) Darstellung zu unterscheiden. Was die Rhetorik in der Rede unter dem Signum der Nützlichkeit (*utilitas*) in Ausnahmefällen als Abweichungen billigt, wird in der Literatur konstitutives, gewissermaßen lizensiertes Merkmal.

Ordnung und Abweichung

Ohne Ordnung ist Abweichung nicht zu denken. Und ohne Abweichung ist nichts Neues zu denken. Jede Innovation braucht Ordnung und Abweichung gleichermaßen.

Nützlichkeit und Wirkungsabsicht sind in der Rhetorik die entscheidenden Ordnungsargumente der *dispositio*. Abweichungspoetiken zielen demgegenüber nicht vorrangig auf Nützlichkeit, Verständlichkeit und Wirkung, sondern sind eher auf semiotische und wahrnehmungstheoretische Dispositionen ausgerichtet. Soll eine Rede im rhetorischen Sinne der *dispositio* und *elocutio* transitorisch auf etwas referieren, verweisen abweichungspoetische Texte eher selbstreferentiell auf ihre Gemachtheit, ihre morphologischen Gestalten, ihre Textur und strukturalen Qualitäten, die regelrecht ausgestellt werden können. Abweichung von sprachlichen, auch formativen Normen ist hier auf allen Einheitenebenen denkbar, so zum Beispiel auf graphematischer oder phonologischer Ebene, als ›Verstoß‹ gegen syntaktische Regeln oder gegen typographische Konventionalisierung. Selbstredend kann logisches Denken außer Kraft gesetzt werden. Unschärfe und Eigendynamik sprachlicher Setzung können die Textdisposition bedrohen. Eine normative Rhetorik muss dieses Moment zu stabilisieren versuchen.

In der Genese von Texten selbst, in ihrem prozessualen Verfertigen und ihrem intertextuellen Rekurs auf andere Texte vollzieht sich Abweichung bereits. »und nimmt sinn, und gibt sinn, und nimmt und gibt sinn; denn sinn gibt auch was sinn nimmt und sinn gibt was auch sinn nimmt«, heißt es in *Kopfnuß Januskopf* von Oskar Pastior.[23] Unschärfe und Eigendynamik sprachlicher Setzung können die Textdisposition bedrohen. Eine normative Rhetorik muss dieses Moment zu stabilisieren versuchen. Aber kann sie das? »Im Modus einer normativen Rhetorik und der ihr zugehörigen Hermeneutik wurde dies immer kritisch beargwöhnt und abgedrängt«, konstatiert Erich Kleinschmidt. Und die hier angesprochene Abweichungsproblematik ist keineswegs nur ein rein technisches Problem: »Man betrachtete es zudem als ein nur der Textoberfläche zuzurechnendes Phänomen. Faktisch gehören Unschärfe und eine sich verselbständigende Prozessualität zur Tiefenstruktur der Sprache, weil sie Bedingungen ihrer Medialität sind«, so Erich Kleinschmidt weiter.[24]

Andreas Härter weist darauf hin, dass die Abweichung kein »Sekundärphänomen« ist: »Tatsächlich sind Ordnung und Abweichung gleich ursprünglich. Wo Ordnung konstituiert wird, wird Abweichung konstituiert; […] Die Abweichung entsteht erst mit der Konstitution der Ordnung.«[25]

Man kann sich wohl auf keine interiorisierte Ordnung dergestalt verlassen, dass sie sich schreibend bzw. als zu schreibende realisierte. Der Autor vollzöge dann an der Oberfläche des Trägermediums nur materiale Bewegungen des Schreibens, die ein inneres Programm zur Ausführung bringen. Der Autor sähe sich hier in einer mediumistischen, mystisch grundierten Position. Die Autorschaft würde an eine der Kontrolle entzogene Instanz delegiert. Textliche Ordnung ist also keine vorauszusetzende, »dem Einzeltext vorgelagerte Gegebenheit«, sondern sie ist – »wenn auch gewiß nicht ohne Vorgaben und, zu Zeiten der Regelpoetiken, gar vorschriftsgemäß«[26] – für jeden Text neu zu konstituieren.

Im Umkehrschluss versucht Rhetorik als Abweichungstheorie,[27] Abweichung affektwirksam zu integrieren (*egressio*) oder auszugrenzen (*digressio*), jedenfalls zu beherrschen – was auch eine Frage der Moral ist. Das macht im Wesentlichen ihr intentionales Movens aus. Andreas Härter weist nun auf den Umstand hin, dass Quintilian in seiner *Institutio oratoria* den Begriff der *egressio*, unter dem er das Phänomen der Abweichung »in der Perspektive der sanften, harmlosen, anschmiegsamen und formbaren Redeerweiterung« durchspielt, von dem »Konfliktbegriff« der *digressio* als der Kehrseite dieses Phänomens, nämlich als »Bedrohlichkeit, Eigenwilligkeit und Divergenz« abgrenzt. Wo dieser Begriff bei Quintilian auftrete, sei er »umstellt von Metaphern des Krieges (›Waffen‹, ›Soldaten‹), der Auseinandersetzung um die Redeordnung«.[28] Der *digressio*-Begriff stellt einen nicht mehr zu harmonisierenden Bruch zwischen Ordnung und zu disziplinierender Abweichung dar, die Ordnung hat die Schlacht verloren. Als *egressio* ist die Abweichung in die Textordnung integriert.[29] Es gibt allerdings auch eine »absichtsvoll ungeordnete Fülle«[30] – zweifellos kann Planlosigkeit gewollt bzw. absichtsvoll sein.

Für die Poetik bzw. das Schreiben von Literatur erweist sich ein Gesichtspunkt als wesentlich, der die Konsequenzen der »ordnungsfeindlich(en) und undomestiziert(en)«[31] *digressio* betrifft. Kann die *digressio* eine Rede durch ihre Ausdehnung hinsichtlich ihrer Nützlichkeit und Wirkung zerstören, so kann sie wünschelrutenartig Sinnbewegungen auch der Abweichung von der Abweichung inszenieren, deren Spuren der Text kreativ bezeugt. Die spätestens mit der Frühen Moderne beginnende Verwischung zwischen *res* und *verba* schiebt nicht nur in der Poesie, sondern auch in der Prosa die »Präsenz des Ausdrucks«[32] nach vorne und lässt den Ausdruck (*verba*) als Sache (*res*) selbst erscheinen.

Die Progression als Textbewegung auf ein veranschlagtes Ziel hin kann in eine Digression als unhintergehbarer Effekt der Realisation dieser Veranschlagung umschlagen.

Solchermaßen erscheint der Roman als paradigmatische »Digressionsgattung«[33], der eine Abweichung in Permanenz unternehmen kann. Als Meister der Abschweifung sind zu nennen Johann Fischart (*Affentheurlich Naupengeheurliche Geschichtklitterung*), Laurence Sterne (*Tristram Shandy*), Jean Paul, Daniil Charms oder auch Robert Walser. Im Anschluss u. a. an Jean Paul konzipierte Friedrich Schlegel Parekbase und Arabeske als reflexives Fantasieren des romantischen Geistes über sich selbst im Sinne eines die eigenen Entstehungsbedingungen reflektierenden, integralen Roman des Romans.[34] Große Abweichungskünstler der Gegenwart sind Hartmut Geerken, Uwe Dick und Friederike Mayröcker. In einem einzigen pulsierenden Satz vermag Geerken Erdteile und Jahrhunderte zu verbinden, der Leser geht auf assoziativen Freiflug und staunt über die neue Ordnung von Zeit und Raum, die Geerkens fessellose Literatur hervorbringt. Seine Bücher sind digressive Entladungen eines Gedächtnisses, das enzyklopädisches Wissen permanent autobiographisch kontaminiert. Ein Bruder im Geiste ist Uwe Dick, dem es in dem großen Archiv mit dem Titel *Sauwaldprosa* gelingt, die Abschweifung zur ästhetischen und intellektuellen Programmatik zu erheben. Der Leser folgt seinen neu aufgenommenen Fährten im realen wie imaginären Sauwald – und schweift lesend im besten Falle selber ab. Programmatisch heißt es diesbezüglich in den in der *Marslanzen*-Fortschreibung der *Sauwaldprosa*: »Auch, um für den Idealen Leser – weitab von Leier und Leerlauf im grell übermalten Grau der Babbits, Konsumwichtl und philosophischen Erdnußvertreter – Gebilde zu schaffen, deren Kristallgitterstruktur, horizontale, diagonale, aberrative Lesarten öffnet, prismatische Objekte also, deren Sinn-Fenster mit jeder Drehung nicht vermutete Allusionen spiegeln: Der Schliff bestimmt den Wert von Edelsteinen wie von Gedichten.«[35] Abweichen – das Wort scheint eine *contraDicktio in re*: »Weg-ab? Seit wann? Nach welchem Zwiesel, von welchem Pfad im Kreuz und Quer?«[36] Verwandt sind Geerken und Dick hierin Friederike Mayröcker, die das sich verflüchtigende Leben und seine vielen Abschiede gerade auch in seinen unscheinbaren Augenblicken festhält – hierbei von einem erschütterten, auf Wahrnehmung insistierenden Ich ausgehend, das einer permanenten Revision unterzogen wird.

Ist Hartmut Geerken der Wilde, so ist Uwe Dick der Genaue, und Friederike Mayröcker die poetisch Delirierende. Digression bedeutet bei allen die mäandernde Umkreisung des Zentrums, das Sprache, die Metamorphose des Ich und den Tod umfasst.

Neue Gattungen sind vielfach aus der Transformation bestehender Gattungen entstanden.[37] So behandelt zum Beispiel Thomas Borgstedt in seiner für das Sonett richtungsweisenden Arbeit *Topik des Sonetts. Gattungstheorie und Gattungsgeschichte* auch die historische Gattungstopik des Sonetts mitsamt ihren Ursprungstheorien, die das Sonett aus der Stanze, dem Strombotto und / oder der Kanzone herleiten. In den Unterkapiteln »Das Sonett als Stanze: Die mittelalterliche Tradition«, »Das epigrammatische Sonett der Frühen Neuzeit« und »Sonett als Lied in Aufklärung und Romantik« zeigt er die Diversifikation gattungstopologischer Bestimmungen des Sonetts auf.[38] Gattungsgeschichte kann insgesamt als Abweichungsgeschichte gesehen werden, wobei, wie bei Ernst Jandl noch zu zeigen sein wird, Formvariabilitäten und begriffliche Neubelegungen von Gattungen ihr Gattungsdispositv untergründig mit sich führen und so erst befestigen.

Zu hinterfragen wäre darüber hinaus: Ist Textordnung das Abbild einer äußeren Ordnung, die aufgrund von Ähnlichkeitsrelationen reproduziert wird? Dies bringt den vielgestaltigen Begriff der Mimesis ins Spiel.[39]

Abweichung ist nicht nur ein Phänomen der Organisation eines Textgefüges. Es kann auch das der Textproduktion vorgängige Medium der Sprache selbst betreffen, wenn zum Beispiel der Vereinbarungscharakter von Sprache als Kommunikationsmedium, das der Allgemeinheit zugänglich ist, zur Disposition steht, indem ingeniöses Sprachdenken und ingeniöse Ästhetik über sprachliche *ordo* auch hinsichtlich ihrer Semiosis verfügen will.

Erich Kleinschmidt knüpft an einen Satz Edward Youngs, des initiativen Mitbegründers »des genieästhetischen Autormodells«, an – wir kämen zwar »alle als *Originale* auf die Welt«, würden aber dennoch »als *Copien* sterben« – und stellt so die Konsequenzen unbedingter autonomer Subjektivität einer jeden Textproduktion plastisch vor Augen: Nähme man den Anspruch einer spezifischen sprachlichen Präsentationslösung, die aus dem Anspruch des neuen Autorenparadigmas resultiert, wie es Johann Gottlieb Fichte ausformuliert, textliche Darstellung habe »Ausdruck eines ganzen, auf eine völlig neue und originelle Weise, der Idee gewidmeten Lebens« zu sein, ernst, dann »müßte jeder Text fortan mit einer eigenen Sprache aufwarten, die ebenso wie ihr Urheber ›original‹ wäre«. Die Folge davon sei absehbar: »Gäbe es diesen gedanklich anziehenden Vorgang als eine sprachlich umgesetzte und nicht nur proklamatorisch beanspruchte Textrealität, so träten uns alle Werke nur als unvertraut, weil von einer fremden Individualität bestimmt entgegen.« Wenn Novalis behauptet: »Jeder Mensch hat seine eigne Sprache«, so zielt dieser Satz bereits auf das von Novalis ersehnte Paradigma der Unverständlichkeit im Sinne einer Kryptoliteratur. Nicht mehr die Rhetorik würde also die »darstellerische Topologie und deren metonymische Auflösungen« vorgeben, so Kleinschmidt, sondern diese »wählte das Leben selbst, das den Text zur Abdruckspur eines Subjekts machte«. Einem derartigen Anspruch steht aber »der eigenwertige Systemcharakter der Sprache«[40] entgegen, der Kommunikation mit ihren »rezeptive(n) Nutzungsregeln«[41] allererst ermöglicht – und das ist das für den jeder Sprachhandlung zugrundeliegenden Geltungsanspruch sprachlicher Figuralität, wie die Rhetorik sie systematisiert, entscheidende Kriterium.

Der auf Unmittelbarkeit zielende Verfügungsanspruch des Autors über Sprache und die mit ihr operierende Textgestaltung minimalisiert sich in der Textpraxis aber derart, dass letztlich die mit der Ablösung der Rhetorik durch die Ästhetik und spätestens im 20. Jahrhundert durch in ihren Ansprüchen divergierende Autorenpoetologien als ästhetische Surrogatformen[42] die »Lösung aus der rhetorischen Textformalisierung zugunsten eines strikten Anspruchs auf subjektive Sprache (…) nur bedingt einen radikalen Bruch« beinhaltet. Die Überlieferung erfolgt behutsamer, weil der rhetorische Theorieapparat eine zentrale gedankliche Basis bereitstellt, die auktoriale Subjektivität rechtfertigt.[43] Einen nichtgöttlichen Ursprung der Sprache vorausgesetzt, können die Prinzipien der Nützlichkeit, Angemessenheit und Wirkung, wie sie in der *disposito* instrumentell grundgelegt sind, ihren thetischen Ursprung nicht verleugnen, sind sie doch einer herzustellenden Textordnung verpflichtet, deren digressive Bedrohung es abzuwehren gilt. Die in der Rhetorik enzyklopädisch erfasste Figurenlehre gehört hingegen zum basalen, unhintergehbaren Bestand sprachlicher Operationen, die Rhetorik hat sie nicht erfunden, sondern systematisiert. In diesem Sinne *ist* Sprache genauso Rhetorik, was ihre Wirkung anbelangt, wie Rhetorik *Sprache* ist, weil Sprache das Medium ist, in dem sie sich vermittelt.

Die bereits in der Antike geführte Debatte über das Verhältnis von *ingenium* bzw. *natura* und *ars* aufgreifend und an Positionen der Barockpoetiken anschließend, konstatiert der französische Dichter Charles Baudelaire die Unabdingbarkeit ihres Zusammenwirkens und beschreibt Rhetoriken und Prosodien als Hebammen origineller Dichtkunst:

> Es ist augenfällig, dass die Rhetoriken und Prosodien keine willkürlich erfundenen Tyranneien sind, sondern eine Sammlung von Regeln, von der Ordnung selbst und dem geistigen Sein verlangt. Und niemals haben die Prosodien und die Rhetoriken die Originalität daran gehindert, sich deutlich zu entwickeln. Im Gegenteil, zu wissen, dass sie dem Erwachen der Originalität geholfen haben, ist unendlich viel wahrer.[44]

Selbsterfindung, auch in und als Literatur, ist Traum und Trauma. Was Peter L. Oesterreich im Hinblick auf René Descartes feststellt – dass auf der einen Seite »der Prozeß der Autopoiesis die Möglichkeit einer infiniten Selbstverwirklichung« verspreche, die sich, mit Friedrich Schlegel zu sprechen, »zu einer ›ununterbrochene(n) Kette innerer Revolutionen‹« gestalte, und dass andererseits die »prozessuale Verflüssigung des Selbst im autopoietischen Prozeß« die Gefahr einer Verflüchtigung und Auflösung provoziere – kann mit genau denselben Konsequenzen auf die Produktion von Literatur übertragen werden: Angstvoll verlangt die »rationalistische Gegentendenz« nach Sicherheiten und Gewissheiten.[45]

Die »ununterbrochne Kette innerer Revolutionen«, von der Friedrich Schlegel spricht[46], führt, auf die Poesie gewendet, zu einem allmählichen Einfrieren der Produktion bei fortdauernder Erhitzung des Gemüts, sind diese »Revolutionen« doch tatsächlich nur »innere« Tumulte und Turbulenzen, denen sich alsbald so gar kein sprachliches Äquivalent mehr beigesellen möchte. Die Sprache kommt nicht mit, wohin das Flackern des »Weltinnenraumes« (Rilke) eben nicht zielt, es flackert ja nur.

Das Gedicht, so könnte hier als These formuliert werden, will diesem Durchbrennen Einhalt gebieten, es will es löschen und den Prozess des Löschens einfrieren, ihm Gestalt geben. Diese Gestalt kann dann gerne, Fuhrmann – Fährmann, im Leser das Flackern entzünden, ihm die Krankheit übertragen. In diesem Sinne ist wieder die Bedeutung von *poiesis* als Technik und Methode hervorzuheben.

Lektüre als Digressio

Texte machen ein »auktoriales Ordnungsangebot«[47], das der Leser allerdings unterlaufen kann, indem er mit seiner Lektüre dem Text eine andere Ordnung entgegensetzt. Spätestens also die Lektüre kann ein Modus der Abweichung sein, indem sie das Sinnangebot des Textes in seinem Erfassen und Nichterfassen neu konfiguriert. Das erklärt auch, warum über ein Buch vielleicht im vermeintlich Ganzen, doch nur selten im Detail Einigkeit herrscht. Für einen selbst ist die Lektüre des anderen ein größeres Geheimnis als das Buch.

Ein wildes Lesen und Schreiben opponiert gegen ein Lesen und Schreiben der Ordnung, nicht um der Unordnung, sondern der entfesselnden Konditionierung willen, die positiv umschlägt in eine synthetisierende, dabei kontextuelle Kohärenz durchaus vernachlässigen könnende Schreib- und Lesebewegung. Diese Konditionierung scheint den Zweck zu verfolgen, das Imaginäre zu zwingen, sich unmittelbar, ohne medialen Umweg, zu materialisieren.

In diesem Zusammenhang sind in den letzten Jahren paradigmatisch die Lesepraxis und Philologie Johann Georg Hamanns unter ihren selbst wieder textgenerierenden Aspekten in den ästhetischen Blick geraten, ohne von vornherein ihre Unverständlichkeit und Dunkelheit als Defizit zu beklagen. Im Gegenteil wird die mäandernde Philologie dieses ›Rhapsodisten‹ gewürdigt als eine unsystematische Stellenlektüre, die aus einer Umkehrung und Umwertung rhetorisch induzierter Ordnungsprinzipien intellektuell scharfsinnigen Gewinn erzielt.

So spricht Eckhard Schumacher, ein Zitat Georg Stanitzeks aufgreifend, von Hammans »brutaler Lektüre«, deren Philologie der Stelle sich »keinen Deut um die […] Unterscheidung des Zentralen vom Peripheren« kümmere. Bei Hamann finde vielmehr eine »Umwertung der Rolle der Anmerkung« statt, indem seine Texte, wie Volker Hoffmann aufgezeigt hat, ihren Ausgang von »verschriftlichten Lektüren« nehmen, »von Materialsammlungen in Notizen, ›gleichsam von unten‹, über die Anmerkungen«.[48]

Die Fußnoten fungieren bei Hamann als »Schaltstellen«, so Schumacher, »über die sich der Text in ein Netz von anderen Texten knüpft, […] sich als Einfallstor öffnet und so fremde Texte anzapft«. In den Fußnoten »über scheinbar marginale Einfälle, assoziative Ausschweifungen oder vermeintlich abwegige Querverweise«[49] schreibt sich Hamanns Text fort, ohne noch auf eine Verständlichkeit des *Ganzen* zu zielen. In Hamanns religiös motivierter, philologischer Profilierung des Fragmentarischen bleiben »Zusammenhang, Ganzes und Vollkommenes«[50] als ungreifbar vom eigenen Text unberührt, sie sind ein textproduktives und hermeneutisches Versprechen auf die Zukunft. Schumacher betont zu Recht, dass es »gerade nicht *eine* separierbare, dem Text vorgängige Gesamtabsicht« ist, »die Hamann verstellt oder verdunkelt«, sein Stil sei nicht als eine »sekundäre Textqualität« zu bestimmen, vielmehr *seien* seine Schriften »durch und durch Stil«.[51]

Mäandern, Kontext-Hopping, Stellen-Switchen: Hamann beutet Vorgefundenes zitierend aus, wobei eine Stelle durchaus auch entstellt werden kann, ein wildes Textgeflecht entsteht, das Dunkelheit sehr bewusst, auch persiflierend, gegen die regelinduzierte Ordnung und Verständlichkeit (*perspicuitas*) der Regelpoetiken setzt. Ohne die synthetisierende Philologie von Fremdtexten sind die Entstehung von Hamanns Texten und ihre eigene Logik nicht zu denken. »Logik« kann hier ersetzt werden durch »Ordnung«. Die dekonstruktivistische Lektüre Derridas ist derjenigen Hamanns und seinem Sprachdenken nicht ganz unähnlich.

Sprunghaftigkeit und Antisystematik eignete auch Georg Christoph Lichtenberg. »Eine desultorische Lektüre ist jederzeit mein größtes Vergnügen gewesen«, schreibt er in den *Sudelbüchern*. Die diesem Aphorismus unmittelbar vorangehende Eintragung lautet: »In der Geschichte der vereinigten Provinzen von Herrn Martinet von Zütphen finden sich zumal in den Streitigkeiten zwischen den Hoecks und Cabillaux Beispiele von Größe der Seele die den größten von Rom und Griechenland an die Seite gesetzt werden können.« Die nachfolgende Notiz lautet: »Johnson sagte einmal, als er Sonntags-Betrachtungen gelesen hatte, ich hätte große Neigung Montags-Betrachtungen zu schreiben, und in der Tat könnte aus Montags-Andachten etwas recht Gutes gemacht werden.«[52] Nimmt man die drei Eintragungen als Sandwich, beschreibt die als Wurst oder Käse in der Mitte liegende Rede von der »desultorischen Lektüre« genau die hier obwaltende Textpraxis des freien Vagabundierens zwischen Kontexten, Textsorten, Geschichten, Zitaten, die aus einer analogen Lektürepraxis resultiert: Wie gelesen, so geschrieben. Eine solche Lektürepraxis lässt den Autor wunderbar verschwinden, ihn aber gewissermaßen umgekehrt, auf das exzerpierende und kommentierende Ab-Schreiben gewendet, zum Autor heterogener Texte und Autoren werden. Das zufällige Auffinden von Textstellen in der sicheren Annahme, solchen Funden zu begegnen, entbindet den Autor von intentionaler Suche. Er registriert und kommentiert, was seine assoziative Aufmerksamkeit nicht ermüdet, sondern vielmehr als interessant markiert. Ein solcher Autor muss auf alles gefasst sein und ist wohl auch auf alles gefasst, und das mit »größtem Vergnügen«, das Intellekt und Imagination gleichermaßen trainiert.

Friedrich Schlegel setzte die Reihe mit seinen Synthesen des Disparaten fort, für die ihm die Rhetorik als »Vorläuferwissenschaft« diente. Er zielte ab auf eine »wahrhaft prophetische« Kunst und Wissenschaft »des witzig-genialischen Kombinierens, mit deren Hilfe auch noch die heterogensten Erscheinungen in einen enzyklopädischen Zusammenhang eingebunden werden konnten«.[53] In diesem Zusammenhang ist ein rhetorischer Begriff von Interesse, der in der Antike die Tätigkeit der Gelehrten bezeichnete, die die Anordnung der Epen Homers revidierten und diese zum Teil ergänzten. Schlegel betrieb eine Philologie und eine Poetik der Diaskeuase, er betätigte sich, auch hinsichtlich seiner eigenen Schriften, als Diaskeuast: als »Anordner«. Unter *Kritik* verstand er die »Kunst, Werke zu bilden, freil. auch umzubilden, zu behandeln, zu diaskeuasiren, zu kritisieren«.[54] Diaskeuasieren bedeutete also, Texte bzw. Fragmente von Texten neu anzuordnen und umzuarbeiten, Diaskeuase ist zugleich philologische Theorie: »Zum *Faust* der ganze Spinoza; das die Diaskeuase desselben«, heißt es zum Beispiel in einer Notiz von 1798/99.[55] Schlegel schwebte die Diaskeuase als ein universelles Verfahren der rhapsodischen Neukombination ganzer Wissenschaften und als ästhetisch-konstruktive Methode vor. Texte werden komponiert, kombiniert und in ihrem neuen Kontext wiederentdeckt. Ein solcher kombinatorischer Lektüremodus schafft in der Verfugung fragmentarisierter Texte Konfigurationen des geistigen Witzes, die umso stärker überraschen, je heterogener oder gar divergenter die Quellen sind. Friedrich Schlegel zielt auf eine intertextuelle Montageästhetik des Witzes: »das Mannigfaltigste, Verschiedenartigste zu Einheit zu verbinden«.[56] Gegenüber den das Genie naturalisierenden Ästhetiken rückt mit der so veranschlagten Montage als kombinatorischem Prinzip der technisch-mechanische Aspekt der Produktion in den Vordergrund.[57]

Mein Roman *Pazifik Exil* hat durchaus Züge einer diaskeuasischen Komposition, insofern hier Gedichte, Tagebuchnotate, Briefstellen, Romanauszüge, Selbstkommentare und Lebenserinnerungen u. a. von Bertolt Brecht, Hanns Eisler, Lion und Marta Feuchtwanger, Alma Mahler-Werfel, Heinrich und Thomas Mann, Katia Mann, Arnold Schönberg und Franz Werfel fiktional neukontextuiert werden. Sie erfahren in bzw. mit ihrer neuen Umgebung eine Kommentierung. Als ein wesentliches Moment dieses Verfahrens ist die fiktionale Genese der nicht nur mit ihrem Titel, sondern zur Gänze oder in Ausschnitten zitierten Texte zu nennen – wie zum Beispiel Gedichte von Brecht aus dem Exil in Finnland (*Finnische Landschaft*) und über den Tod von Margarete Steffin sowie die *Hollywood-Elegien*, die Eisler im *Hollywooder Liederbuch* vertonte, die Romane *Der Atem* von Heinrich Mann, *Doktor Faustus* von Thomas Mann und *Stern der Ungeborenen* von Werfel.

Keiner vorgegebenen Gattung oder Form zu folgen heißt im Übrigen nicht, keiner Ordnung zu folgen. Ordnung kann auch Diskurs heißen. Die Gedichte in *Offene Unruh* verstehe ich als kleine Diskurse – so wie auch ein Topos in seiner vermeintlichen Absolutheit einen Diskurs begründen kann oder selbst Diskurs *ist*. Einem solchen Verständnis von Diskurs können auch Zitate diskursive Korrespondenten sein. In *Offene Unruh* finden sich u. a. Zitate und Abwandlungen von Zitaten von Rainer Maria Rilke oder Justinus Kerner.

Rhetorische Ordnungsstrategien zielen unter dem Gebot von Nützlichkeit, Angemessenheit und Wirkung auf die Bewältigung von Diversifikation, ohne sich dem zukünftigen Heterogenen zu verschließen. Zentrales Instrument hierbei ist der Begriff, der nach Hans Blumenberg »aus der *actio per distans*, aus dem Handeln auf räumliche *und* zeitliche Entfernung entstanden« ist[58] und die Offenheit gegenüber der konkreten Vielheit durch »genügend Unbestimmtheit« erreicht. Insofern sei der Begriff »das Instrument nicht so sehr eines der Erinnerung fähigen als eines auf Prävention eingestellten Wesens: es sucht zu bewältigen, was noch gar nicht unmittelbar ansteht«.[59]

Im Chaos kommt die »überwältigende Phänomenfülle« zum Ausdruck, das die Ganzheit überbietet. Kann die *dispositio* auch vor der »Fülle der Realitäten«[60] kapitulieren, so können rhetorische Figuren dieses Chaos immerhin markieren. Paradigmatisch sei hier das Zeugma genannt, das Lausberg als »semantisch kompliziert« und als »chaotisches Phänomen« charakterisiert, da es »die Fülle des Ganzen durch scheckige Auswahl der Teile (...) ausdrückt«.[61] Als Verknüpfung ungleichartiger Satzglieder »durch ein gemeinsames Prädikat, zum Beispiel mit syntaktischer Inkongruenz« gilt das Zeugma als »fehlerhafte Sonderform der Ellipse«; als raffinierte rhetorische Figur der Verkürzung zeichnet sich das Zeugma dahingegen als semantische Inkongruenz aus, wofür Heinz Ehrhardt ein schönes, den Sachverhalt des Disparaten aufs Zeugma bringendes Beispiel gibt: »Es ist leichter, den Mund zu halten als eine Rede.«[62]

Das Zeugma kann aber auch als *existentielle* Figur verstanden werden, als Brücken-Metapher für die sprachliche Disziplinierung des Heterogenen, mit der das Unverträgliche, Unvereinbare koordiniert wird, wenn auch nur an der sprachlichen Oberfläche. Dem Hörer bzw. Leser fordert diese Operation den gedanklichen Nachvollzug der klammerbildenden Bewegung ab.

Während Novalis einen enzyklopädischen Plan zu einer universellen Inventorik fasste, versuchte Friedrich Schlegel aus der Tropenlehre innovative Dispositionsschemata zu gewinnen. Ein wesentliches Merkmal dieser Poetik ist die Verabsolutierung rhetorischer Figuren, die nun nicht mehr sprachliche Bewegungen in Prätexten beschreibbar macht, hier vor allem Brüche und Abweichungen von Ordnungsverhältnissen, sondern ganze Werke als aus diesen Figuren generierbar erscheinen lässt. Das Kernfragment seiner figural generativen Poetik lautet: »Werke als *Ein* großes *Hyperbaton*, *Anakoluthon*, Hysteronproteron.«[63] Das Anakoluth als Satzbruch bezeichnet die Fortsetzung des Satzes in einer anderen als der begonnenen Konstruktion. Der Bruch der logischen Satzstruktur als Abweichung des Satzendes vom Satzanfang erfolgt unwillkürlich beim allmählichen Verfertigen der Gedanken beim Reden, wenn unterschiedliche Gedanken bzw. Sachverhalte gleichzeitig zur Äußerung drängen. Als bewusste Setzung in einem Text trägt das Anakoluth in der Adaption mündlicher Strukturen zur Verlebendigung bei. Beim Hysteron-Proteron handelt es sich um einen Bruch der logischen bzw. zeitlichen Reihenfolge eines Sachverhalts: Das zeitlich Vorausgehende wird syntaktisch nachgestellt. Insofern ist auch das Hysteron-Proteron eine Satzfigur der Abweichung.

Longinus bzw. Pseudo-Longinos – über die Identität des Autors herrscht in der Forschung bis auf den heutigen Tag keine Einigkeit – definiert in seiner Schrift *Vom Erhabenen* das Hyperbaton als »Verschiebung«:

Dies ist eine von der natürlichen Folge abweichende Ordnung der Worte oder Gedanken und gleichsam der treueste Abdruck erregter Leidenschaft. Wie nämlich Leute, die wirklich zürnen, sich fürchten oder ärgern, durch Eifersucht oder sonst einen Affekt (…) immer wieder vom Weg abkommen, sich etwas vornehmen, aber oft zu anderem überspringen und sinnlos Einschübe machen, dann wieder zum Anfang zurückkehren und von der Aufregung ganz wie von einem Wirbelwind rasch umschlagend hin- und hergetrieben ihre Worte, die Gedanken, die natürliche Verknüpfung und Ordnung tausendfach verändern, so wollen die besten Schriftsteller mittels der Hyperbata das Wirken der Natur nachahmen. Dann nämlich ist Kunst am Ziel, wenn sie Natur scheint; die Natur wieder ist vollendet, wenn sie die Kunst unmerkbar einschließt.[64]

Wie eine Mischung aus experimenteller Versuchsanordnung und einer Schilderung der Lektüreeindrücke von Robert Walser oder Thomas Mann mutet Longinus' Beschreibung des exzessiven Gebrauchs des Hyperbatons bei dem griechischen Historiker Thukydides und dem griechischen Redner Demosthenes an. Longinus' Ausführungen über die syntaktische und gedankliche Urgewalt des Hyperbatons wirken überraschend frisch, bedenkt man, dass seine Schrift ungefähr zwischen den Jahren 35 vor und 50 nach Christus entstanden ist:

Noch kühner trennt Thukydides sogar das von Natur ganz Einheitliche und Unteilbare durch Hyperbata voneinander. Demosthenes verfährt zwar nicht so souverän wie er, ist aber bei dieser Figur der unersättlichste von allen und erzielt durch Umstellungen große Gewalt, ja sogar den Eindruck der Stegreifrede und reißt zudem seine Hörer mit sich in die Gefahr der weiten Hyperbata. Indem er nämlich oft den begonnenen Gedanken in der Schwebe läßt und dazwischen wie in einen fremden, gar nicht herpassenden Zusammenhang alles Mögliche von außen mitten hinein schiebt, macht er dem Hörer Angst, der Satz könnte ganz auseinanderbrechen, zwingt ihn, aufgewühlt an den Wagnissen des Sprechers teilzunehmen, fügt dann schließlich unerwartet nach langem Zwischenraum das längst erwartete Wort eben noch rechtzeitig an und erschüttert gerade durch die gewagten und gefährlichen Hyperbata um so stärker.[65]

Die Kontiguität fragmentarisierender Lektüren, die quer durch die Jahrhunderte und Sujets verlaufen, stellt in ihrer Übergangslosigkeit bereits eine Diaskeuase als Bewusstseinsakt dar. Synthetisierende Prozesse, die eine solche Lektürepraxis auslöst, werden kaum zu kontrollieren sein. Hier mögen sich Diskurse begegnen und ineinander übergehen, die sich vorher nie begegnet sind und, sich küssend, die Begriffe tauschen. Die fessellose Drift mag zwar als Propädeutik von Poesie dienen, sicher aber nicht jedem Leser behagen. Auf hoher See der Lektüren versucht der Leser wohl lieber, das Steuer in der Hand zu halten, damit das Lesen ihn nicht *irgendwohin*, sondern an den Ort bringt, den es in seiner Imagination immer schon zu erreichen gilt. Die Kontrolle höchstens kontrolliert verlieren, das ist das so paradoxal wie philisterhaft anmutende Kalkül einer Lektürehaltung, die einen linearen Ordnungsgedanken auch in der Literatur restituiert sehen möchte, auch wenn der jeweilige literarische Text möglicherweise weniger linear denn digressiv strukturiert ist.

Wohl dem, der ein Buch vom Anfang bis zum Ende lesen kann. Der ein Buch ›ausliest‹, es zu Ende liest. Mir gelingt das nur unter Anstrengung. Eine Ausnahme zuletzt: die erneute Lektüre von Kleists *Michael Kohlhaas* – ein Erzählwerk, durch das man mit den Rappen des Rosshändlers reitet und mit diesem stürzt. Ein transitorischer Ritt durch eine Affektlandschaft von konsistenter performativer Kraft. Standbilder eingehender Betrachtung und Abwägung wechseln sich ab mit rasender Verwischung, taumelndem Exzess. Kleists Sprache taktet die wechselnden Gemütsbewegungen von Kohlhaas, sein Changieren zwischen tatkräftigem Entschluss und ohnmächtigem Reagieren, zwischen Schritt, Trab und Galopp in eine syntaktische Periodisierung, die den Atem in weitschweifenden Bögen führt, dann wieder die Sätze zerhackt, den Text in sich rennend außer Atem kommen lässt. Der sich so trefflich auf das Deutsch einer von Nützlichkeit regierten Rechtsprechung verstehende Text ist ein sich aus der Figur einer unstillbaren Empfindung entwickelndes Manöver, bei dem die Gegner einander vernichten wollen, dann, nach einer Pattsituation der Unentscheidbarkeit, voneinander hoffen, dass sie sich selbst matt setzen. Syntax wird zur Geste. Und das ist ein durch und durch rhetorischer Prozess. *Michael Kohlhaas* ist Gewalt – und selten hat Gewalt eine solch gewaltige Ästhetisierung erfahren.

Lektüren

Ich bin mein eigenes Durchgangssyndrom, im Leben wie in der Lektüre. Lektüre stört meine eigene Störung, die Ich ist. *Moi* soll können, *Je* will aber nicht. Schreiben ist dann der Versuch, diese doppelte Störung zu beheben. Eine Schleife: Scheitert das Schreiben, muss ich genauer hinlesen. Ich beiße mich in Lektüren fest. Komme oft nicht weiter als zwei, drei Sätze. Ich will mir die Sätze merken, sie sofort auswendig können, ohne sie auswendig gelernt zu haben. Gelingt es mir, will ich sie oft direkt wieder vergessen: Der u. a. von Renate Lachmann beschriebene mnemopathische Fall des »Mnemonisten« Venjamin Solomonovič Šereševskij steht mir vor Augen, dessen »semiotische Steuerung« versagte, indem er in eine »nicht endende Spirale des Erinnerns gezogen« wurde, die »die jeweiligen Memorierungsakte wiederum zum Gegenstand des Erinnerns« machte.[66] Erinnertes und Erinnerndes waren bei ihm »unlösbare und unlöschbare Verbindungen« eingegangen. So faszinierend es ist, über diesen von Alexander R. Lurija do-

kumentierten Fall zu lesen,[67] so neurotisch besetzt kann diese
Faszination sein. Die andernorts, so zum Beispiel von Um-
berto Eco,[68] in Abrede gestellte Kunst des Vergessens wird zur
Kunst des Verdrängens degradiert. Abweichen ist auch ein
Gleiten, ein Verlassen der Stelle im Moment ihres Erfassens. Es
gibt eine Art Lektüre, die sich ganz dem Abtasten der Augen
anvertraut, eine Lektüre im Modus Autopilot. Das Vertrauen
basiert auf der Überzeugung, im mechanischen Unterwegs-
sein der Augen nichts Wesentliches zu verpassen. Eine solche
Lektüre mit zerstreuter Aufmerksamkeit begnügt sich mit dem
sich mechanisch einstellenden Wahrnehmungsangebot.

Die Formel *Close reading* definiert eine gegenläufige Bewe-
gung. *Close reading* kann eine Krankheit sein. Nicht mehr von
der Stelle kommen, sich nicht mehr rühren können. Sich nicht
mehr rühren zu können heißt: sich nicht mehr wehren kön-
nen. Dieses Stillleben ist Kalkül, dass sich Ordnung einstellt
über die kontemplative Haltung, die eine solche Lektüre er-
zeugt. *Close reading* kann bedeuten, dass eine Textpassage im-
mer wieder neu durchquert wird, in der bangen Hoffnung,
den letzten denkbaren Bedeutungshof vielleicht doch noch
nicht entdeckt zu haben. Aber wann könnte man da sicher
sein? Eine rhetorische Frage.

Das Verfolgen einer Spur birgt die Gefahr, eine andere Spur
zu finden, die man gar nicht gesucht hat, der man aber, einer
inneren Stimme, einer Verlockung folgend, nachgeht, und so
verliert man die andere Spur, deren Fährte man aufgenom-
men hatte, aus den Augen. Dieses hüpfende Lesen, das ent-
scheidungslos von Buch zu Buch springt, sich in den Seiten
der Bücher verrennt, dieses die ›angebrochenen‹ Bücher ein-
spinnende, zu *einem* Buch machende Lesen ist ein Myzel, de-
ren Hyphen nach einem Grund tasten, der vielleicht gar nicht
da ist. Grund. Terra, Causa, Intention. Lesen ist die Suche
nach dem innerlich bereits geschriebenen Text.

Die Abweichungspoetik Ernst Jandls

Experimentelle Versuchsanordnungen in der Literatur greifen zuweilen auf gattungstypologisch stabile Schemata zurück, um über eine untergründig wirkende Ordnung Abweichungen erzeugen zu können. Dies muss den experimentellen Prozess keineswegs im Sinne einer Unentschiedenheit oder gar wahrnehmbaren Unvereinbarkeit beider ›Systeme‹ destabilisieren.

Laut und Luise, Ernst Jandls erste Sammlung von Gedichten, Prosaminiaturen und Minidramen,[69] ist ein Kompendium der avancierten Poesie des 20. Jahrhunderts, insbesondere in ihren auditiven und visuellen Formen: Im Anschluss an die historischen Avantgarden und im Spannungsverhältnis zur rhetorisch fundierten normativen, das heißt präskriptiven Gattungspoetik unterläuft Jandl mit *Laut und Luise* konventionelle Gattungszuweisungen. In der Realisierung von Gattungen werden diese in der Regel auch selbstreferentiell nicht weiter reflektiert. (Walther von der Vogelweides Lied *Saget mir ieman, waz ist minne?* oder Friedrich Schillers poetisch-homologe Definition des *Distichon* stehe hier für die berühmte Ausnahme, und auch so manches Barockgedicht hat einen poetologischen Metatext.) Jandl aktiviert sie, die Kenntnis literarischer Konventionen beim Leser voraussetzend, gerade durch Abweichungen von Gattungserwartungen.

Eine Neukonstitution von Gattungen hat Jandl wohl nicht angezielt. Gleichwohl hat er, durchaus im ernsten Sinne, aufgezeigt, was alles unter alten Labeln möglich ist. Zitat (auch Formzitat), Montage, radikale Reduktion und phonetische Dekomposition sprachlicher Mittel bis zur lustvollen Selbstentblößung vorgefundenen Gestaltungsmaterials, wie etwa Eigennamen, sind mitunter die Verfahrensweisen, die im Neuen das Alte und im vermeintlich Alten ein – immer noch –

innovatives Potential entdecken lassen. Man denke an die Poetik und Poesie des Barock. Insofern ist *Laut und Luise* eine poetologisch-poetische *Querelle des Anciens et des Modernes*, ausgefochten mit den intrinsischen Mitteln der Sprache, ohne dass der Rhetoriker Jandl Partei ergreifen würde. *Laut und Luise* demonstriert vielmehr die paritätische Gleichzeitigkeit des Ungleichen – und die ist ein transhistorisches Phänomen, nur dass vor Jandl, allenfalls Gerhard Rühm wäre noch zu nennen, niemand so sinn- und lautdringlich darauf hingewiesen hat.

Bei aller Selbsterfindung eines eigenen Idioms, mit *Laut und Luise* hat Jandl sich also in eine freiwillige Abhängigkeit begeben: Die Gedichte geben gar nicht erst vor, historisch jungfräuliche Gebilde zu sein. Ihre Gemachtheit und, zumindest partiell, ihre Genese werden keineswegs verdeckt. Genese und Gemachtheit vielmehr als Gegenstand des hermeneutischen Verstehens der Gedichte zu begreifen und somit die Wahrnehmung vom *Was* auf das *Wie* zu lenken, ist Teil ihrer ludistischen Programmatik.

Mit syntaktischen und phonosemantischen Zaubermitteln macht Jandls *ars combinatoria* auf den jeweiligen systemischen Zustand seiner Texte aufmerksam: Wiederholung (als Epanalepse, Geminatio, Epiploke), syntaktischer Parallelismus, Palindromatik, Kombinatorik, Permutation, Rondeau-Konstruktionen, Schwundschemata, additive Reihungen, Wörterklitterung, lautgestische Zerdehnung phonetischer und morphologischer Einheiten bzw. Wörter. Als textgenerierendes Repertoire haben diese Verfahrensweisen ihrerseits eine historische Lizenz.

Das semasiologische Spiel, die – wenn auch dezente – visuelle Semantisierung des Raumes (Papierfläche), die phonetische Behandlung von (auch dialektalen) Lautgruppen oder Einzellauten als artikulatorische Plastik und die gattungsaffine Typologisierung der Textsorten machen unter dem Siegel spielerischer Strenge und strengen Spiels die poetologische Differenzqualität von *Laut und Luise* gegenüber Tradition und historischer Avantgarde aus. Jandl hat mit diesem Band den Versuch unternommen, basale sprachliche Gestaltungsgrenzen – grammatische, semantische, rhetorische, phonetische, graphematische – auszuloten, was in dieser Diversifikation, gebündelt in einem einzigen Musterbuch, so noch nicht geschehen war.

Die insgesamt dreizehn Abteilungen des Bandes rekurrieren – vom Liebesgedicht und Lied (»mit musik«: Lyra, Lyrik) über das Lehrgedicht, das politische und Naturgedicht, das Abendgedicht, das Tiergedicht und das Epigramm bis zum visuellen Gedicht und Lautgedicht – auf vorgängige Gattungen bzw. Genres. Deren normative Vorstellungen, und seien sie noch so schemenhaft oder rudimentär gegenwärtig, rufen sie in ihrer medialen und ästhetischen Varianz auf und befestigen sie – gerade in der von Jandl unternommenen Abweichung von der Konvention. Dies geschieht, indem die Abweichung, das mutwillige Nichtbefolgen sich eben nur vor dem Hintergrund gattungstheoretischer und -historischer Dispositive vollziehen kann, deren Merkmalbündel sie latent mitführt. Auch der poetologische Witz zwischen literalem und figürlichem Wortsinn speist sich aus dem Kontrast zur Gattungskonvention. Der poetologische Witz von Jandls Gedichten in *Laut und Luise* besteht – und das macht bis heute noch ihren ästhetischen Affront aus – in vielfachen gattungsinternen *Unter*bietungen und Dysfunktionen bzw. funktionalen Neubelegungen. Was hier partiell eine mutwillige Unterkomplexheit erzeugt, ist ein poetischer Elementargeist, den es schriftmündlich drängt, die Poesie in ihre Bestandteile zu demontieren und im Akt der rekonstruierenden Demontage ihre Wurzeln freizulegen. Jandls Stimme, die die Ausdrucks- und Formenvielfalt der Texte bändigt, wusste die gegenüber der überschüssigen Codierung konventionalisierter Poesie aus systemischer Reduktion resultierende Unterkomplexheit geradezu zum Vorwurf zu steigern. Diese Stimme war und ist ein Fanal. An diesem Punkt müsste sich eine Kommunikations- bzw. Inkommunikabilitätstheorie als Verstehenstheorie ›moderner‹ Poesie anschließen, die Jandls Gedichte möglicherweise als Konsequenz der Entwicklungen seit Mallarmé zeigen würde, ohne damit zeitliche Kontinuität des Diskontinuierlichen zu behaupten oder die Geschichte der Poesie des 19. und 20. Jahrhunderts im Sinne einer ästhetischen Versöhnung von vornherein in einen teleologischen oder universalistischen Gesamtzusammenhang einzubetten. Ein provokanter Aspekt, den es zu beleuchten gälte, wäre dabei dieser: Jandls Gedichte sind nur allzu gut ›verständlich‹, sie sind nicht mehr als das, was sie zum Ausdruck bringen. Was aber bringen sie zum Ausdruck? Wie perspektivieren sie die Frage nach dem ›Verstehen‹? Sind sie ganz und gar anti-metaphysisch?

Zurück zu gattungstheoretischen Fragestellungen. Kontinuität von Gattungserwartungen resultiert bei Jandl paradoxerweise aus ihrem gezielten Bruch – der sich selbst wieder auf der Folie notwendig vorausgesetzter bzw. implizit behaupteter historischer Invarianten von Gattungen etabliert. Jandls Abweichungspoetik lässt somit immer nach den Möglichkeiten der Rekonstruktion von Regelpoetiken, auch nach deren historischem Ende, fragen. Zielen Jandls Abweichungen aber nicht eher auf die variierende Erprobung von Gattungen und auf die Eröffnung von gattungsimmanenten Spielräumen als auf den von klingelnder Innovationsrhetorik – an dieser fehlt es bei Jandl keineswegs – begleiteten Bruch eines traditionellen bzw. konventionellen Gattungsverständnisses?

Die Virtuosität von *Laut und Luise* erweist sich nämlich nicht nur in den Verfahrensweisen der einzelnen Texte, sondern generell im zugleich *verändernden* Recyceln historisch bereits etablierter und zum Teil prominenter Formen und Gattungen, die Jandl einer thematischen Neuerung unterzieht bzw. deren erwartbare Thematik er material- und rezeptionsästhetisch unerwartet ›zubereitet‹. Die Verfügbarkeit etablierter Gattungen und Genres als Hüllformen zeigt Jandl, indem er seinen Band mit Ausnahme der änigmatischen Betitelung der 13. Abteilung unter eher sachlich erscheinende Lemmata rubriziert: »1 mit musik, 2 volkes stimme, 3 krieg und so, 4 doppelchor, 5 autors stimme, 6 kleine erdkunde, 7 kuren, 8 der blitz, 9 jahreszeiten, 10 zehn abend-gedichte, 11 bestiarium, 12 epigramme, 13 klare gerührt«. Diese Lemmata stehen synekdochisch bzw. metonymisch mehr oder weniger chiffriert für die poetologische Typologie vom Liebesgedicht bis zum visuellen Gedicht und Lautgedicht. Dass hier, wenn auch verdeckt, an eine solche Typologie überhaupt angeschlossen wird, ist ein Indiz für die Bedeutung, die Jandl den Gattungen und ihren Traditionen beimisst.

Jandls Gedichte in *Laut und Luise* sind also nicht *gegen*, sondern *durch* die Tradition – auch durch die Tradition hindurch.

Manche Verfahrensweisen wie der Kalauer – in bestimmten ästhetischen und poetologischen Kontexten geradezu ein Ausschlusskriterium, in anderen wie dem russischen Futurismus haben sie eine zentrale poetische Funktion – werden in ihrer konkreten Realisation bei Jandl in den Rang eines autonomen Gedichts erhoben und erscheinen sogar als Unterordnung einer prominenten Gattung, hier des Epigramms. Was auf den ersten Blick abwegig anmutet, erweist sich als prägnant motivierte Gattungszuweisung, erfüllt Jandls Zweizeiler doch die Bedingungen der Versifizierung, Kürze, Scharfsinnigkeit und witzigen Pointierung:

BESSEMERBIRNEN
als mehr kanonen

Die primäre, lexikalische Referenz von Jandls *Bessemer-birnen*[70] auf die bedeutendste Erfindung Henry Bessemers (1813–1898), ein birnenförmiges feuerfestes Gefäß zur Herstellung von Stahl, wird durch die Quantifizierung »mehr kanonen« von der Homophonie »-mer-« – »mehr« retroaktiv überdeckt, was auch eine Verschiebung des intonatorischen Akzents zur Folge hat: Besser mehr Birnen. Dass hier ein »r« wie in »besser« gehört wird, obwohl es gar nicht vorhanden ist, kann schließlich als allophone Variante, als dialektale Färbung erklärt werden.

Der Kalauer ist eine ernste Angelegenheit, er ist eine poetische Manifestation, der die gleiche Seriosität zukommt wie den von den *genera dicendi* aus- bzw. zugewiesenen ›ernsten‹ Gattungen. Auch das Epigramm selbst wird in *Laut und Luise* als Unterkategorie des poetologischen Oberbegriffs »Epigramm« klassifiziert: Jandls *epigramm*[71] lässt das Epigramm als Paradegattung einer lautlich ausgebremsten und schließlich trocken verpuffenden Affektpoetik erscheinen, die sich recht affig ausnimmt, wobei der Leser bzw. Hörer entscheiden muss, ob der im Affekt buchstäblich erscheinende Affe es ist, der – immer wieder – das Pferd zum Stehen oder / und den Rasenmäher zum plosiven Stillstand bringt:

epigramm

brrrrrrrrrrrrrrrrrrrrrrrrrrrrrrrr
imäääääääa
imäääääääa
imäääääääa
imäääääääa
–

affe

–

k t

Maschin kaputt? Maschin springt erst gar nicht an – ein Bri-
märaffe(kt). Das Epigramm als permanente Fehlzündung mit
Knalleffekt.

Ein performatives Typewriterpoem ist der 17-seitige Zyklus
klare gerührt.[72] Der Titel ist ein Zitat aus Goethes Trauerspiel
Egmont, 1. Aufzug, Szene 3: »Klare (gerührt): Wenn er nun öf-
ter die Straße kam, und wir wohl fühlten, daß er um meinetwil-
len den Weg machte, bemerktet Ihr's nicht selbst mit heimli-
cher Freude?« Klare ist eine Namensvariante von Klärchen, der
Geliebten Egmonts. Jandl realisiert Goethes Regieanweisung
konkretistisch, indem er die Spur des Gerührt-Seins formal als
Auslöschen (Ausradieren) gestaltet. Wieder beutet Jandl eine
Homophonie poetisch aus: »Gerührt« wird hier nicht emotiv,
sondern als Ergebnis der manuellen oder maschinellen Tätig-
keit des Rührens, wie zum Beispiel beim Zubereiten einer
Speise, interpretiert. Das »Rühren« geschieht aber durchaus
kontrolliert, gewissermaßen mit umgekehrten Vorzeichen:
Nicht das pragmatische und im ästhetischen Sinne nichtinten-
tionale Rühren als zumeist konzentrisches (Ver)rühren, zum
Beispiel einer Soße während ihres Erhitzens, ist die Alphabet-
Schrift, sondern deren visuell vorjustiertes Erscheinungsbild
gibt vielmehr die nachzustellende Richtung und die Aus-
drucksgestalt des Rührens bzw. Auslöschens vor: Das Gerührt-
Sein kann und muss gelesen werden. Das Resultat geht vor, das
Rühren wiederholt das Resultat. *klare gerührt* ist ergebnis-,
nicht prozessorientiert. Ist es diesem poetologischen Befund
zum Trotz sinnlos, aus Jandls Buchstabenkonfigurationen die
emotive Verfassung des Gerührt-Seins Klärchens herauslesen
zu wollen, deren ›Aggregatzustand‹ Seite um Seite variiert?

```
kla                                    r  e
kl            t                       ar  eg
k             rt                     lar  ege
              hrt                   klar  eger
              ührt                  klar  egerü
k             rührt                  lar  egerüh
kl            erührt                  ar  egerühr
kla           gerührt                 r  egerührt
klar        egerührt                     egerührt
klar        egerührt                     egerühr
kla           gerührt                 r  egerüh
kl            erührt                  ar  egerü
k             rührt                  lar  eger
              ührt                  klar  ege
              hrt                   klar  eg
k             rt                     lar  e
kl            t                       ar
kla                                    r
klar                                      e
```

Sprichwörtlich ein Suchbild ist das »abend-gedicht« *fort*, eine
Jandlsche Variante des Sehnsuchtstopos der Ferne, der Schiffs-
fahrt inklusive Schiffbruch:[73]

fort
korn
weit wie

fort
korn
wie weit

weit
wie
schiffbruch

wie
weite

Das Scharnier »wie« bildet die erste Strophe in der Wiederholung auf die zweite Strophe ab: Das Ganze ist wie das Ganze. Die mit dem Vergleichspartikel »wie« markierte Nichtidentität löst eine stotternde Suchbewegung aus. »weit wie« wird in der zweiten Strophe zu »wie weit« invertiert, was dem Schema eines Fragesatzes entspricht, gleichzeitig aber als Antwort auf die Ergänzungsfrage »weit wie …?« verstanden werden kann: »weit wie«: »wie weit«. Die Frage (»wie weit?«) ist die Antwort. Die Variationen »weit wie«, »wie weit« und »weit/wie« bereiten eine Kulmination vor, einen Clou: »weit wie weite« ist weit mehr als eine bloße Tautologie. Diese *figura etymologica* ist eine imaginative Verabsolutierung des Adjektivs »weit« durch das Substantiv »weite«, das hier als Steigerungsform von »weit« fungiert.

Wie weit aber ist Schiffbruch? Und handelt es sich hier um den Schiffbruch der Poesie, erlitten in einem von Jandl gesteuerten alten Kahn? Oder hat Jandls Kanonenkorn das Schiff, den alten Kahn der Poesie, in Stücke gehauen, dass jetzt nichts mehr von ihm zu sehen ist als »weite«? »weit wie weite« kann gelesen werden als Desavouierung der Metaphorizität und Poetizität von Gedichten, versteht man, was die jüngere Metaphertheorie nicht ungestraft durchgehen lassen würde, »wie Schiffbruch« nicht bloß als Vergleich, sondern als (genuine) Metapher. »weit wie weite« – und vorher »schiffbruch«, das lässt jedenfalls einmal durchatmen.

Und schließlich, aber nicht *Laut und Luise*-endlich: die Rubrik »autors stimme«. Auch *ode auf N*, auch *schtzngrmm*, auch *hauuuuuuuuuuuuuuuuuuuuuuuuuuuuuuu*, auch *falamaleikum*, in *Laut und Luise* unter »krieg und so« firmierend, sind ohne Autors Stimme vielleicht zu denken, aber nicht zu hören. Sollte man meinen und wird auch vielfach gemeint. Nun hat Jandl zwar – ähnlich wie sein englischer Kollege Bob Cobbing, wenn Jandl auch nicht wie dieser zu Improvisationen neigte und wenn doch, dann auch recht kontrolliert – auf Tonband gelesen: Man höre seine 1966 für die BBC London produzierten *13 radiophonen Texte*, die auf *Laut und Luise* basieren und auf Anregung des unvergessenen Hansjörg Schmitthenner, damals Dramaturg beim Bayerischen Rundfunk, entstanden sind. Man höre das 1968 gemeinsam mit Friederike Mayröcker für den Südwestfunk Baden-Baden produzierte, erste Stereohörspiel der Hörspielgeschichte: *Fünf Mann Menschen*. Und man höre die 2010 zur Ausstellung *Die Ernst Jandl Show* erschienene DVD *Ernst Jandl vernetzt* mit der erstmaligen Veröffentlichung der privaten Aufnahmen »Ich schrei mich frei«, »Pupillengeschrei« und »Jandl improvisiert« – letztere eine Vorarbeit zu *Das Öffnen und Schließen des Mundes*, seinen Frankfurter Poetik-Vorlesungen von 1984.

Nun hat Jandl aber auch, um den Gedanken wieder aufzunehmen, seinen Texten unabhängig von seiner Stimme Gestalt verliehen, indem er sie notierte, handschriftlich oder mit der Schreibmaschine; seine visuellen Gedichte hat er zum Teil gezeichnet. Diese Notate, die der stimmlichen Realisierung vorausgingen und ihre Grundlage bildeten, hat er in Buchform veröffentlicht, für jeden zu erwerben und zu studieren. Ein Gedicht von Jandl kommt ohne Jandl aus, ohne Jandls Stimme. Der geeignete Sprecher von Jandls Gedichten außer Jandl wäre vielleicht der, der Jandl nicht hat Jandl lesen hören, der ihn, noch besser, nie gehört hat. Dem kann entgegengehalten werden, Jandl habe sich seine Gedichte auf seine Stimme geschrieben, seine Gedichte seien mit seiner Stimme verklebt gewesen. Mag sein. Allerdings gibt es zahlreiche Jandl-Gedichte, die das Alphabet geschrieben hat und nicht seine Stimme. Es gibt eben Ordnungsprinzipien, die der Stimme eingeschrieben werden. Die Stimme führt bloß das Kommando der Schrift und ihrer Anordnung aus. Und es gibt den Atem. Dieser kann der Stimme ausgehen – und sie kann nicht mehr in die Luft schreiben. Gleichwohl, Stimme und Schrift sind bei Jandl auf derselben Spur. Diese Spur heißt: »In welchem Käfig du dich auch befindest, verlasse ihn.« (John Cage) Der Käfig, in dem man sitzt, ist mächtig. Es ist aber nur der schwächste Käfig. Um ihn herum gibt es andere Käfige, einer gewaltiger als der andere. Kann man den Käfig um den Käfig auch im Käfig verlassen? Einen paradoxen Fall von Levitation annoncierte Karl Valentin 1922 in einer Münchner Tageszeitung: »Schöner Papagei, gut sprechend, samt Messingkäfig entflogen.« Entflogen, weil er gut sprechen konnte. Wie Jandl. Münchhausiaden? Sprachspiele?

Neue Anagramme – »In allen Regeln bin ich Egge«

In Gattungen können andere Gattungen enthalten sein, so wie in Texten bzw. Wörtern andere Texte bzw. Wörter enthalten sind, nur eben latent. Sie sind aus ihrer Verborgenheit nachschreibend, neuordnend zu befreien. Eine kombinatorische Methode hierzu ist das Anagramm. Die verborgene Anwesenheit von Namen in Namen und von Subtexten oder Intexten in einem »manifeste(n) Oberflächentext«[74] hat das Anagramm als so basales wie archaisches Verfahren ebenso zu Huldigungsbekundungen und zum magischen Orakel prädestiniert, wie mystische Spekulationen und religiöses Offenbarungsdenken angefeuert.

Vielfach wurde das Anagramm bzw. die Anagrammatik – von Erika Greber im Hinblick auf Ferdinand de Saussures erweitertes, hypothetisches Anagrammkonzept nicht ohne Grund als »generatives poetisches Urprinzip«[75] geadelt – mit kabbalistischen Methoden begründet, so im Barock etwa von Georg Philipp Harsdörffer, Christian Knorr von Rosenroth oder Athanasius Kircher.[76]

Beispielsweise findet Johann Gottfried Schnabel in

Hiob 28,3: »Es wird je des finstern etwa ein Ende, und jemand findet ja zuletzt den Schiefer tief verborgen« die alchemistische Formel: »Diamant, Weinstein, Federweiß, nuzzen Gold, vierfach Feuer bereitet, der Feind findet den Stein.«[77] Als Kryptogramm entbirgt das Anagramm nicht ein im Subtext latent enthaltenes Wort oder Satz, es verbirgt ihn.

Heutzutage ist das Anagramm nicht mehr mythopoetisch fundiert, sondern wird hergeleitet aus der ludistischen Kombinatorik. Die kratyleische Namenstheorie mit ihrer mythischen Nomination, eine »ontologische Identifizierung von Benennung und Sache aufgrund der Vorstellung einer Homologie und Wesensverwandtschaft zwischen *signans* und *signatum*«[78], hat sich semiotisch aufgelöst in ein Zusammenbestehen von ikonischen und arbiträren, das heißt, motivierten und nichtmotivierten Zeichen.

Erika Grebers Zweifel, ob »mit dem anagrammatischen Zersetzen des Sinns allerdings eine vollkommene Entmythologisierung im Sinne einer endgültig postmythischen Semiotik wirklich zu erreichen wäre«, und ihre Vermutung, dass die Anagrammatik »von der Folie des mythopoetischen Denkens nicht loskommen« kann, da sie »positiv oder negativ ein Spiel mit dem sprechenden Namen, seinen Versprechen und Versprechern«[79] sei, ist von produktionsästhetischer Seite aus nur zu bestätigen. Jede enthüllende Entdeckerfreude, die buchstäblich bezeugt findet, was sie voranlaufend bereits vermutete, animiert zu fortgesetzten Entdeckungen als Saatgut, das flächendeckend über den entstehenden Text gestreut wird. So entsteht ein anagrammatisches Beziehungsgeflecht auf vertikaler und horizontaler Ebene.

Nun könnten die möglichen Permutationen, die ein Wort oder ein Text in seinen materialen Bestandteilen durchlaufen kann, mittels eines Logarithmus exakt ausgerechnet werden. Die frühromantisch apostrophierte Konvergenz von Poesie und Mathematik[80] erfährt hier insofern ihre Grenzen, als dass die bürokratisch-serielle Aufzählung aller kombinatorischer Möglichkeiten buchstäblicher Kontiguität, die sich nicht immer zu wiedererkennbaren lexikalischen Einheiten gruppieren, noch kein ästhetisches Gebilde schafft. Denn dem Algorithmus fehlt das Genie oder das Gen, auszuwählen – die Kunst liegt eben in der Beschränkung –, semantischen Kontext jenseits atomistischer Zerlegung und algorithmischer Reihung des Materials zu generieren und in Versform(en) zu denken, wozu auch das Enjambement zählt, die syntaktisch und semantisch bedingte und zum Beispiel durch Silbentrennung markierte Zusammengruppierung von Zeilen. Der Logarithmus wüsste mit dem Rest nichts anzufangen, der aus dem Abgleich einprogrammierter und herausgefilterter Morpheme und Lexeme resultiert.[81]

Die anagrammatische Performanz als vertauschende Bewegung kann und soll im Akt des De- und Rekomponierens auch eine bewegende Vertauschung sein. Die präzise technische Rigidität des Anagrammierens ist eine permanente Herausforderung, deren Ergebnisorientiertheit keine Ergebnisse um jeden Preis zeitigen sollte. Die verhältnismäßig leicht in die Tat umzusetzende Handlungsaufforderung, die der Begriff Anagramm (vom Griechischen anágramma – Umschreibung) per definitionem impliziert, steht in Konkurrenz zu den individuellen Anstrengungen, der Unhintergehbarkeit einer Sinnsetzung des zu generierenden Textes Sinn abzutrotzen, nämlich semantische Freiheiten gegen die regulative Beschränkung der kombinatorischen Alternativen zu erzielen, damit Sinn und Bedeutung nicht nur »ein bloßer Vorwand für die Anwendung von Verfahren« bzw. »deren sekundärer Effekt« sind.[82] Wenn also jeder anagrammatische Vollzug Sinn (oder Unsinn) setzt, ist es der ästhetische Ethos des Anagrammatikers, diese Sinnsetzung so weit wie möglich zu lenken, indem neumontierte

Konstellationen bei ästhetischem Ungenügen verworfen werden und eine Zeile so lange Torso oder Fragment bleibt, bis aus dem unverbrauchten Rest sich durch erneutes kombinatorisches Anrennen eine semantische Lösung findet. Eine gefundene Kombination kann eine Lösung sein, wenn sie sich in eine konsistente Textordnung einfügt bzw. eine solche, unter Umständen als lautliche oder semantische Dominante, im Verbund mit ihrer Umgebung erst produziert. Maßgabe hierfür ist eine Kompatibilitätsprüfung des nun verbrauchten Rests hinsichtlich der sich innerhalb des Textganzen ausdifferenzierenden partikulären Ordnungen, wie der phonetischen, metrischen, sprachrhythmischen und syntaktischen Ordnung, die als Textstruktur zusammen mit der »visuellen Erscheinungsweise«, dem Schriftbild des Anagramms, die Versform bilden. Die erzeugte Textordnung kann auch disparat oder digressiv sein, bis hin zur texturalen Oberflächenanmutung eines anagrammatischen Schredders.[83]

Die *dispositio* des Anagramms basiert auf einer prästabilierten und sich selbst erhaltenden Ordnung mit wandernden Sinnkonfigurationen. Eben weil die Entscheidung für ein texturales Ordnungsschema dem Anagrammatiker durch die das Anagramm an der Textoberfläche ausmachende Methodik a priori abgenommen ist, Anagrammieren also eine methodische Herstellung von Textordnung ist, die in ihrer Makrostruktur dem konkreten Anagramm vorgängig ist, kann sich der Anagrammatiker, so scheint es, wieder ganz auf die Erschaffung der Welt im Wort als Laut und Stabe konzentrieren, die bekanntlich am Anfang waren. Die Textlänge wird neben subjektiven Entscheidungen auch über die Ressourcen der zu anagrammierenden Quelle reguliert.

Die konsistente Entfaltung des Materials »über einen längeren, die Vers- und Satzeinheit überschreitenden Textzusam-

menhang«[84] ermöglicht es, gedankliche Dispositionen, die im
Material eingefaltet vermutet werden, auch in lautlich-asso-
ziativer Streuung über das Textfeld zu entwickeln. Dabei wird
Zeilenkongruenz (Zeilenstil) aufgrund ihrer zum Teil mecha-
nistischen Effekte partiell ebenso vermieden wie auch, soweit
möglich, die Anagramm-obligatorische Notkonstruktion des
Imperativs in Ermangelung eines »t« für die Verwendung der
dritten Person Singular. Was die Freilegung einer wort- und
lautgebundenen gedanklichen Disposition anbelangt, so ist
mit Renate Lachmann festzuhalten, dass in der Anagramma-
tik »*ars combinatoria*, die die Arbitrarität als generatives Prin-
zip miteinbezieht, mit einem tiefensemantischen Ansatz« zu-
sammentrifft, »der nicht so sehr von einer zu erzeugenden
semantischen Kongruenz ausgeht als vielmehr von einer im-
mer schon gegebenen«.[85] Für den Anagrammatiker ist es ein
Glücksfall, wenn sich innerhalb des auseinanderzulegenden
und neu zu kombinierenden Ausgangsmaterials eine Zentral-
chiffre findet, die vom Zeile für Zeile variierenden Restmate-
rial semantisch umtanzt wird. Besonders beglückend ist es,
wenn dies narrativ geschehen kann und das anagrammatische
Gespinst über die Zeilen gleitet. Die folgenden Beispiele stam-
men aus meinem Band *Neue Anagramme*.[86]

EIN GUTES ANAGRAMM
(immer sage nugat an!)

ist name genug: rama,
maar, magen, ungeist.
ein gutes gramm ana-
nas – ein gramm tauge
genug samt rama –, ein
gram eis. nun tage am
anagramm ein gutes
garn: nase, mut, magie.

96

Meta-anagrammatisch und autothematisch auf das Verfertigen von Anagrammen in Analogie zur Rezeptur von (imaginären) Speisen gewendet, kann so manches durch den Magen wie durch den »ungeist« gehen, man benötigt nur »rama«, »ein gutes gramm ananas« und »ein gram eis«, und fertig ist »ein gutes anagramm« – das nur dann ein »gutes anagramm« ist, wenn es autoreflexiv das »gute garn« zu benennen weiß, aus dem es gesponnen wird, nämlich: »nase, mut, magie«. Der Anagrammatiker muss einen guten Riecher haben, für die Ausgangszeile beispielsweise; er muss sich trauen, das Ausgangsmaterial zu zerlegen, um es gewinnbringend in neue Zeilen zu gießen, was höchst zeitaufwendig sein kann; er muss darauf vertrauen, dass die generative Poetik des Anagramms einen unsichtbaren Küchengehilfen hat: die Magie.

DAS IST DER STAND DER DINGE

Das Ding ist der Erde Stand.
Der Rede Stand ist das Ding.
Dringend redet das: Das ist
der Stand der Dinge. Das ist
des Dinges Tand. Da irrt des
Redens Test, da das Ding dir
das Ding, das dient. Der Rest:
Dir stand das Ding. Es redet:

DAS ist der Stand der Dinge.

Der Stand der Dinge zeigt sich nicht zuletzt im Stand der Buchstaben. Die Ordnung, die im Anagramm *Das ist der Stand der Dinge* meta-anagrammatisch »dringend« verhandelt wird, ist der als Minimalsemantik der Rhetorik grundgelegte Konnex zwischen *res* und *verba*, zwischen Gedanke und Bezeichnendem, Ding und Sachverhalt. Das »Ding« erscheint hier unabdingbar für »Erde« und »Rede«, als welche »Erde« kommuniziert wird: In der Rede ist die Erde verborgen. Ist die Erde als Rede der Stand der Dinge, so ist die Rede doch nur »des Dinges Tand«. Und das erweist sich anagramm-wendend als Irrtum, ist doch das Ding selbstredend »das Ding, das dient«. *Res* und *verba* sind unverbrüchlich: *Res* sind *verba* und *verba* sind *res*. Das Ding als undenkbares »Ding an sich« wird hier im Sinne einer mythischen Nomination resti-tuiert als wahrer Name. Nomen est omen: Das Ding ist drin-gend.

SCHEINBAR
ein anagrammgedicht für josef anton riedl

Ein Barsch
schrieb an
Narbe sich
ran: Schieb
Schrein ab;
Barschein,
Arsch, Bein,
Nase brich;
nasch Bier
nie barsch;
schab rein
Bein rasch,
schar Bein
bis Rachen
Beinschar:
schrieb an
Raben sich
ein Barsch
sich raben
barsch. Ein

Scheinbar
brach sein
Scharbein,
Barschein
brach sein
Scheinbar.

Das Adjektiv oder Adverb »scheinbar« tut nur so, als ob. Es
lässt etwas erscheinen, das nicht wirklich, sondern vermeint-
lich und nicht selten vorgetäuscht ist. Das Erscheinende *ist*
also nicht, es ist bloß ein Simulacrum. Autopoetologisch be-
zeichnet »scheinbar« als titelgebendes Themenwort des Ana-
gramms, dass die mit dem anagrammatischen Textorgani-
sationsprinzip generierte Oberfläche des Gedichts, obgleich
manifest, eben nur irrlichternde Signifikanten hervorbringt,
die auch nur so lange irrlichtern, bis das Themenwort sich
schließlich wieder einstellt und dem Spiel ein Ende bereitet.
Der zwielichtige Barschein, ob Mammon oder Licht einer Bar,
nimmt Rache am auf- und zerbrechenden Scheinbar, dessen
Referenz nichts als das Anagramm selbst ist.

Wenn der Frühnebel sich verzieht, entpuppen sich die Freihei-
ten der Regel nur als »Befehle«. Die Ordnung ist eine vorfind-
liche, die vorübergehend in Unordnung ist. Der Anagramma-
tiker stellt sie wieder her:

FRÜHNEBEL
(ü = ue)

Rufen Hebel
eben urfehl:
Fuhre Leben?:
nur Befehle!

Die Egge kann gedacht werden als ein Bodenbearbeitungs-
gerät, das die obere Schicht des Textes lockert. Mit Hilfe der
Egge wird anagrammatisches Saatgut in den Grund einge-
bracht und anagrammatisch mitgewachsenes Unkraut aus-
gerissen. *Ich bin gegen alle Regeln* ist eine Regel. Das Schrei-
ben von Anagrammen folgt einer entgegengesetzten Regel,
mindestens. In »allen Regeln« Egge zu sein, also auch in der
anagrammatischen Regel, heißt vielleicht nichts anderes, als
selbst Anagramm zu sein, das sich immer wieder aufreißt,
auseinanderreißt und Furche für Furche mit demselben
Saatgut wieder anfüllt. Jedes Mal dieselbe Furche, aber an-
ders:

»ICH BIN GEGEN ALLE REGELN«
regelverstoß gegen eine fahr-lässig josef anton riedl
im zug nach murnau entgleiste regel

Gegen alle Regeln: Ich bin
allein gleich gegen Bern.
Bleiernen Galgen gleich
gell ich gegen Labern ein.
Gerne bin ich all gelegen
gegen Lachen, billigeren
Nebel. Gleich gelingen Ra-
benregeln, gleich egal in
GegenRegen. Ich lalle: Bin
ich Galle, Gegner, Leben, in
allen Regeln bin ich Egge.

Anagramme sind oft ihre eigenen immanenten Poetologien,
in denen mythopoetische Restbestände signifikant auftauchen
und wie im folgenden Beispiel in einer Beschwörungs- bzw.
Abwehrformel gipfeln – möglicherweise auch vor dem moti-
vischen Hintergrund von Unica Zürns manischer Anagramm-

produktion, die mich beim Herstellen meines Bandes *Neue Anagramme* anspornend begleitet hat.

HIRN-BIRD – WO AESTHETIK SCHIMMELT
(mit einer Zeile von Oskar Pastior,
die auf eine Zeile von Ian Watson fußt)

Hirn-Bird, wo Statik schimmelt, ehe
Hades weint, kleibt Mischrohr mit
Hehlheits Tod: Stimm wirr kein ABC!

Dass Literatur auch ein Resonanzkörper ihrer Theorie ist, die ihr folgt und ihr zugleich wieder, das heißt, anschließend, vorausgeht; dass Literaturtheorie vielfach spannender sein kann als die ihr vorgängige Literatur, die sie einsammelt, aufkocht – und manchmal dann einfach vergisst –, hat mir Erika Greber wieder klargemacht mit ihrem Buch *Textile Texte. Poetologische Metaphorik und Literaturtheorie. Studien zur Tradition des Wortflechtens und der Kombinatorik.* Speziell zum Anagramm bietet Greber einen konzis gefassten Überblick über seine mythopoetische, poetologische und theoretische Geschichte. Ein solches Buch ist meine Primärliteratur. So manches, was heute unter dieser Etikette firmiert, gehört in den Fußnotenapparat.

Die Fatrasie

In Fußnoten marginalisiert, wenn überhaupt wahrgenommen, wird eine französische mittelalterliche Gattung mit dem klingenden Namen »Fatrasie«. Im Reallexikon der deutschen Literaturwissenschaft wird dieses Genre nicht angeführt. In Otto Knörrichs *Lexikon lyrischer Formen*: Fehlanzeige. Die Reihe ließe sich lange fortsetzen. Alfred Liede widmet der Fatrasie und ihrer Nachfolgegattung, das »Fatras impossible«, in *Dichtung als Spiel*, seinen bis heute unvergleichlichen *Studien zur Unsinnspoesie an den Grenzen der Sprache*, immerhin etwas mehr als zwei Seiten.[87] Ralph Dutli, ihr Wiederentdecker für die deutschsprachige Literatur, fragt sich, wie diese »surrealistisch anmutenden, erstaunlich modern wirkenden kurzen Sprachspektakel« ausgerechnet im fernen Mittelalter entstanden sein konnten.[88] In der Tat, irdene und himmlische Mächte werden es sanktionierend verhindert haben, dass sich neben der Fatrasie nicht auch andere Formen der Nonsens- oder Unsinnspoesie oder der absurden Poesie früher Bahn gebrochen haben, wobei es neben dem international ausgerichteten Alfred Liede nur eines Blickes in den von Klaus Peter Dencker herausgegebenen Band *Deutsche Unsinnspoesie*[89] bedarf, um auch im deutschsprachigen Raum eine erstaunliche Vielfalt an komisch-nonsensikalischer Dichtung seit dem Minnesang dokumentiert zu finden. Der zum Teil subversive Charakter der Abecedarien, Makkaronischen Verse, Schüttelreime, Abzählverse ist auch Gegenstand der Theorien des Komischen, die zum Teil Theorien der Abweichung sind. Komik entsteht hier u. a. vor der Hintergrund konsistenter Ordnungssysteme, gegen die u. a. auf lautlicher, grammatischer, lexikalischer, morphologischer, syntaktischer, kontextualer Ebene verstoßen wird.

In diesen Gebilden mehr als bloß Unsinn bzw. abweichenden Sinn zu sehen birgt die hermeneutische Gefahr, ihnen satirische oder politische Funktionen zu unterstellen. Liede betont in diesem Zusammenhang, dass »Unsinn um des Unsinns willen« nicht erst eine Erfindung des 19. oder 20. Jahrhunderts ist.[90]

Ralph Dutli definiert die Fatrasie folgendermaßen: »Die Fatrasie ist ein kurzes Gedicht mit fester Form. Es besteht aus elf Versen, die ersten sechs haben fünf Silben, die letzten fünf bis sieben Silben. Die Verse reimen sich nach dem Schema: aabaab[5] / babab[7]. Es sind also nur zwei Reime, jeweils 6 und 5 Wörter reimen sich. Die Zahl Elf ist konstitutiv. Sie bedeutet mehr als zwei Handvoll und weniger als ein Dutzend. Sie symbolisiert ein Zuviel und Zuwenig.« Der Name Fatrasie gehe »auf verschlungenen Wegen auf die lateinischen Wörter *farciere* (vollstopfen) und *farsura* (Füllung) zurück«. Auch die Farce, »jene komische Einlage in den ernsten religiösen Mirakel- und Mysterienspielen des 14. und 15. Jahrhunderts«, sei eine Verwandte der Fatrasie. Einer anderen etymologischen Erklärung zufolge ist das Wort ›Fatrasie‹ selbst schon programmatisch, insofern es eine Verballhornung von ›Fantasie‹ sei.[91] Fatrasie ist die Fantasie der Unordnung bei formal strengster Ordnung, die dem Monströsen hybride Gestalt gibt, das Hässliche ausstellt und aus Mücken wahre Elefanten macht. In den um 1290 entstandenen anonymen Fatrasien aus Arras hätten Friedrich Schlegel und Novalis, die das Mittelalter als romantisch reklamierten, schon früh eine Form der Ironie gefunden, die alles mit allem verbindet – das Niedere mit dem Höheren, das Unbelebte mit dem Lebenden, das Anorganische mit dem Organischen. Und nichts kann zu gering sein, ein Furz leistet Unerhörtes, das geistige und physische Vermögen dieser Kompositfiguren scheint grenzenlos zu sein, es tauchen metamorphotische Wesen auf, die an die Figuren der Bilder von Hieronymus Bosch gemahnen. Stellvertretend für die 55 anonym überlieferten Fatrasien aus Arras seien drei Beispiele zitiert:

Ein Furz mit zwei Ärschen
zog sein kirchliches Gewand an,
um Grammatik zu lehren,
und ein gehörnter Kater
machte sich zum Einsiedler
und zog das Büßerhemd an.
Ein Stück grau gesprenkelten Ärmels

sagte zu ihnen: »Zieht euch zurück!«
Er brachte sie singend zum Schweigen,
als der Schatten eines Holunders
herbeilief, ihm die Hose runterzuziehen.[92]

Ein Kothaufen ohne Scheiße
misst das Meer aus,
wie lang es wohl sei.
Und ein Ei aus Butter
sagt zu ihm: »Wuschelkopf! Wuschelkopf!«,
sobald es ihn sieht.
Ein toter Mann, der gut sehen konnte,
sagte: »Veilchensirup! Sauertopf!«
Ein Kater, der Paris davontrug,
lief in raschem Lauf dorthin,
weil er keine Pfoten hatte.[93]

Ein Klugkopf ohne Verstand,
ohne Mund, ohne Zähne,
fraß die Welt auf,
und ein saurer Hering
meldete den Flamen,
dass er sie rächen werde.
Aber all das bringt ihnen nicht soviel ein
wie die Feder von zwei Wittlingen,
die vier Schiffe versenkte.
Ich weiß nicht, was ich denken soll:
Sie klagte sie des Mordes an.[94]

Neben der Fatrasie führt Alfred Liede noch eine Reihe ande-
rer Formen der Unsinnspoesie an, wie zum Beispiel die »Ba-
guenaude«, eine »ungereimte unsinnige Gedichtart«, den
›Galimatias‹ oder den ›Coq-à-l'âne‹ aus dem 16. Jahrhundert.
Die Gattung des ›Vom-Hahn-zum-Esel‹ kommt unzusam-
menhängend vom Stöckchen aufs Hölzchen. Der Galimatias

aus dem 17. Jahrhundert spiele ebenfalls das Spiel des unzusammenhängenden Zusammenhangs, nur stünden, so Liede, bei ihm »mehr die *schönen* Worte ohne Sinn im Vordergrund«.[95]

Das deutsche Mittelalter kannte andere Formen der Nonsens-Poesie.[96] Wäre es ganz abwegig, würden im Deutschen – etwa 700 Jahre später als die Entstehungszeit der Fatrasien und mehr als 300 Jahre nach dem ersten Galimatias – diese in der französischen Literaturgeschichte am Rande etablierten Gattungen erprobt werden? Wenn Nonsens tatsächlich »tendenzlos«[97] ist, könnte doch auch heute an die poetologischen Schemata angeknüpft werden. Unter anderen poetologischen Rahmenbedingungen und mit anderen Unterwanderungsstrategien von Ordnungen haben Christian Morgenstern, Joachim Ringelnatz oder Robert Gernhardt ihre Strategien der Komisierung in Texte gemünzt. Alle drei haben auf der Grundlage strenger Formgefüge und distinkter Ordnungsmerkmale, wie repetitive Zeilenstrukturen oder Reim, memorierbare Gedichte geschrieben.

Franz Mon

Die von Ralph Dutli mit Hingabe neu übersetzten Fatrasien sind der Steigbügel für die Schrift- und Bildobsessionen eines Autors, der sich in einigen seiner Texte ganz der Ordnungsenergie des Alphabets verschrieben hat: Franz Mon. Das Wortmaterial seiner Alphabetgedichte hat Mon nach anderen Ordnungsprinzipien selektiert als dies an den Fatrasien zu beobachten ist, dennoch können Gemeinsamkeiten an Komisierungseffekten festgestellt werden, die aus der syntagmatischen Kontiguität heterogener Wörter und Dinge resultieren. Wichtig ist hierbei, dass die syntagmatische Ordnung intakt bleibt, die Texte also den Anforderungen alltagssprachlicher Grammatik genügen, wobei hier von Mon partiell nicht nur Hyperkorrektheit erzielt wird, sondern eine syntagmatische Komplexität obwaltet, die Exempla für rhetorische Musterbücher abgeben könnte, wenn es um Fragen des »hohen Stils« geht. Komplexe Satzmodelle werden mit syntaktisch korrekt gereihtem Wortmaterial gefüllt. Nicht auszumachen ist, ob das Auffinden immer neuen Materials den Umfang und die Struktur der Satzperioden strapaziert, oder ob umgekehrt ein syntaktisch-grammatisches Raster – ein syntaktisches Modellhaus, das dem Finden vorangeht – die Füllung diktiert hat. Auf Mons Texte trifft immer noch eine Beobachtung Goethes aus dem Jahr 1826 zu, die wohl eine diachrone Konstante als eine Grundvoraussetzung von Komik formuliert: der Kontrast zwischen einer nach den Normvorgaben der Standardsprache intakten Prosodie sowie unauffälligen Grammatik, die auf Verständlichkeit zielen, und einer von diesem Paradigma abweichenden Semantizität. Goethe kontrastiert den zweckmäßigen und den willkürlichen Gebrauch der Sprache, die »eben so gut zu einer spitzfindig-verwirrenden Dialektik wie zu einer verworren-verdüsternden Mystik« zu verwenden sei. Man könne »prosodisch untadelhafte und doch nonsensicalische Verse« machen.[98]

Das aller Literatur und jeder Kommunikation vorgängige Alphabet bildet für Franz Mon eine basale Ordnungsmatrix – und zwar als grundbedingender Code der Textgenerierung sowie als schriftbildliche Faktur und Textur mit ihren optischen und akustischen Valenzen. Schrift als Bild und Bild als Schrift: Ob in phonetischen oder visuellen Gedichten, in Prosastücken, Hörspielen oder Collagen, stets hat Franz Mon in Wörtern andere Wörter gesehen und gehört und eine kombinatorische Phantasie der ästhetischen Gestaltung in Schrift und Bild entfesselt. Ob als Abecedarius, Akrostichon, Anagramm, Mesostichon oder Palindrom, die alphabetische Kombinations-

kunst war und ist auch als Zeichenenergetisierung eine Her-
ausforderung an den poetischen Spiel- und Formtrieb. Die
eigene Gedächtnisleistung,[99] Lexika unterschiedlicher Gegen-
standsbereiche, Etymologien, das *Rückläufige Wörterbuch* von
Erich Mater und sonstige handgreiflich verfügbare Apparate
mögen den Arbeiten von Franz Mon wie dem 2004 erschiene-
nen *Freiflug für Fangfragen* Pate gestanden haben.

Gemäß der Buchstabenanzahl des Alphabets ist *Freiflug für
Fangfragen* in 26 Abschnitte gegliedert. Jeder Abschnitt ent-
hält bis zu fünf Texte und eine Versalcollage. Seine das Alpha-
bet zum Helden machenden Versalcollagen sind Schichtungen
aus spannend in Beziehung gesetzten Buchstabenfragmentie-
rungen, Bildelementen und handgerissenen Foto- oder Illus-
triertenausschnitten, die selbst wieder Buchstaben darstellen.
Als Bild-Schrift-Rematerialisierung verweist die Versalcollage
nicht zuletzt auf den wechselseitigen Bezug akustischer und
visueller Notate. Betrachtet man diese Buchstaben voller Bil-
der, so erzählen sie immer wieder neue Geschichten – die Ge-
schichten des Lesens und des Lesers.

Die rigide Ordnung eines dem Alphabet entlang schreiben-
den (poetologischen) Systems unterlaufen die 103 Alphabet-
gedichte, indem sie – vor- und zurückweisend – Heterogenes
auf eine unvermutete Art und Weise in einen Kontext stellen.
Eine einheitliche Methodik der Textgenerierung weisen die
einzelnen Gedichte ebenso wenig auf, wie sie eine solche aus-
stellen wollen. Der Leser, möchte er die Gemachtheit der Texte
nachvollziehen, ist eingeladen, die Partie nachzuspielen. Er
wird feststellen, dass in den Gedichten von Franz Mon weder
Willkür noch eine mechanisch sich selbst reproduzierende
Methodik ihr Unwesen treibt.

Der Beliebigkeit des Textgebildes, ein Effekt, der sich dem
Leser bzw. Hörer an dessen Oberfläche einstellen mag, wird
durch mindestens zwei Ordnung generierende Maßnahmen
gegengesteuert: zum einen durch ein systematisches Suchen

Collage von Franz Mon

nach Wörtern, die dem Alphabetisierungsraster des Textes und seinen selektiven Zusatzregeln – wie zum Beispiel prosodische Merkmale oder, mit diesen korrelierend, die Silbenzahl – positionsgenau entsprechen; zum anderen durch sinnerzeugende subjektive Kriterien des Autors, die eine Auswahl der aufgefundenen Wörter steuern. Der Vorrat aufzufindender Wörter ist also restringiert, da nicht alle zur Auswahl stehenden Wörter den gesamten Kriterien entsprechen. Und noch etwas kommt hinzu: Die Setzung eines vom Autor ausgewählten Wortes – auch als ein Kompositum, das in keinem deutschsprachigen Lexikon zu finden ist – dirigiert das nachfolgende Wort, das es zu finden gilt.

Eine sich solchermaßen selbst begegnende Sprache setzt eine tragende Komik frei, die weit über einen momentan aufblitzenden Witz hinausgeht. Diese Komik lässt lautliche, semantische oder grammatische Grenzen von Sprache und Kommunikation hervorleuchten, indem sie tendenzlos allein auf Sprache gebaut zu sein scheint. Gerade in der Anverwandlung von Redewendungen ist sie immer auch ideologiekritisch. Mons Poesie führt untergründig eine Überzeugung mit, die alle Poesie vereint: Außerhalb von Sprache ist Welt undenkbar.

Die poetische *ars combinatoria* von *Freiflug für Fangfragen* mit ihrem vielgestaltigen Netz lautlicher Beziehungen transformiert in der Kombination von Wort- oder syntagmatischen Einheiten Assoziationen, die aus der Kontiguität dieser Einheiten resultieren, zu Analogieassoziationen. Formale Parallelität suggeriert eine inhaltliche, psychologische Parallelität. Neue Bedeutungszusammenhänge entstehen. Die formkonstituierende Wahrung einer formal intakten Syntax, wiederkehrende Satzmuster, listenartige Reihungen von Worteinheiten und textübergreifende Organisationsprinzipien, die allgemein von einer Grammatik der poetischen Texte sprechen lassen, treiben die Spezifika dieser Wortkunst erst hervor.

Merkwürdigerweise unter dem Buchstaben B findet sich ein Gedicht, dessen Zeilen alle mit dem Buchstaben N beginnen.[100]

nie und
nimmer
nützt es
neunmalklugem
nebelhorn im
nu die
nachgeburt
nasaler
nervensägen
nekrophilen
nibelungen
nonkonform ins
nasenloch zu
navigieren.

Von ordnungsbildender Dominanz ist die metrische Grundstruktur der 14 Zeilen mit ihren durchlaufenden, ein- oder zweihebigen Trochäen. Die Wörter- und Silbenstruktur des Gedichts besitzt darüber hinaus keinen Ordnungsfaktor außer dem der Beschränkung auf ein bis zwei Wörter je Zeile, die aus ein bis vier Silben bestehen. Einsilbige Wörter treten immer im Verbund zu zweit (»nie und«) oder mit einem dreisilbigen Wort auf (»nebelhorn im«), zwei-, drei- und viersilbige Wörter können autonom in der Zeile stehen (»nimmer«, »nachgeburt«, »nervensägen«). Insgesamt besteht jede Zeile aus mindestens zwei und höchstens vier Silben.

Nimmt man dieses Alphabetgedicht nicht nur beim Alphabet, sondern beim Wort, ließe sich vielleicht folgende Sinnkonfiguration herauslesen: Das Nebelhorn, ein Berg in den Allgäuer Alpen in der Nähe von Oberstdorf, ist neunmalklug.

Möglicherweise weil es vor Wetterumschwüngen warnt, indem sich sein Gipfel in Nebel hüllt. Nervensägen sind hier solche, die nasal sind. Und sie haben eine Nachgeburt. Die phonetische Qualität des Nasalen, des Nasenlauts, figuriert das Nebelhorn rückwirkend als Horn, das bei Nebel akustische Warnsignale ertönen lässt, analog zur Nebelleuchte.

Gemäß dem vierfachen Schriftsinn ließe sich der literalen Lesart noch eine allegorische, eine moralische und eine anagogische Lesart anschließen.

Zur moralischen Lesart: Geht es hier um die Position der Unmöglichkeit, lässt sich Mons Gedicht als moderne Variation eines Jesus zugeschriebenen Gleichnisses aus dem Markusevangelium (10,25) verstehen: »Eher geht ein Kamel durch ein Nadelöhr, als dass ein Reicher in das Reich Gottes gelangt.« Geht man bibelexegetisch davon aus, dass dieses Kamel ein Übersetzungsfehler ist und es heißen muss: »Denn es ist leichter, dass ein Schiffstau durch ein Nadelöhr geht, als daß ein Reicher in das Reich Gottes komme« – was das Gleichnis gleich viel plausibler gestaltet –, so kann das Nebelhorn immerhin noch als bergiges Gegenstück zur Schiffsmetaphorik bzw. zum Wasser oder als Schiffshorn gelesen werden, das im Nebel andere Schiffe auf sich aufmerksam macht. Was die Hoffnung machende anagogische Lesart betrifft, so macht allein das poetische Tun von Franz Mon Hoffnung genug, das als burlesk zu bezeichnen den Gegenstand nicht ganz verfehlen dürfte.

Auch das folgende Alphabetgedicht, ebenfalls unter dem Buchstaben A lokalisiert, ist so unmöglich nicht, wenn auch zweifellos syntaktisch komplexer.[101]

ehedem
endete beim
empfang
eloquenter

111

emanzen in
erlkönigs
eldorado dessen
entzücken über das
enjambement von
ellbogen und
eisprung noch
ehe ein
emeritierter
elfmeter die
extraktion
emaillierter
exkremente aus den
epigrammen
epikurs
evaluierte.

ergo
erstarb im
endeffekt die
erektive
erpressung
ebender
erregenden
epilepsien
extrafix

Sollten also Erlkönig und Emanzen vielleicht nur vom Alphabet her gedacht zusammengehen können, obwohl deren Empfang ausgerechnet in seinem Eldorado stattgefunden hat, macht nicht verwundern, dass sein – von Goethe her gedachtes – Entzücken über den tatsächlich realisierten Zeilensprung zwischen Ellbogen und Eisprung genau beim Empfang der – ausgesprochen – eloquenten Emanzen endete. Dass dies vor der zu evaluierenden »extraktion / emaillierter / exkremente aus den/epigrammen/epikurs« durch einen zwar emeritierten, bis heute aber garantiert legendenbildenden Elfmeter stattgefunden hat, ist vielleicht nur eine kontingente Petitesse, für hermeneutische Trüffelschweine jedoch sicherlich ein wertvoller Hinweis, wenn auch eine genaue Stellenangabe wünschenswert gewesen wäre. Eine syllogistische Quintessenz bleibt da nicht aus, ist es doch vom Ellenbogen zur Erektion weder physisch noch alphabetisch weit.

Unter die Rubrik »Zungenbrecher« zu verbuchen ist ein Elfzeiler, der im sogenannten Zeilenstil elf syntaktisch parallel gebaute Sätze aneinanderreiht, und zwar nach dem parataktischen Muster ›Adjektiv – Substantiv (Subjekt) – Verb (Prädikat) – Adjektiv – Substantiv (Objekt)‹. Das durchgängig transitive Verb der 3. Person Singular fungiert in der Mitte der Zeilen als Scharnier.[102]

bebrillter brei bläst blühenden bauch.
beleidigter blick bläht borkige braut.
behäbiges boot bauscht bleifreie brust.
blechernes bett borgt buschigen blitz.
barocker boss braucht bockigen boom.
barbusiges beil bucht bulligen bock.
bauchiger bluff birgt bissige bits.
blitzendes bein bläut bärtige brut.
blumiges blei beugt blassrosa biest.
brenzliches brett bricht brummigen brand.
bankrotter balg biegt blasiges blech.

Wie aber ist dieser zuweilen bedrohliche Tanz durch die Enzyklopädien und Wörterbücher geordnet? Das gilt es, in Zukunft herauszufinden. Ordnete man streng alphabetisch, hätte man zwar die alphabetische Ordnung als Zuchtmeisterin der Poesie gewonnen, den poetischen Reiz aber verloren, der eben auch darin besteht, nicht ganz genau zu wissen, wie etwas gemacht ist. Und Machen ist eben eine Form von Ordnung herstellen.

Hier die streng alphabetisch geordnete Version, die von dem erwähnten parataktischen Muster der Zeilen ausgeht und seine fünf Elemente unter Angleichung des Kasus untereinander alphabetisch ordnet, also zunächst die den Satz jeweils beginnenden Adjektive untereinander, dann die ihm nachfolgenden Substantive usw.:

bankrotter balg bauscht bärtigen bauch.
barbusiges beil beugt bissiges biest.
barockes bein biegt blasige bits.
bauchiges bett birgt blassrosa blech.
bebrilltes blei bläht bleifreien blitz.
behäbiger blick bläst blühenden bock.
beleidigter bluff bläut bockigen boom.
blechernes boot borgt borkigen brand.
blitzender boss braucht brummige braut.
blumiger brei bricht bullige brust.
brenzliches brett bucht buschige brut.

Franz Mons Version, das sei festgehalten, geht besser vom Mund. Sein Schreiben ist ein hörendes Lesen. Dieses Lesen hört den Unterschied zwischen bürokratischer Ordnung, die einfach keine Poesie machen will, und einer Poesie, die der archivierenden Ordnung ihre eigenen Formvorstellungen überordnet.

Ein letztes Beispiel aus dem *Freiflug für Fangfragen* von Franz Mon.[103]

fror form
frug frust
flog fluch

focht frost
flocht flut
floss fraß
fuhr fuß
fraß frucht
floh fang
fand frist
fiel fisch
fing furcht

Die zwölf einsilbigen Paare bilden ein sich selbst stabil halten-
des System. Ordnungsbildend wirkt hier die artikulatorische
Bewegung, das die einzelnen Einsilber verbindende »gleitende
Artikulationsband«[104], das die Wörter als Silbenmaterial pro-
zessualer phonetischer Abtastreihen wahrnehmbar macht –
ein Prozess, der auch konstitutiv ist für die artikulatorische
phonetische Poesie von Franz Mon, man höre zum Beispiel
erge erekt[105] oder *henk*[106]. Die Bewegung der Artikulatoren
erfolgt in *fror form* wie in den phonetischen Stücken mit
verblüffender Notwendigkeit. Die Eingangszeile »fror form«
ist eine programmatische Metapher für einen sich wandeln-
den Aggregatzustand, dessen Metamorphose das ganze Ge-
dicht *ist*. Dabei sind auch etymologische Reihenbildungen zu
beobachten, die sich über die unmittelbare Angrenzung der
Silben, aber auch über das lautliche Netz, das artikulierend
über sie geworfen wird, anbieten. Fliegen und Fluch, Fressen
und Frucht, Fangen und Furcht bilden in ihrer jeweiligen
Wortgestalt eine etymologische Kombinatorik der wechselsei-
tigen Herleitung der Wörter. Bevor die Form also ganz gefro-
ren und erstarrt ist, befindet sie sich im Zustand der abzutas-
tenden Herleitung aus einer Artikulationsgestalt, die nicht
anwesend ist, die metonymisierend permanent verschoben
wird. Es kann einem dabei schon bange werden, dass man aus
dieser artikulatorischen Schleife nicht mehr herauskommt,

dass alles Sprechen in eine unabschließbare Bewegung artiku-
latorisch in Gang gesetzter Etymologisierung mündet. Die
Wörter sitzen nicht wirklich fest an einem Ort, sie sind einer
permanenten Dynamisierung unterworfen.[107] Sie werden dau-
ernd moduliert, sie sind auf Wanderschaft. Nicht zufällig heißt
die momentane Unterbrechung dieser Schleife »fing furcht«.

Noch einmal zurück zu einer bereits bemerkten Auffälligkeit
im Ordnungssystem des *Freiflugs für Fangfragen*: Warum steht
ein N-Gedicht unter dem Buchstaben A? – das ist eine *Fang-
frage*. Über der stringenten Ordnungsmatrix des Alphabets
entfaltet sich also ein semiotischer *Freiflug*. Die Zuweisung
der einzelnen Gedichte zu den Buchstaben des Alphabets
selbst wird über das Prinzip der Collage geordnet – und führt
den Titel *Freiflug für Fangfragen* performativ durch. So sind
auch die Alphabetgedichte selbst Collagen. Dementsprechend
müssten die 103 Alphabetgedichte und die 26 Versalcollagen
des Bandes im Verbund gesehen, gehört, gelesen werden. Das
Prinzip Collage ist in der Artikulation von Wahrnehmungs-
schwellen erkenntniskritisch.

Mons Textgebilde balancieren auf der Grenze zwischen
bildlich-anschaulicher und topologisch »kombinatorischer«
Dichtung. Die enzyklopädische Ordnung wird bei Mon in
eine ästhetische Ordnung überführt. Die digressive Nicht-
linearität des heterogenen Wortmaterials wird zu einer alpha-
betischen Neuordnung konfiguriert, die durch das jedem Text
vorgängige Alphabet eine synoptische Linearität erfährt.

Was hätte Bertolt Brecht wohl über die Mon'schen Elaborate
gesagt, wenn er über seinen lebenspoetologischen Intimfeind
Gottfried Benn schon hämisch anmerken zu müssen glaubte,
dieser hätte »Wörter zusammengeführt, die sich sonst niemals
kennengelernt hätten«.[108]

Ror Wolf – Ordnung

Wo es um Ordnung und ihre poetische Überformung geht, um Abweichung als die *andere* Ordnung, darf der unermüdliche Raoul Tranchirer nicht fehlen, Ror Wolfs aus der Welt berichtendes Alter Ego, das uns seit den Frankfurter Tagen der Studentenzeitschrift *Diskus*, wenn auch dort noch ohne »a« vor dem »o« von Raoul, mit allerlei nützlichen und rettenden Bild- und Textmaßnahmen versorgt. Im *Diskus* veröffentlichte er anfangs Collagen, von deren Herstellung er seitdem nicht lassen konnte, die ihm aber als alleiniges Medium der Welterkundung bald schon nicht mehr zu genügen schienen, holte er mit einem Mal groß aus und schenkte uns in neobarock-idealistischer Titulier- und enzyklopädischer Aufklärungsmanier die Sammlung *Dem Wahren Schönen Guten allerlei Nuetzliches fuer all- und sonntags mit kleinen Winken die große Kosten ersparen sowie Erbauliches fuer festliche Stunden unserer hochverehrten Leserschaft ausgewaehlt und zusammengestellt von Roul Tranchirer.*

In seiner jüngsten Unternehmung, *Notizen aus dem zerschnetzelten Leben*, findet sich ein Text unter dem bürgerlich-enzyklopädischen Stichwort *Ordnung*.[109] So direkt, wie Raoul Tranchirer die Sachen angeht, kann er sie, im Bedarfsfalle, wörtlich wiederfinden, auch wenn sie dann längst als Sachen verloren sind: Es gibt allerdings Ordnung. Diese schreibt und spricht sich, es ist die Sprache.

Ordnung. In den Bodenräumen, die Lamm noch nicht in Ordnung gebracht hat, soll die Anhäufung und Ausbreitung fremder Gegenstände größer sein als im Keller, wo er einige Kleinigkeiten entdeckt und geordnet hat. Zum Beispiel einen Gegenstand von flaschenförmiger Gestalt, der mit einer wässrigen Feuchtigkeit gefüllt ist. Lamm hat vergessen, was es ist, er weiß auch nicht, was er damit anfangen

soll. Deshalb hat er die Flasche im Kleiderkoffer unterge-
bracht. Der Kleiderkoffer befindet sich im Fliegerkoffer, da-
gegen befindet sich der Notkoffer im Überseekoffer und der
Schminkkoffer in der Hutschachtel.

Etwas in Ordnung bringen – mit der Typologie seiner Koffer
hat der Ich-Erzähler zumindest eine namentliche Ordnung
hergestellt. Im Fliegerkoffer ruht der Kleiderkoffer, in dem
sich diese merkwürdige flaschenförmige Gestalt befindet,
und das Wort »Gestalt« verdient einige Aufmerksamkeit. Wie
Krapp in Samuel Becketts Stück *Das letzte Band* seine Erin-
nerungen nach dem Matrjoschka-Prinzip organisiert und ar-
chiviert, so stellt der Ich-Erzähler in Ror Wolfs Prosa- und
Collagenband *Raoul Tranchirers Notizen aus dem zerschnet-
zelten Leben* unter dem Lemma *Ordnung* ein Ordnungssys-
tem nach dem Matrjoschka-Prinzip her, indem er das Klei-
nere im Größeren unterbringt und so der Wahrnehmung
entzieht. Ordnung machen: Das heißt auch, etwas ver-
schwinden lassen. Abweichungen von der Ordnung zum Bei-
spiel. Der Wahrnehmung entziehen durch verbergen heißt
auch vergessen machen. Ordnung schaffen, vielleicht kann
man sich darauf im alltagssprachlich pragmatischen Sinne
einigen, heißt Endlich-vergessen-Können. Davon, dass der
Erzähler den Fliegerkoffer mit einem Hinweis versehen hat –
»Achtung, Kleiderkoffer mit flaschenförmiger Gestalt da-
rin« –, ist in der Notiz *Ordnung* ja nicht die Rede. Allerdings
ist diese Notiz auch aufgrund ihrer Kürze selbst eine Art
Memo.

An der Aussage des Erzählers, Lamm habe »fremde Gegen-
stände« im Keller »entdeckt und geordnet«, fällt zunächst
eines besonders auf: die an die ersten beiden Stationen der
Rhetorik erinnernde Wortwahl der Verfertigung einer Rede.
Entdecken als das Fremde finden und ordnen: *inventio* und
dispositio. Auf einer metatextuellen Ebene hat Lamm mit den

Gegenständen die Wörter zu einem Text geordnet und *res* und *verba* in eine funktionale Beziehung gebracht.

Der Abgrund der Unordnung wartet jedoch lammheimlich bereits am Anfang der Notiz:»In den Bodenräumen, die Lamm noch nicht in Ordnung gebracht hat«. Und nach den Bodenräumen warten auf Lamm ganz sicher noch andere Räumlichkeiten, die in Ordnung zu bringen sind. Lamm befindet sich somit ›Vor dem Gesetz‹ der Ordnung, das sich definiert durch die Abweichung von der Ordnung, deren Beseitigung das Gesetz vorschreibt. Die *Digressio* macht Ordnung allererst als solche erkennbar. Ordnung ist ein instabiler Zustand, den Unordnung stets bedroht. Ununterbrochen verweisen diese Zustände aufeinander, jeder als Abweichung vom anderen. Was bezeichnenderweise im Keller anfängt, wird, so will es die Imagination, im Kosmos nicht aufhören. Lamm hat also viel zu tun. Führt er nichts im Schilde? Ist er tatsächlich ein Unschuldslamm?

Es gilt vorerst, die Modalität zu beachten, die das Folgende des Berichts als Spekulation und Ankündigung rahmt: In den Bodenräumen *soll* »die Anhäufung und Ausbreitung fremder Gegenstände größer sein als im Keller«. Der Erzähler bezieht sich also auf ein Gerücht, oder er setzt ein solches in die Welt. Er droht. Zudem ist von *fremden* Gegenständen die Rede, die Lamm, aufgrund welcher Befugnisse oder welchen Ordnungssinns auch immer, aufräumt. Dieser Umstand ließe bei den verschiedenen Koffern auf die Hinterlassenschaften vielleicht eines Paares denken, das verschwunden oder sogar ermordet worden ist. Wir erfahren auch nichts über das Haus, in dem Lamms Aufräumaktion stattfindet. All das steht möglicherweise in einer anderen Notiz nachzulesen oder scheint nicht weiter der Erwähnung wert, so dass sich die Aufmerksamkeit ganz auf die ominöse flaschenförmige Gestalt richten kann. Wenn Lamm ausdrücklich »vergessen« hat, was es mit der Gestalt auf sich hat, so muss es ihm einmal bekannt gewesen sein. Das lässt darauf schließen, dass es sich hier wohl nicht um einen *fremden* Gegenstand handelt.

Weil er *vergessen* hat, was es mit dem Gegenstand, der »Gestalt«, auf sich hat und was damit anzufangen sei, hat Lamm die Flasche im Kleiderkoffer »untergebracht«. Warum in dem Kleiderkoffer? Ist das Zufall? Das scheinbar Nutzlose, Unbestimmte kommt in den Kleiderkoffer. Kleider können schmücken. Die flaschenförmige Gestalt als Schmuck, Ornatus, Stil. Ob der Kleiderkoffer nur diese »flaschenförmige Gestalt« beherbergt, verschweigt der Erzähler. Enthält er nur die Flasche und keine Kleider, wird er »Kleiderkoffer« nur genannt, seine jetzige Funktion geht im Namen nicht auf. Bezeichnung und Gebrauch treten auseinander. Die Welt ist in Unordnung – als Sprache.

Merkwürdig, dass er sich über die Substanz der »wässrigen Feuchtigkeit« nicht im Klaren ist. Entweder kann die flaschenförmige Gestalt nicht geöffnet werden, um ihren Inhalt zu überprüfen, dann muss sie aus transparentem Material bestehen – oder ihr Inhalt ist nicht mit Lamm vertrauten Flüssigkeiten in Verbindung zu bringen wie zum Beispiel Wasser, Parfüm oder Alkohol. Der Inhalt scheint jedenfalls recht ätherisch zu sein, von flüchtiger Beschaffenheit, ein Gas vielleicht. Hat Lamm etwas zu verbergen, so wie dem Kurfürsten von Sachsen und den Lesern in Kleists *Michael Kohlhaas* der Inhalt des die Zukunft Sachsens voraussagenden Zettels verborgen bleibt, den die Wahrsagerin Kohlhaas zusteckt. Der steckt den Zettel kurz vor seiner Hinrichtung und vor den Augen des Kurfürsten mit einer letzten, kompensatorischen Demonstration seiner Macht in den Mund und verschlingt ihn – womit für Kohlhaas die Ordnung vielleicht wieder hergestellt ist. Warum vernichtet Lamm die flaschenförmige Gestalt mit der wässrigen Flüssigkeit nicht, anstatt sie im Kleiderkoffer zu verstecken? Nicht auszudenken, der Gegenstand von flaschenförmiger Gestalt mit der wässrigen Feuchtigkeit würde sich, einmal geöffnet, in den Geist aus der Flasche verwandeln. Er darf also nicht zerstört werden.

Von Kafkas Odradek, dieser wunderlichen Gestalt aus dem Text *Die Sorge des Hausvaters*, heißt es, er halte sich »abwechselnd auf dem Dachboden, im Treppenhaus, auf den Gängen, im Flur auf«. Und manchmal ist er für Monate nicht da. Er hat einen unbestimmten Wohnsitz. Odradek »sieht zunächst aus wie eine flache sternartige Zwirnspule«, kann »wie auf zwei Beinen aufrecht stehen« und sogar reden. Letzteres kann Raoul Tranchirers flaschenförmige Gestalt mit dem unbestimmten Inhalt immerhin – noch – nicht, zumindest ist es nicht überliefert worden. Ist Lamm der Hausvater, der in verbergender Sorge um die Ordnung der Welt das Haus vom Keller bis zum Speicher aufräumt?

Odradek scheint »tatsächlich« mit Zwirn bezogen. Einschränkend merkt der Erzähler in *Die Sorge des Hausvaters* an: »allerdings dürften es nur abgerissene, alte, aneinander geknotete, aber auch ineinander verfitzte Zwirnstücke von verschiedenster Art und Farbe sein«.[110] Zwirn besteht aus mehreren Garnen, die zusammengedreht werden, verzwirntes Garn. Dies dient der Erhöhung der Reißfestigkeit und Veredelung der Garne oder auch zur zum Beispiel musterbildenden Verschönerung eines Gewebes. Allem Anschein nach ist Odradeks Bekleidung nur ein Lumpen, ein Zwirnkleid aus vielerlei Versatzstücken, deren Verfitzung und Verknotung eine geordnete Struktur und ein Muster nicht mehr erkennen lassen. Odradek ist vielleicht wandelndes Seemannsgarn, bestehend aus vielen alten Geschichten. Eine so merkwürdig emergente Gestalt, dass wir uns immer an sie erinnern. Und viele alte und eigene Geschichten finden sich auch in den Textgeweben Oskar Pastiors, deren *ornatus* so gar kein Selbstzweck ist. Ihnen werde ich mich in der dritten Vorlesung widmen.

III. ELOCUTIO

Collage *Scribentismus* von Valeri Scherstjanoi

»Ein Poet, der Figur auf Figur häuft, seine Bilder weit herholt, und fremde und ungewöhnliche Redensarten braucht, wird erhaben, aber unverständlich.«[1]

(Moses Mendelssohn)

Was ist Rhetorik? Rhetorik ist das zur Praxis anstiftende, dieser also vorangehende Regelwerk, das gleichzeitig die Regeln gibt, nach denen das rhetorikinduzierte ›Werk‹ wiederum zu analysieren ist. Produktionsästhetik, Wirkungsästhetik und Analyse speisen sich aus identischer Quelle: der Rhetorik, die somit der »Theorie-Praxis-Dichotomie vorgelagert«[2] ist.

Die dreistrahlige Kette scheint der *Rhetorica* auf dem Stich von Cesare Bassano aus unversiegbarer Quelle aus dem Mund zu fließen und die Hunde am Gängelband zu führen. Dieses in seiner Konsequenz gar nicht mal nur positiv konnotierte Attribut, das gleichwohl für die Wirkmächtigkeit der Rhetorik steht wie kein anderes, ist ein Symbol der Eloquenz. Sie ist ein Sinnbild der *elocutio* bzw. des Stils, und hier vornehmlich der Lehre vom *ornatus*, also der Tropen und Gedanken-, Satz- und Wortfiguren, die in der Geschichte der Rhetorikrezeption oftmals pars pro toto für die Rhetorik insgesamt stehen, insbesondere wenn diese über die Geschichte der Poetik rezipiert wird.

Die *elocutio* basiert auf vier Tugenden, die die Konstitution der Ausdrucksebene steuern: auf der Angemessenheit des Ausdrucks (*aptum*), der Korrektheit des Ausdrucks auf der idiomatischen und syntaktischen Ebene (*latinitas*), der Verständlichkeit und Klarheit der Ausdrücke (*perspicuitas*), und auf dem Figurenlehre und Tropologie umfassenden *ornatus* als auf Schönheit und Wirkung abzielende Auswahl der Ausdrücke, dem Redeschmuck.

Am Beginn des 18. Jahrhunderts wird »nicht mehr die sprachliche Äußerung, sondern schon der Gedanke prinzipiell eine Form der wählbaren *elocutio*«[3], was Ulrich Gaier zufolge eine kategoriale Rückstufung der Rhetorik in die Philosophie bedeutet und sich an Leibniz' *Metaphysischer Abhandlung* festmachen lässt, gemäß der die »Schöpfung eine epideiktische Rede« ist.[4] Denken und Erkennen selbst sind rhetorische Performanzen.

Für die *elocutio* steht in Cristoforo Giardas *Bibliothecae Alexandrinae icones symbolicae* auch die Verzierung des rhetorischen Kleides durch Lilien, im Begleittext zur Darstellung identifiziert er die *elocutio* ausdrücklich mit der Göttin Flora. Interessant ist nun, und darauf hat Wolfgang G. Müller hingewiesen, dass die goldenen Ketten »nicht – wie in der Darstellung des gallischen Herkules, der sie sicher verpflichtet sind – mit den Ohren der Hörer verbunden sind, sondern sich mit der Ornamentik des Kleides verbinden, ja geradezu in ihr aufgehen«.[5] Auf die Poesie gewendet, könnte dieser vielsagende Kurzschluss als systemische Geschlossenheit gedeutet werden, die sich selbst speist und sich selbstreferentiell ihre eigene Umwelt schafft. Die über die Lilien des rhetorischen Kleides als Symbole der Beredsamkeit gleitenden Ketten scheinen darüber hinaus mit den drei Hundeköpfen zu kommunizieren, in deren Richtung sie fließen.

Der ›Hercules Gallicus‹ geht auf Lukian von Samosata zurück. Um 1500 etablierte er sich in Humanistenkreisen als Symbol der Eloquenz und Beredsamkeit. Bei Lukian erscheint er als »Mischwesen aus Eigenschaften von Herkules und Merkur«, dessen von seinem Mund ausgehende goldene Ketten seine Zuhörer sprichwörtlich an den Ohren fesseln. In der Rhetorikikonographie finden sich vielfache Kombinationen aus dem Gallischen Herkules,[6] der *Rhetorica* und der *Eloquenza*.[7]

Folgt man dem Kommentar Giardas, repräsentiert die drei-strahlige Kette in ihrer Dreiheit die drei *genera dicendi*: den *genus grande / sublime*, den *genus mediocre* und den *genus humile* – den hohen / erhabenen, mittleren und niederen Stil. Sie sind nach der Stilniveau-Typologie der klassischen Rheto-rik als Drei-Stil-Lehre mit der *decorum*-Lehre (*aptum*, Ange-messenheit) und der Ständeklausel verbunden und zum ers-ten Mal in der *Rhetorica ad Herennium* belegt.[8]

Alle drei Stilebenen gehen gleichstrangig und gleichrangig aus diesem einen Mund hervor, sie sind also nicht hierarchi-siert. Das sind sie auch innerhalb der *decorum*-Lehre nicht, dem für die Rhetorik zentralen regulativen Prinzip der Rede-bzw. Textkomposition. Das *aptum* oder *decorum* ist laut Laus-berg »das Aufeinanderpassen aller Bestandteile, die die Rede zusammensetzen oder mit ihr irgendwie in Beziehung stehen: der Partei-*utilitas* (…), der an der Rede Beteiligten (Redner, Redegegenstand, Publikum (…)), der *res et verba* (…), der *verba* mit dem Redner und dem Publikum, der fünf Bearbei-tungsphasen (…) untereinander und zum Publikum«.[9] »Auf-einanderpassen« meint Angemessenheit – und zwar für jede der drei Stilebenen gleichermaßen. Das Postulat der Ange-messenheit umfasst sowohl das Gebot der Schicklichkeit – auch im moralischen Sinne – als auch die Frage des adäquaten Redeschmucks, des *ornatus*[10]. Dem Einsatz der grammati-schen und rhetorischen Figuren sowie der Tropen wird von der Rhetorik eine gewisse poetische Lizenz ausgestellt. Dies begründet die Differenzqualität der Poesie als gebundene Rede gegenüber der ungebundenen Rede, und in letzter Kon-sequenz gegenüber dem kommunikativen Alltagsgebrauch von Sprache. Diese Lizenz zur Abweichung ist – Rhetorik wäre sonst keine Rhetorik – selbstredend wiederum reguliert, die Abweichung soll wirkungs- bzw. zweckorientiert eingesetzt werden. Analog zur *digressio* kann allerdings auch die poetisch lizensierte Abweichung der Figuren und Tropen außer Kontrolle geraten, was über die Aushebelung des Angemessenheitspostulats zu einer basalen Verschiebung der referentiellen Koordinaten zwischen *res* und *verba* führen kann.

Die Autonomisierung des *ornatus* – das heißt die Autonomisierung der Tropen und Figuren gegenüber den *res*, unter welche Sachen und Gedanken gleichermaßen zu fassen sind – hat u. a. zur Demission der Rhetorik als sprachliches Regulativ von Produktion und Rezeption beigetragen. Die Autonomisierung des *ornatus* hat den figurativen Bezug zwischen *res* und *verba* auseinanderdriften lassen. Hier hatte insbesondere die Metapher immer schon eine latent in ihr bzw. dem mit ihr verbundenen Sprachdenken innewohnende Sprengkraft. Und so war es nur eine Frage der Zeit, bis sich die Poesie aus den Fesseln der Rhetorik als disziplinierende Technik bzw. Handlungsanweisung befreien und jenseits von Ordnung und angemessener Stilistik verbale Monster in die Welt setzen würde, die dort ihr Unwesen treiben.

Dabei muss die sprachliche Verfremdung als Ent- oder Verstellung nicht nur destruktive Wirkung haben, sie kann auch Erkenntnisfunktion haben, da sie, so Riccardo Nicolosi im Hinblick auf den Concettismus des 17. Jahrhunderts, »der Aufdeckung verborgener Ähnlichkeiten zwischen den Dingen dient, der Durchdringung einer Wirklichkeit, die in der Analogie ihr ontologisches Strukturmoment hat. Die concettistischen sprachlichen Erfindungen können die alltägliche, durch Sprache vermittelte Wahrnehmung der Wirklichkeit so verfremden, daß diese in ihrer ganzen Komplexität erscheint.«[11] Es fragt sich allerdings, wie frei wir über die Wahl sprachlicher Mittel entscheiden können. Sind wir ding-, vorstellungs-, imaginations- und / oder wortgeleitet?

Der sprachliche Prozess des Analogisierens, Metamorphosierens und der wilden Kombinatorik hat bis heute weder von seiner Anziehungskraft noch von seiner epistemologischen

Wirkung verloren – unabhängig davon, ob man sich hier als kombinatorischer Techniker oder transformierender Magier versteht. Mit Renate Lachmann gilt früher wie heute, dass man »durch Namengebung und Benennung Dinge in die Existenz ruft«.[12] Dieses In-die-Existenz-Rufen kreiert auch die poetischen Monstren, von denen Giambattista Vico und John Locke im Anschluss an Horaz und Quintilian sprechen, die Ungeheuer, die »wie die Katachresen, denen sie entsprechen«, so Gerald Posselt, die Kraft besitzen, »sich von fiktiven in wirkliche Ungeheuer zu verwandeln und zu eigentlichen Monstren werden«. Dies bedeutet eine »Verschiebung von der kognitiv-konstativen Funktion der Sprache zu ihrem performativ-setzenden Moment«.[13]

Horaz eröffnet seine *Ars Poetica* mit der Beschreibung eines hybriden Wesens, das er der Lächerlichkeit preisgibt:

Wollte zum Kopf eines Menschen ein Maler den Hals eines Pferdes fügen und Gliedmaßen, von überall her zusammengelesen, mit buntem Gefieder bekleiden, so daß als Fisch von häßlicher Schwärze endet das oben so reizende Weib: könntet ihr da wohl, sobald man euch zur Besichtigung zuließ, euch das Lachen verbeißen, Freunde? Glaubt mir, Pisonen, solchem Gemälde wäre ein Buch ganz ähnlich, in dem man Gebilde, so nichtig wie Träume von Kranken, erdichtet, so daß nicht Fuß und nicht Kopf derselben Gestalt zugehören.[14]

Was Horaz hier als lächerlich, da missgestaltet und unwahrscheinlich verurteilt, weil selbst die poetische Lizenz, die er den Dichtern gleichwohl erteilt, für solche Kompositfiguren jenseits von Ordnung und angemessener Stilistik keine Legitimation hat, dürfte wohl ebenso Schrecken auslösen, ist das verbale Monster erst einmal in die Welt gesetzt und treibt dort sein Unwesen. In der bildenden Kunst sind sie längst realisiert,

Literatur und Film können von psychoanalytisch auszudeutenden Manifestationen des Monströsen als Projektionen des Imaginären und ausgelagerte Bannungen des Bedrohlichen und Änigmatischen nicht genug bekommen. Hier leistet der Horrorfilm geradezu Archivarbeit.[15]

Quintilian wendet Horaz' bildliches Verdikt gegen die Darstellung des Monströsen auf die Dreistillehre und die Abgrenzung der poetischen von der Alltagssprache. Zwischen Altem und Neuem kann es kein Drittes geben: »Ein ähnlicher Fehler«, so Quintilian, »ist es bei uns, Erhabenes mit Niedrigem, Altes mit Neuem, Poetisches mit Gewöhnlichem zu vermischen; denn dann kommt so ein Ungetüm zustande, wie es Horaz im Anfangsteil seines Buches über die Dichtkunst erfindet.«[16]

Apropos Fehler bzw. Fehler als Abweichung: Gegenüber normativen Gattungspoetiken (Regelpoetiken) ist die »grundsätzliche Offenheit« der klassischen Rhetoriken zu betonen. Die »rhetorisch-künstlerische ›Erhabenheit‹ von ›fehlerhaften‹ und inkorrekten Autoren« ist in ihnen »jederzeit mitgedacht«.[17] ›Longinus‹ führt über die hier als Fehler apostrophierte Abweichung in seiner Schrift *Vom Erhabenen* aus:

Gut! Nehmen wir einmal einen wirklich flecken- und tadellosen Schriftsteller! Muß man nicht gerade hier die Grundsatzfrage stellen, ob in Poesie und Prosa das Große bei einigen Mängeln nicht besser sei als korrektes Mittelmaß, das freilich vollkommen gesund ist und ohne Fehler? Und weiter, beim Zeus, ob in der Literatur gerechterweise die Menge der Vorzüge oder ihre Qualität den Preis verdient? Solche Fragen gehören ja zur Betrachtung des Erhabenen und bedürfen jedenfalls einer Nachprüfung.

Ich weiß nun wohl, daß große Naturen keineswegs fehlerfrei sind; Korrektheit nämlich in allem birgt die Gefahr, kleinlich zu werden. Im Großen aber muß, wie bei Reichtum im Übermaß, auch etwas sein, was vernachlässigt wird; und vielleicht muß es sogar so sein, daß kleine und mittelmäßige Geister, die nie etwas wagen und nicht nach den Sternen greifen, in der Regel fehlerfrei und sicher bleiben, während das Große eben durch seine Größe strauchelt.

Und dann schiebt Longinus noch ein anthropologisches Naturgesetz nach:

Andererseits weiß ich sehr wohl, daß wir nach dem Gesetz unserer Natur an allem Menschenwerk immer zuerst das Schlechtere sehen und daß die Erinnerung an Mängel unauslöschlich haftet, die an Vorzüge dagegen schnell erlischt.[18]

Quintilians Kritik an einer die Stilebenen, Register und Ordnungen vermischenden Kombinatorik findet in der Romantik ihre programmatische Aufwertung, wenn Novalis in seinen Fragmenten über Poesie von 1798 die von Quintilian verurteilten kombinatorischen Operationen zum Prinzip des Romantisierens erklärt. Novalis zufolge muss die

Welt (…) romantisiert werden. So findet man den ursprünglichen Sinn wieder. Romantisieren ist nichts, als eine qualitative Potenzierung. Das niedre Selbst wird mit einem bessern Selbst in dieser Operation identifiziert. So wie wir selbst eine solche qualitative Potenzreihe sind. Diese Operation ist noch ganz unbekannt. Indem ich dem Gemeinen einen hohen Sinn, dem Gewöhnlichen ein geheimnisvolles Ansehen, dem Bekannten die Würde des Unbekannten, dem Endlichen einen unendlichen Schein gebe, so romantisiere ich es – Umgekehrt ist die Operation für das Höhere, Unbekannte, Mystische, Unendliche – dies wird durch diese

Verknüpfung logarithmisiert – Es bekommt einen geläufigen Ausdruck. Romantische Philosophie. *Lingua romana.* Wechselerhöhung und Erniedrigung.[19]

Die »Kritik des Sprachgebrauchs«, so Gerald Posselt im Anschluss an John Locke und Giambattista Vico, ist nicht zu trennen »von der ethisch-normativen Frage«.[20] Es darf spekuliert werden, ob mit solchen sprachlichen Operationen der Autonomisierung des *ornatus* neben dem Prinzip der Angemessenheit auch das moralische Regulativ der Schicklichkeit aufgeweicht wurde.

Die sprachlich erzeugten Monster jedenfalls scheinen heute niemandem mehr Alpträume zu bereiten. Sie sind schon lange in die Politik und die Religion ausgewandert. Dort allerdings treiben sie ihr Unwesen und heißen beispielsweise »Schurkenstaat« oder »Achse des Bösen«. Zu einem Ungeheuer ist auch das alte arabische Wort »Dschihad« geworden, das in seiner Deutung geradezu angestrengt umkämpft ist. Das Monströse droht bereits mit seiner thetischen Setzung zur Existenz zu gelangen, aus dem Inhalt einer Vorstellung des Monströsen wird auf dessen Existenz geschlossen. Das Monströse ist eine Entelechie, die energetisch ihre Zustände aus sich selbst heraus entfaltet und ihr Ziel, die Vollendung, in sich hat. Die Quintessenz aus den hier angeführten Positionen ziehend, kommt Posselt dem Begriff und der Vorstellung der Entelechie und der Energie in Zusammenhang mit dem Monströsen nahe, wenn er davon spricht, dass jedem Monstrum, »jedem monströsen Zeichen […] die Kraft innezuwohnen« scheint, »sich in ein ›wirkliches‹, ›reales‹ Monstrum zu verwandeln«.[21]

Abweichung und Angemessenheit

Das Prinzip der Angemessenheit garantiert, dass überhaupt etwas bezeichnet wird. Das Primat des Bezeichneten vor dem Bezeichnenden ordnet Sprache dergestalt, dass die Bezeichnungsfunktion von Sprache nicht außer Kraft gesetzt werden kann. Selbstreferentialität des Bezeichnenden in dem Sinne, dass das Bezeichnende allein sich selbst bezeichnet, ist daher ausgeschlossen. Wenn nicht überhaupt die Vorstellung eines sich ausschließlich auf sich selbst abbildenden Zeichens nur eine Denkfigur des Imaginären ist, die von der jeder sprachlichen Konfiguration vorgängigen Setzungsmacht der Sprache im Horizont des nicht einmal Denkbaren gehalten wird. Kompensatorisch kann die Poesie allerdings auf ein erweitertes, das heißt vom Autor erst zu generierendes Metaphernarsenal zurückgreifen. Dessen Konstituierung ist der Scharfsinnigkeit des Autors überantwortet, solange er eben die Gewährleistung des Bezugs zum Gegenstand beachtet, der sich, was durchaus erwünscht ist, somit über figurative Umwege erschließen kann. Ist dieses ordnende Prinzip der Angemessenheit ausgehebelt, das die Stabilität von Erde und Kosmos gewährleistet, und nimmt der Einzugsbereich der Unsagbarkeit – nicht des Unsagbaren als das prinzipiell nicht Aussprechbare,[22] also kommunikativ nicht Vermittelbare, sondern als Tabu bzw. Ausspracheverbot – immer mehr ab, tut sich mit dem Schwinden von Angemessenheit und Schicklichkeit der Abgrund auf. Dann kann man, um es mit Oskar Pastior zu sagen, mit dem ich mich in dieser Abteilung noch ausführlich beschäftigen will, »schreiben was man will«.[23] In den Poetiken des 17. Jahrhunderts stand vor dem Horizont kirchlicher und staatlicher Zensurpolitik stets die Frage im Hintergrund: Was kann man alles *nicht* schreiben? Sie wendete sich zu einer das Imaginäre entfesselnden positiven Vorgabe: Was *kann* man schreiben? Aus einem restriktiven Sollen wurde ein Irrealis.

Eine Ressource ist ein Gut, nicht nur im politisch-ökonomischen Sinne. Sprache bzw. Sprechen sind ein Vermögen, über das nicht jeder gleichermaßen verfügt. Im Anschluss an Ferdinand de Saussure und dessen Begriffspaar *Langue* und *Parole* hat Noam Chomsky zwischen einer allgemeinen Sprachfähigkeit und einem individuellen Sprachgebrauch unterschieden, denen er im Modell seiner generativen Transformationsgrammatik das Gegensatzpaar Kompetenz und Performanz zuwies. Performanz als individuelle Realisation vollzieht sich stets vor dem Hintergrund der Kompetenz als allgemeine und damit ideal gedachte Normgröße. Hieraus resultierende Abweichungen auf phonologischer, morphologischer, lexikalischer, grammatikalischer, syntaktischer, stilistischer und auch typographischer Ebene *sind* Literatur, wenn sie ästhetisch funktionalisiert sind.[24] Auf der tropologischen Ebene stellt z. B. das Oxymoron eine logische Abweichung dar. Die Abweichungen könnten in einen Index zusammengefasst werden, der die Differenzqualitäten der literarischen Texte markiert. Das klingt ein wenig nach Statistik und Warentest. Und schließlich: Literatur ist nicht ausschließlich Abweichung. Zudem geht der Begriff der Abweichung von – beispielsweise gattungstypologischer – Invarianz aus, vor deren Hintergrund Abweichung selbst ein idealtypisches Muster bilden kann. Für das traditionsreiche Muster des Sonetts hat demgegenüber Harald Fricke festgestellt, dass es selbst für diese »nach verbreiteter Auffassung so streng ›geregelte‹ Gattung (…) keine einzige feste *Regelbindung* gibt, die nicht auch durch andere Merkmale ersetzbar wäre und historisch tatsächlich ersetzt worden ist.« Das einzige notwendige Merkmal, »die abweichende Segmentierung der Sprache durch Versgliederung«, sei per definitionem »keine positive ›Norm‹ zusätzlich zu den geltenden Sprachnormen«, so Fricke, »sondern eine rein negativ bestimmte Verletzung solcher Sprachnormen«. So ist auch die Verszahl von 14 Zeilen nicht unverzichtbar, selbst der Reim ist kein obligatorisches Kriterium – Christian Gryphius schrieb 1698 bereits sein *Ungereimtes Sonett*, das zudem in zwei statt vier Strophen mit acht bzw. sechs Zeilen gegliedert ist. Fricke zufolge kann man in einer allgemeinen Sonett-Definition also »nicht mehr festlegen als eine *alternative* Reihe wechselseitig ersetzbarer Strophengruppierungen«.[25] Erika Greber geht noch einen Schritt weiter, wenn sie für die kombinatorische Faktur des Sonetts attestiert, »die Gattungs-Invariante des Sonetts ist seine Varianz«, womit gesagt wird, dass es überhaupt keine ›eigentliche‹ Sonettform gebe, die als ursprünglich gelten kann, da bereits *in statu nascendi* das Sonett variiert worden sei. Die Evolution dieser Gattung ist keine teleologische nach dem klassischen Schema ›Urform – Hochform – Verfallsformen‹, sondern vielmehr eine »historische Akkumulation von Varianten im ›Gedächtnis‹ der Gattung«.[26] Greber schließt eine zweite These an: »Das Sonett ist eine *genuin kombinatorische* Form; es gründet auf Reimpermutation, Zahlenproportionalität und Spiel.«[27] Die Ronsard'sche und die Shakespeare'sche Sonettform mit ihren distinkten Merkmalen divergierender Reimschemata sind also, obwohl kanonbildend, keineswegs prototypische, sondern nur klassisch gewordene Formen des Sonetts.

Programmatisch wurde die Poetik der Abweichung mit der Genieästhetik des 18. Jahrhunderts. Allerdings wurden weder Chaos, Zügellosigkeit oder das Fehlen jedweder Regelhaftigkeit propagiert. In seinen *Anmerkungen übers Theater* schreibt Jakob Michael Reinhold Lenz:

Der wahre Dichter verbindet nicht in seiner Einbildungskraft, wie es ihm gefällt, was die Herren die schöne Natur zu nennen belieben, was aber mit ihrer Erlaubnis nichts als die verfehlte Natur ist. Er nimmt Standpunkt – und dann *muß er so verbinden*. Man könnte sein Gemälde mit der Sache verwechseln und der Schöpfer sieht auf ihn hinab wie auf die kleinen Götter (…).[28]

Der egologische »Standpunkt«, die subjektive Perspektivierung gibt die Regel, die den idealisierenden klassizistischen Nachahmungs- und Schönheitskonzepten – hier vornehmlich des Franzosen Charles Batteux – nicht nur vorgeordnet ist, sondern diese auch kulturpolitisch ablöst. Lenz näherte so die Genieästhetik realistischen Konzepten an, womit er u. a. der Alltagssprache, auch im Sinne misslingender Kommunikation, und der Alltagsgegenständlichkeit Zugang zur Bühne verschaffte und eine anthropologisch-soziologische Zentrierung der Ästhetik ermöglichte. Nicht mehr das »unwandelbare Schicksal und seine geheimen Einflüsse« wie in der griechischen Tragödie soll auf der Bühne als Agens walten, sondern »den Menschen« will er dort sehen, die Komödie soll die kausalen gesellschaftlichen Zusammenhänge transparent machen. »Oder scheuen Sie sich, meine Herren«, fragt er das adressierte Publikum seiner zum Vortrag bestimmten Schrift, »einen Menschen zu sehen?«[29] Nach wie vor eine gute Frage. Das ist eine nicht hoch genug zu veranschlagende Leistung – Jakob Michael Reinhold Lenz, Revolutionär der ästhetischen und gesellschaftlichen ›Denkungsart‹, ist bis heute in vielen Aspekten seiner Schriften aktuell und relevant.

Die sozialgeschichtlichen und soziologischen Voraussetzungen der Gesellschaftsverhältnisse, die Lenz in seinen ›Komödien‹ darstellt, bedingen eine ihnen adäquate Ästhetik. Natur wird verstanden als Gesellschaftswirklichkeit. Abweichung wird unter diesen Voraussetzungen selbst zur Norm, wenn auch nur vor dem Hintergrund ihrer Einforderung als Gesellschaftsutopie, die nach erfolgter Beseitigung gesellschaftlicher Missstände Kunst bzw. Literatur überflüssig machen würde. Impulse dieser gesellschaftspolitisch grundierten Abweichungsästhetik wirkten noch bis zu den historischen Avantgarden und den experimentellen Strömungen des 20. Jahrhunderts nach.

Die Abweichung wurde u. a. vom Russischen Formalismus und später dann von Stil- und Texttheorien als Kriterium der Literarizität und somit konstitutiv für poetische Sprache angesehen. Somit kommen wir auch an dem Korrelat der Norm nicht vorbei, die im Hintergrund als Matrix arbeitet und in ihrem Schlepptau die seit den antiken Rhetoriken bekannte Opposition von ›eigentlichem‹ und ›uneigentlichem‹ Sprachgebrauch führt. Letzterer manifestiert sich nach Aristoteles (*Poetik*, *Rhetorik*) und Horaz (*Ars Poetica*) nicht nur in der Metapher. Dass jüngere Metaphertheorien die Rede von der ›Uneigentlichkeit‹ selbst wieder in Bezug auf die Metapher als uneigentlich kritisch kommentiert und differenziert haben, mag hier nur angedeutet sein. Spannender dürfte sein, dass und inwieweit poetische Abweichungen selbst regelgebunden sind und wie diese Regelgebundenheit gerade angezielt wird, und zwar auch in Form ihrer überhaupt nur denkbaren Verschärfung. Wird gegen diese Regelgebundenheit der Abweichung verstoßen, kann man von einer sekundären Abweichung sprechen.[30] Paradigmatisch kann dies am Anagramm aufgezeigt werden – und an vielen Sprachregelspielen der in Frankreich beheimateten Gruppe OULIPO, die regelgebundene Textverfahren mit einer Zusatzregel verschärfen. Die Abweichung kann somit selbst zur Norm werden. Unterhalb dieser Norm wird nicht mehr operiert.

Abweichung und Verständlichkeit

Abweichung in den beschriebenen Aspekten mag auf Kosten der Verständlichkeit eines Textes gehen. Der Begriff der Verständlichkeit ist notorisch dunkel. Friedrich Schlegel hat dies in seiner im August 1800 im letzten Heft des *Athenäum* veröffentlichten Kampfschrift *Über die Unverständlichkeit*[31] exemplifiziert, mit der er ironisch die Formel »Was man nicht versteht, hat ein Schlegel geschrieben«[32] kontert, indem er u. a. Verständlichkeit einfordernde Texte übergangslos collagiert und so selbst in die Unverständlichkeit überführt. Beschreibt der Begriff der Unverständlichkeit eine Qualität, die Texten eignet, oder ist er eine rezeptionsästhetische Kategorie? Ist im ersteren Falle Unverständlichkeit intendiert, oder scheitert ein ›unverständlicher‹ Text an meinen mangelnden Verstehensvoraussetzungen? Mit Klaus Petrus bleibt festzuhalten, dass die »Verbindung von Verständlichkeit und Darstellungsform (…) naheliegend« ist, »jedoch voraussetzungsreich«. Denn: »Immerhin wird behauptet, daß Autoren verständlich sein *sollen*; und dieser Behauptung wiederum liegt irgendwie die Unterstellung zugrunde, daß Autoren überhaupt verstanden werden *wollen*.«[33] Verständlichkeit, als *perspicuitas* in den antiken Rhetoriken zu einer zentralen wirkungsästhetischen Kategorie erhoben, ist spätestens seit der Romantik keine stabile produktionsästhetische wie hermeneutische Größe mehr, die voraussetzungslos zu erzielen wäre. Verstehen selbst wird zu einer metareflexiven Problemkonstante. Unverständlichkeit kann bewusst hergestellt werden. So lancierte Friedrich Schlegel folgendes Rezept: »Das sicherste Mittel unverständlich oder vielmehr mißverständlich zu sein, ist, wenn man die Worte in ihrem ursprünglichen Sinne braucht; besonders Worte aus den alten Sprachen.«[34] Der russische Futurist und Oberiute Alexander Iwanowitsch Wwedenski wird rund 125 Jahre später dichten: »Das Unverständliche ist angenehm,/ Das Unerklärliche ist unser Freund.«[35]

Die klassische rhetorische Konzeption der Klarheit als Gegenteil von Dunkelheit lässt *verba* hinter *res*, die Wörter hinter den Dingen, ganz verschwinden. Die *verba* sollen bis zur Durchsichtigkeit transparent sein, sie sollen den unverstellten Blick auf die *res* nicht trüben. Einer solchen Konzeption ist

Sprache sui generis defizient. Sie stört. Warum also nicht die Dinge einfach beim Namen nennen? Warum nicht streiten »nur mit Hilfe von Tatsachen«, wie Aristoteles dies als Forderung des Rechts reklamiert,[36] lenken die Wörter doch hinterhältig von den Dingen ab. Etwa nur, um Wirkung zu tun? Die rhetorischen Figuren immer noch als »Maschinen der Überredung«[37], wie Kant sie bezeichnete, oder gar höhere Kriegskunst? Nach Kant kündigt der Dichter »bloß ein unterhaltendes *Spiel* mit Ideen an, und es kommt doch so viel für den Verstand heraus, als ob er bloß dessen Geschäft zu treiben die Absicht gehabt hätte«.[38] Dichtkunst ist demnach ein Als-Ob. Demgemäß ist das Wohlgefallen, »welches das Geschmacksurteil bestimmt«, auch gegenüber der Dichtkunst, »ohne alles Interesse«, da niemand bei der Frage, »ob etwas schön sei«, wissen wolle, »ob uns, oder irgend jemand, an der Existenz der Sache irgend etwas gelegen sei, oder auch nur gelegen sein könne; sondern, wie wir sie in der bloßen Betrachtung (Anschauung oder Reflexion) beurteilen«.[39]

Die *verba* erzeugen Kant zufolge unabhängig von der Existenz der *res* ein Wohlgefallen, das interesselos ist. Sie müssen also in den *res* bzw. in deren Existenz oder der Referenz auf sie keinen Beweisgrund haben. Die Dichtkunst ist ein Spiel der Signifikanten, deren Referenz auf das Signifikat nicht das Wohlgefallen auslöst, sondern es ist die Vorstellung davon.

Was bedeutet das für die Dichtkunst, wenn Kant ihr a priori die Lizenz ausstellt, es gehe in ihr »alles ehrlich und aufrichtig zu«[40]? Sie ist reine Fiktion: »Sie erklärt sich: ein bloßes unterhaltendes Spiel mit der Einbildungskraft, und zwar der Form nach, einstimmig mit Verstandesgesetzen treiben zu wollen; und verlangt nicht, den Verstand durch sinnliche Darstellung zu überschleichen und zu verstricken.«[41] Letzteres aber eigne der Rhetorik und der Rednerkunst in höchstem Maße, der also keine poetische Lizenz zuzubilligen ist: »Die Beredsamkeit«, urteilt Kant, »sofern darunter die Kunst zu überreden, d. i. durch schönen Schein zu hintergehen (als *ars oratoria*) (…) verstanden wird, ist eine Dialektik, die von der Dichtkunst nur so viel entlehnt, als nötig ist, die Gemüter vor der Beurteilung, für den Redner zu dessen Vorteil zu gewinnen und dieser die Freiheit zu benehmen; kann also weder für die Gerichtsschranken noch für die Kanzeln angeraten werden.« Da die Dichtkunst eben ausschließlich schöner Schein sei und interesselos darin ganz aufgehe, geht in ihr »alles ehrlich und aufrichtig zu«. Sie kommt nämlich gar nicht erst in den Verdacht, so Kant, »die Maschinen der Überredung hierbei anzulegen; welche, da sie eben sowohl auch zur Beschönigung oder Verdeckung des Lasters und Irrtums gebraucht werden können, den geheimen Verdacht wegen einer künstlichen Überlistung nicht ganz vertilgen können«.[42]

Kant argumentiert mit einer rationalistischen Figuren- und Tropenfeindlichkeit, der, so Peter Schnyder, die Vorstellung zugrunde liegt, »dass es so etwas wie eine wahre, unverstellte und natürliche Sprache gebe, die erst sekundär durch künstliche Machinationen verstellt werde«.[43] Und genau diese Maßverhältnisse verkehren sich. Die Vorstellung von einer kunstlosen, das heißt ›natürlichen‹ Sprache, die schmucklos und eindeutig operiert, erwies sich »im Lichte der Theorie von der Ursprünglichkeit der Figuralität« als »das Resultat artifizieller Abstraktion und größter Kunstanstrengung«.[44] Es gibt also keine direkte Versprachlichung der Welt. Selbst Hermes, der Götterbote, ging »nie den direkten Weg vertikaler Sinnvermittlung zwischen ›Himmel und Erde‹«.[45]

Sinnvermittlung zwischen Gedicht und Politik

Auf Initiative von Bernd Ulrich, Leiter des Politik-Ressorts und stellvertretender Chefredakteur der Wochenzeitschrift *Die Zeit*, haben elf Autoren[46] von März bis Dezember 2011 insgesamt etwa 50 Gedichte geschrieben. Sie sollten seiner Hoffnung Ausdruck geben, dass Politik, so Ulrich, nicht »mit der Brechstange zwischen die Verse gedrückt« werde. Mit der Brechstange aber auch nicht, das zeigten die veröffentlichten Gedichte von Anfang an. Lehrgedichte waren ebenso Fehlanzeige wie vermeintliche Klartextgedichte. In manchen Gedichten findet sich hingegen eine Art neusachliches Sagen, in anderen eine tropische Verrätselung. Das Unternehmen beschrieb Bernd Ulrich als »Versuch, das Politische und die Politiker auf andere Weise wahrzunehmen, ihre Sprache neu zu hören und sie mit anderen Worten zu beschreiben, Worten, die so noch nicht gefallen sind. Und es ist ein Versuch, uns aus dem Konzept zu bringen. Sehen Dichter mehr als Journalisten? Sie sehen anderes. Und anders.«[47]

Erwartet wurde also – ein bisschen viel. Abweichung als Norm, sowohl auf diskursiver als auch auf morphologischer und kombinatorischer Ebene, wobei die den Gedichten immanente Gebrauchsanweisung möglichst starkes Störpotential zu entfalten hat. Das Gedicht bringt aus dem Konzept. Aus welchem Konzept? Im besten Falle aus dem eigenen – dem des Gedichts. Dazu muss es aber erst einmal eins haben. Von einigem Reiz ist es, zumindest für den Autor, zu beobachten, inwieweit formative Muster eines selbst wiederum nicht aus dominanten Vorgaben abgeleiteten oder reproduzierten ›Urtextes‹, also jenseits gattungstypologisch determinierter Schemata, einen Text semantisch prädisponieren und dieser Text gegen die Vorschreibung anschreiben kann.

In einem meiner Gedichtbeiträge, *Adoneus Helmut*, kann man mindestens drei Gedichte lesen. Als durchscheinender

Prätext liefert eins dieser Gedichte, das untergründig in allen Strophen von *Adoneus Helmut* mitläuft, formative und motivische Rahmungen. An deren Ordnung herstellenden Determinierungen arbeitet sich das entstehende Gedicht in seiner Genese ab. Insofern fungiert der Prätext als Dispositiv und *Adoneus Helmut* als Überschreibung oder Palimpsest; eine Überschreibung, deren aufzufindende Wörter selbstredend den biographischen und zeitgeschichtlichen Horizonten von Helmut Schmidt zuzuordnen sein mussten:

Adoneus Helmut

Der Schmidt ist groß. Wir	v/-v/-v
sind doch die Seinen stärkeren Mundes.	-vv/-v/-vv/-v
Wenn wir uns jetzt politischer meinen	-vv/-v/-vv/-v
süßen Gewissens schweren Befundes	-vv/-v/-vv/-v
sollte er weinen wichtigen Grundes	-vv/-v/-vv/-v
mitten in uns	-vv/-

Der Schmidt ist groß. Ach
dass wir nicht nur noch Zuschauer seien –
nirgendwo, niemals. Es überfüllt uns.
Fällt auseinander. Uns zu befreien
fallen auch wir als Fehlerdateien
mitten in uns

Der Schmidt ist groß. So
dass wenn er spricht sich lüftet der Schleier
den er genommen stürmend von uns samt
magisch das *Duo* Bieder und Meier
Landshut im Griff und Pyrrhus Befreier
mitten in uns

Der Schmidt ist groß. Er
ist wenn er spricht ein handelnder Klopstock
Rhetor im Dunstkreis geifernder Meiner

Regulus: Stern und strahlender Steinbock
ist er und bleibt der Redenden Richtblock
mitten in uns

Der Schmidt ist groß. Einst
Zünglein der vagen Doppelbeschlüsse
(Taten wie diese rekonstruiert man
wenn sie getan sind): Hochrüstung müsse
Durchblick gewähren – Zeilen durch Schüsse
mitten in uns

Der Schmidt ist groß. Er
denkt der Geschichte starrende Schmelze:
Was man auch immer tut (unterlässt) man
wird sich mit Schuld beladen wie Pelze
jagend durchs taube Untergehölze
mitten in uns

Warum Helmut Schmidt, und was gebietet das Prinzip der
Angemessenheit, wenn man über Helmut Schmidt schreibt?
Kritische Bewunderung allein ist ein Grund, ein Gedicht zu
schreiben. Reicht das aus? Auch *kritische* Bewunderung kann
eine Geste der Unterwerfung, die Ordnung als Hierarchie ver-
festigt, zur rituellen Gattung erheben: den Kotau, wo dieser
in China offiziell längst abgeschafft worden ist. Das genau
zu verhindern wurde *Adoneus Helmut* unter erschwerten Be-
dingungen hergestellt. Die *elocutio* bzw. der *ornatus* des Ge-
dichts wurde von den benannten inhaltlichen Dispositionen
und strukturbildenden Ordnungsschemata präfiguriert. De-
ren Kombinatorik restringierte die Auswahl der biographisch
und zeitgeschichtlich affizierten Wörter stärker und behin-
derte eine ›freie‹ Textbildung wesentlich. Und somit auch ein
›freies‹ Schwärmen.

Das dominante Ordnungsschema war die in sechs Strophen
zu wiederholende, dabei aber spezifisch modifizierte sechszei-

lige Struktur von Rilkes Gedicht *Schlußstück* – der Prätext, das Dispositiv:

Schlußstück

Der Tod ist groß.
Wir sind die Seinen
lachenden Munds.
Wenn wir uns mitten im Leben meinen,
wagt er zu weinen
mitten in uns.

In *Adoneus Helmut* wurde die erste Zeile, »Der Tod ist groß«, variiert zu dem am Anfang jeder Strophe wiederholten Satz »Der Schmidt ist groß«, und die sechste Zeile, »mitten in uns«, als refrainartiger Abschluss einer jeden Strophe übernommen. Die spezifische Modifikation von Rilkes Zeilenstruktur bestand für die zweite bis fünfte Zeile von *Adoneus Helmut* in der durchgängigen zweimaligen Verwendung eines mit dem ersten Wort des Titels bereits benannten antiken Versmaßes. Rilke verwendet dieses Versmaß in der fünften Zeile von *Schlußstück*: »wagt er zu weinen«. Der Adoneus, auch Adonius oder Adonischer Vers genannt, hat folgende Form: eine betonte, zwei unbetonte, eine betonte, eine unbetonte Silbe (– v v – v, seltener auch – v v – –). Er ist »deutbar als katalektischer daktylischer Dimeter oder als Verbindung eines Daktylus mit einem Trochäus«. Am häufigsten kommt er »als fünfsilbiger Schlußvers der sapphischen Odenstrophe« vor.[48]

Winfried Menninghaus zufolge verdankt sich der Name dieses »fünfsilbige(n) Zeit- und Betonungsmuster(s)« »dem rituellen Klageausruf *ô ton Adônin* (›wéhe Adónis‹)«, der sich »unter den überlieferten Fragmenten Sapphos«[49] findet. Ein herausragendes Beispiel für die ästhetische Funktionalisierung des Adoneus ist Hölderlins Gedicht *Hälfte des Lebens*, das den Adoneus als metrisches Zitat bzw. als metrisches Hypogramm bereits im Titel führt.[50]

Die »hypogrammatische Einschreibung einer rekurrenten Chiffre in die Zeit- und Betonungsverhältnisse der Worte«[51] zwang in *Adoneus Helmut* inhaltlich gesteuerte Wortfunde in ein versifizierendes Prokrustesbett. Die gefundenen Wörter hatten also ein metrisch-prosodisches Testverfahren zu durchlaufen. Der Klageton des Adoneus als vorherrschende metrische Figur färbt so das ganze Gedicht ein.

Zur Verschärfung der Regel wurde dem dominanten Prätext in der zweiten Strophe eine weitere Regel aufgepfropft: Diese Strophe sollte eine Variation der vorletzten Strophe aus Rilkes *Die achte Elegie* sein.

Michael Lentz	*Rainer Maria Rilke*
Der Schmidt ist groß. Ach	[Der Tod ist groß]
dass wir nicht nur noch Zuschauer seien –	Und wir: Zuschauer, immer, überall,
nirgendwo, niemals. Es überfüllt uns.	dem allen zugewandt und nie hinaus!
Fällt auseinander. Uns zu befreien	Uns überfüllts. Wir ordnens. Es zerfällt.
fallen auch wir als Fehlerdateien	Wir ordnens wieder und zerfallen selbst.
mitten in uns	[mitten in uns]

Auf zwei Details sei noch hingewiesen: Beim Schleier, den Schmidt stürmend von uns genommen hat bzw. sprechend nimmt, handelt es sich auch um Hanns Martin Schleyer. Im Zusammenhang mit Schleyer steht die Zeile »*magisch* das *Duo* Bieder und Meier«. »*magisch*« und »*Duo*« sind eine anagrammatische Zerlegung von Mogadischu, wohin am 13. Oktober 1977 von einem in Verbindung mit der RAF stehenden Terrorkommando die »Landshut«, eine Boeing der Lufthansa, entführt worden war. Deren von Helmut Schmidt veranlasste Befreiung durch die GSG 9 am 18. Oktober 1977 hatte u. a. die Ermordung von Hanns Martin Schleyer durch die RAF zur Folge.

Schaut man sich Rilkes Gedicht *Schlußstück* unter den Gesichtspunkten von Metrik und Reimstruktur an, sind folgende Abweichungen auffällig:

Schlußstück

Der Tod ist groß.	a	v-v-	
Wir sind die Seinen	b	v-v-v	
lachenden Munds.	c	-vv-	(unvollst. Adoneus)
Wenn wir uns mitten im Leben meinen,	b	-vv-vv-v-v	
wagt er zu weinen	b	**-vv-v**	**(Adoneus)**
mitten in uns.	c	-vv-	

In der dritten Zeile weicht Rilke vom adoneischen Versmaß durch eine männliche anstelle der weiblichen Kadenz ab, was der Aufrechterhaltung der Reimkorrespondenz mit der sechsten Zeile geschuldet ist. Während die adonische Variante »lachenden Mundes«, also die Einfügung eines »e« in die Konstruktion des adverbialen bzw. modalen Genitivs, nicht nur grammatisch korrekt und gebräuchlich, sondern auch zu erwarten gewesen wäre, gibt es eine entsprechende Variante für »mitten in uns« nicht. Als unvollständiger Adoneus evoziert die Wendung »lachenden Munds« mit seiner phonetischen Geste des Anpralls eine Kontrafaktur des Akustischen und des Visuellen: Das sich akustisch vollziehende Lachen ist im Bild des lachenden Munds eingefroren. Ihm ist bereits das Kommende inhärent, der Tod. Ausgesprochen ist der Mund bereits fast geschlossen.

Die Reimstruktur kommt dem Schema der sechszeiligen Schweifreimstrophe nahe. Liegt der Schweifreimstrophe in der Regel das Schema aabccb zugrunde, so ist Rilkes Monostrophe nach einem Muster ohne Muster gebildet: abcbbc. Auch hier weicht Rilke also von etablierten Vorlagen ab. Der ersten Zeile, »Der Tod ist groß«, fehlt mit der zweiten Zeile,

»Wir sind die Seinen«, eine Reimkorrespondenz. Das ist sicherlich auch inhaltlich begründet: Der Tod hat auch im Klang nicht Seinesgleichen. Wir aber gehen in ihm auf.

»so ging die Spur in Verlur«
Einige Vermutungen zu Oskar Pastiors
Poetik der Camouflage

Ist Oskar Pastiors *O-Ton »Automne« – Linguistikherbst*[52] in der ersten Hälfte des Titels nicht eine metrische Paraphrase der sapphischen Adonis-Klage, zumindest buchstäblich silbenweise nach deutschen Ausspracheregeln?

O-Ton »Au / tom / ne«
 – v   v   –   v

Hat man einmal eine Weltformel ausgemacht, wittert man sie überall. Und meistens erzeugt man dabei Chimären. Oskar Pastior hat *O-Ton »Automne«* gemäß den französischen Ausspracheregeln gelesen: [o.tɔn], nachzuhören auf der CD *ügel beg und ügel tal. Gedichte 1969–1997*.[53] Läse er im Gegenzug das »o« in »Ton« halboffen wie in »Automne«, und nicht halbgeschlossen, den deutschen Ausspracheregeln entsprechend, hätten wir eine interlinguale Homophonie, die Pastior auf der graphematischen Ebene sicher angezielt hat: eine Übersetzung.

So enthält »Automne« zwei von Roman Jakobson so benannte bzw. postulierte »Zero-Phoneme«, ein stummes »m« nach der Mitte und ein stummes »e« am Ende des Wortes. Der Terminus »Zero-Phonem« war auf dem »Linguistikherbst« möglicherweise interlingualer Diskussionsgegenstand – und Pastior hat ihn in sein Gedicht aufgenommen. Das Null-Phonem kann gesehen, aber nicht gehört werden, es ist ein Null-Ton. Das ist der O-Ton: Stille, die gesehen werden kann, ein Phantom. Das Gedicht mündet in eine Klage des sich reimenden Lauttaumels:

O-Ton
Automne
mir ist so rosident phantom
Semiramis
Sorbonne
Sa-Um-Weh

Mit »Semiramis« spielt Pastior auf die babylonische Sprach-verwirrung an: Dem griechischen Historiker Strabon zufolge gründete Semiramis Babylon. Griechisch, Französisch, das Russisch von Velimir Chlebnikov und Deutsch geben sich hier ein zwitscherndes Stelldichein. Zwischen vergangenem Wahr-nehmen und gegenwärtigem Erinnern kann sich ein Bruch er-eignen, den die Sprache überbrückt. Gedichte können hier einen eigenen Krisendiskurs etablieren, der kombinatorisch, anordnungspoetisch, multilingual oder kryptisch dem vor-findlichen Chaos Gestalt gibt und Abgrund nimmt.

Chaos – Antichaos

»Chaos bleibt das ganze Werk und leer,/ Kommt nicht aus dem Chaos selbst die Grenze her.« Mit dieser zweizeiligen Sen-tenz endet Oskar Pastiors dreistrophiges Gedicht *Pythagoräi-scher Lehrsatz*, geschrieben am 15. April 1952.[54]

Die Werkzeugung aus dem Chaos, dem nichts vorgeordnet ist, dem keine höhere Instanz vorschreibt, die vielmehr ihre eigene, ihre autopoetische Instanz ist. Das sich selbst setzende und sich auch selbst aufhebende Chaos. Die apodiktische Gnome, prominent an den Schluss des Gedichtes platziert, ist untypisch für Oskar Pastiors Texturen, die für dieserart exponierte Summationszeilen fast Goethe'schen Zuschnitts später nicht mehr so leicht zu haben waren. Sie, die Gnome, resultiert wohl auch aus der Überschreibung traditioneller Vorgaben, deren Sprachrhythmik und syntagmatische Ordnung hier zitiert wird.

In dem poetologischen Lehrsatz, der auch seinen Kehrsatz hat, thematisiert Pastior verschiedene Grenzerfahrungen. Da ist zunächst einmal die Grenze der Sprache bzw. die endliche Menge der Alphabetsymbole. In deren Grenzen gewinnt die Sentenz vom Chaos ihr Gewicht. Das Alphabet ist eine Grenze, die aus dem Chaos kommt. Das ABC ist eine Ordnungsmacht. Also ordnete Pastior seinen *Pythagoräischen Lehrsatz* zum Abecedarius an – und zugleich pythagoräisch: Die drei Zeilen der ersten Strophe beginnen alliterierend mit A: Also, Adam, Alle; die vier Zeilen der zweiten Strophe mit B: Babylon, Balkengrad, Bett, Bürgen; die fünf Zeilen der dritten und letzten Strophe alle mit C bzw. als allophonische Variante mit Q und K: Chorgewaltig, Cherubin, Quadernfest, Chaos, Kommt.

Der Satz des Pythagoras lautet, ins Bild einer Gleichung gesetzt: $a^2 + b^2 = c^2$. Auf die Strophen und ihre Zeilen im Gedicht von Pastior angewendet: $3^2 + 4^2 = 5^2$. So wandelt sich der Pythagoräische Lehrsatz in einen pythagoräischen Abecedarius, der durch zwei distinkte Ordnungssysteme abgesichert ist.

Also sprach der alte
Adam, und es hallte
Alle Welt und wallte:

»Babylon ist unser Baum,
Balkengrad des Richtmaß' Saum,

Bett und Truhe, Lot und Traum,
Bürgen sicher, fest im Zaum –«

Chorgewaltig hob da Gott sich quer,
Cherubin schwang schief hin übers Meer …
Quadernfest steht das Gesetz nun schwer:
Chaos bleibt das ganze Werk und leer,
Kommt nicht aus dem Chaos selbst die Grenze her.

Es kommt hier dem Hörer und Leser so einiges bekannt vor,
eine Eigenschaft, die Text und Rezipient noch bei Pastiors
Spätwerk teilen. Dass auf »Z«»A« folgt, zeigt eine diachrone
Lesart der Pastior'schen Spielart des *Pythagoräischen Lehrsat-*
zes von Anfang an, an dem ja bekanntlich das Wort war. Aus
Nietzsches altem Zauberer hat Pastior den alten Adam ge-
macht: »Also sprach der alte Zauberer, sah listig umher und
griff dann zu seiner Harfe«, heißt es in Friedrich Nietzsches
Buch für Alle und Keinen: Also sprach Zarathustra.[55] Der Buch-
stabe R folgte diesem Gesetz nach auf A.

Nicht umsonst eröffnet also *Pythagoräischer Lehrsatz* die vier-
bändige Werkausgabe Oskar Pastiors, sind doch mit diesem
frühesten in die Werkausgabe aufgenommenen Gedicht be-
reits einige poetologische Standards gesetzt, die Pastiors my-
zelartige Textgeflechte fortan kombinatorisch entfalteten. Als
ein solcher Standard wäre des Weiteren – neben semantischen
Neubelegungen (Chiffren, Einlagerungen, Verschiebungen;
Geheimsprache), lautsemantischen Ähnlichkeitsrelationen
und ihren aus der Kontiguität sich ergebenden Kausalassozia-
tionen – mit Roman Jakobson der semantische Regress der
Etymologisierung zu nennen, der aus einer »Reduktion einer
lexikalisch-referentiellen Lexembedeutung auf die morpho-
logische«[56] resultiert. Vor diesem Hintergrund wäre auch Pas-
tiors spezifisches Interesse an methodisch monistischen oder

hochkomplexen Gattungen wie der Sestine zu beleuchten, deren Funktion als analoges Ableseinstrument, Unbeobachtbares in seiner Prozessualität zu zeigen, er bittend beschwört: »die Sestine könnte doch, ach und bitte, so etwas wie ein Analogmodell für das Zustandekommen des Gedankens beim Denken von Gedanken sein; Sigma eines sprachlich ungesättigten Herstellungsprozesses«[57] – sprachlich ungesättigt, weil hier Mehrfachbindungen eingegangen werden, Additionsreaktionen erfolgen und die permutative Kombinatorik der Reime bzw. des den Vers beschließenden Wortes als Ordnungsprinzip die Frage der Semantizität zu einer solchen des ›bloßen Vorwandes für die Anwendung von Verfahren‹ bzw. zu deren ›sekundärem Effekt‹ machen kann.[58]

Offne Worte?

Den verfahrensorientierten Formen wie zum Beispiel Listen-, Anagramm- oder Palindromgedicht, den von Pastior so genannten »Vokalisen« und »Gimpelstiften«, zum Teil auch Sestine und Sonett gegenüberzustellen sind eine Reihe von eher konventionellen Poemen, die dem Lied (darunter auch Liebesgedichte), dem Abzählvers oder der politischen Bekenntnislyrik nahestehen. Diese Gedichte sind eher sujetorientiert, können aber auch über phonetische Merkmale generiert worden sein, was sich insbesondere an den mittleren und späten Texten Pastiors zeigen lässt. Formative als textgenerierende Strategien werden hier von stringenteren narrativen Impulsen zurückgedrängt.

Bei einer Reihe von Gedichten aus dem Frühwerk – wie *Schweißelektroden, Resonanzholz, Die Kokellandschaft oder Das Fließen in der Harmonie, Vorstadthäuschen* oder *Bilanz nach oben*, allesamt aus der 1964 in Bukarest erschienenen Sammlung *Offne Worte* – ist die Frage der Autorschaft nicht so eindeutig zu beantworten, hat doch hier ein nicht anders als ideologisch zu nennendes sozialistisches Pathos mitgeschrieben, das in paradoxalem Widerspruch zu Pastiors Deportationserfahrungen zu stehen scheint. In dieser übersprungshaft assimilierten Zweckdichtung finden sich biographische Reflexe, die zuweilen dem Ausführen eines Befehls gleichkommen. Wer hat die Befehle gegeben? Oder spricht hier Pastiors gesellschaftliche und soziale Überzeugung? Die kippmomenthaften Einfärbungen und die in diesen, vor allem aber in den zeitgleich entstandenen monologisch-selbstreflexiven Gedichten aus *Offne Worte* aufziehenden Schatten signalisieren jedenfalls, dass Pastior sich biographisch und poetologisch in einer liminalen Phase befunden hat. Deren Nichtidentität von Innen und Außen, die sich selbst wieder im Innen spiegelt, war wohl nur durch Abwesenheit in Permanenz zu ertragen. Einsamkeit, Fremdheit und Verzweiflung sind in diesem osmotischen Spiel des Ernstes keineswegs nur traditionelle Topoi, die poetisch zu ihrem Recht kommen sollten – schließlich handelt es sich ja beim eigenen literarischen Tun um Gedichte, und Oskar Pastior pflegte bis zuletzt einen sehr bewussten Umgang mit Traditionen. Einsamkeit, Fremdheit und Verzweiflung und die introspektive Anrufung von Nacht und Natur entsprachen einer dichotomen Gemütsverfassung, die um Chiffren rang zur Überbrückung des Abgrunds, den Pastior sich und uns, durch den latent gehaltenen Kontext geschützt genug, gewissermaßen nur dosiert, in kleinen metonymischen Sprüngen, metaphorischen Verrätselungen oder symbolischen Repräsentationen zumutet.

Aus dem 1966 im Bukarester Jugendverlag erschienenen Band mit dem Titel *Gedichte* stammt *Wer auf den Wellen geht*.[59] Wer auf den Wellen geht, geht auf dem Scheitel der Wellen, wandelt auf schmalem Grat, droht den Halt zu verlieren, zu stürzen, zu scheitern, unterzugehen. Wer auf den Wel-

len geht, geht auch auf gewölbten Brücken und »auf dem früh-
reifen Horizont«. Hier herrscht kein ›Willkomm‹ mehr,
deutlich aber ›Abschied‹:

Nachts geh ich durch die Straßen und Parks.
Mein Schlaf ist kurz, tief und schwer.
Ich gehe keinen Gedichten nach.
Ich träume nicht ungefähr. (…)

Nachts gehn die Straßen und Parks nach Haus.
Jeder Atem eine Tat, jeder Blick bewußt.
Rechenschaft selbst über ein Haar auf der Brust,
ich muß reden, und wenn's mit den Steinen wär,
vom Schwung der gewölbten Brücken.
Wie ist das Schweigen so schwer.

Wenn das Gedicht »Wo schläft heute Kain?« fragt und dieser
Frage Prominenz verschafft durch ihre quasistrophische Set-
zung als Einzelzeile, heißt »ich« im Gedicht dann »Abel« und
fürchtet schlaflos, erschlagen zu werden? Wo ist Kain? Wenn
»Kräne (…) die Finger/ wie eine Riesen-Ikone/ dem Morgen-
stern an die blutende Lippe« heben, wenn das Ich »schwer wie
ein Rad/ übern Kai« rollt und »Jedes Wort eine Tat« ist, das Ich
aber »das Gedicht nicht mehr tragen« kann und den Schlaf an-
ruft, es »an die Stadt« zu »nagle(n)«, ist dann das Ich – vermit-
telt durch die Kontiguität zu den Morgensternen Venus als
Liebesgöttin und Merkur als Gott der Rhetorik und der Ma-
gie – selber ein Gestirn? Ist es die nur mit Mühe aufgehende
Sonne? Und ist dann der lippenblutende Merkur das Sinnbild
eines gerächten Verrats, der dem Verratenen die Merkur aus
dem Munde fließenden goldenen Ketten der Rhetorik ange-
legt hat? Dann ist, in der Tat, »Jedes Wort eine Tat«, die schlaf-
los macht, vor jedem Fenster zögern macht, vor jeder Tür hor-
chen, wie es im Gedicht heißt. An die Stadt nageln wird der

Schlaf dieses Ich dann nicht als Erlöser, sondern als reuigen Schächer. *Wer auf den Wellen geht* schweigt nicht, als Oberfläche verschweigt das Gedicht seinen Untergrund, das kein Papier ist, sondern Abgrund. Der zweite Abschnitt, die zweite Strophe, kann in seinem unsteten Angstgestus gedeutet werden als Synonymisierung von Biographie und Poetologie:

Meine Wege sind kurz oder lang, aber
immer verschieden.
Mir begegnen Autos, Schicksale, Vergleiche.
Ein Zuruf vielleicht, Gebote oft, hinzusehn,
und Entscheidungen, ja, mitten auf Übergängen
in spätere Bereiche.
Ich kann nicht im Kreise gehn.
Meine Schritte zwängen
die Architektur
in die Buchten der Plätze.
Wenn nur die Maße gelängen.
Ich trage wie Gesetze
die Rhythmen in mir.
Auch das Zögern vor jedem Fenster,
das Horchen vor jeder Tür

Einflüsse, Konventionen, Zwänge, metrische und Silbenmaße, das Fenster als Metonymie für Bild bzw. Metapher, das Horchen vor jeder Tür als Metonymie für das Öffnen des Mundes, den Lautleib.

Dass Oskar Pastior auch die hymnische Rede mit hypotaktischen Satzperioden nicht fremd war, zeigt, wenn auch mit ironisierendem Unterton, dabei durchaus ernst gemeint, das Gedicht *Experiment*, ebenfalls aus dem 1966 veröffentlichten Band *Gedichte*.[60] Das bei dem hier »Zwischen 24 und Null Uhr« während stillstehender Zeit durchgeführten magischen Experiment destillierte ›graue Pulver‹ entzieht allem Organischen und allen Dingen die Magie. Der aggressiv gewordene »Stillstand« der Unzeit, der ›noch schlimmere Tod‹ der »Mitte der Mitternacht«, ist das nicht auch die antiexperimentelle stalinistische bzw. realsozialistische Gespensterzeit, die das Gedicht zu verbannen beschwört?

Das Poem *Rechnung*, aus demselben Band: eine Ab-Rechnung?[61] Aber mit wem? Von »Haß« ist die Rede, aber auf wen? Die »Heimkehrende(n)«, kehren sie von der Arbeit heim, also nach Hause wie jeden Tag, oder kehren sie heim aus Krieg und Gefangenschaft? Und was bewachen die »Wächter« an den »Fabrikstoren«? Und woran erinnern die Bergwerke und die Eisfelder? Evokative biographische Intarsien, die eine beängstigende Kontinuität der Machtdispositive ebenso manifestieren wie eine Unbeugsamkeit, die vieles, wenn nicht alles, mit sich selbst ausmacht.

»Erlaub mir den Scherz der Dichter,/ daß ich dich beim Namen nenne und vertraulich anrede,/ mein Herz, du alter Findelstein, du/ unbequemer Geselle.« Beim Namen nennen, dazu erbittet das Gedicht *Erlaub mir den Scherz der Dichter* die poetische Lizenz.[62] Das Herz beim Namen nennen: Findelstein. Wie das Herz, der Form nach, und dem Ausgesetztsein. »Doch wer, wenn der Schnee schmilzt,/ wird dort finden, was übrigblieb von uns beiden, (…)« Da klingt was nach. Rilke, *Duineser Elegien. Die erste Elegie.* Auch dort ist von einem Herz die Rede: »und gesetzt selbst, es nähme/ einer mich plötzlich ans Herz: ich verginge von seinem/ stärkeren Dasein.« Und Christian Hoffmann von Hofmannswaldau: »Dein hertze kan allein zu aller zeit bestehen / Dieweil es die natur aus diamant gemacht.« – die epigrammatische Subcriptio seines Sonetts *Vergänglichkeit der Schönheit*, an dessen spitzfindiger Herz-Stein-Metaphorik Pastior hier mit den vier letzten Zeilen seines Gedichts anschließt: »Doch wer, wenn der Schnee schmilzt,/ wird dort finden, was übrigblieb von uns beiden,/ und den rissigen Findelstein/ aufnehmen bei sich?« Merkwürdig, wie sich diese Anrufung des Anschlusses an tradierte Topoi und Symbole – u. a. auch der Anthropomorphisierung des Baumes – fast schämt. Merkwürdig, wie das Bildreihengedicht selbst nur schwer in Gang kommt und sich den biographisch subjektiven Faktor kaum eingestehen kann.

Sich der Eineindeutigkeit seiner selbst vergewissern, versichern in der Simultaneität von Ort und Zeit. Der nächtlich ruhelos wandernde Schatten ist Sinnbild der Selbstentfremdung im Gedicht *Und wieder, da ich wache, sucht*.[63]

Und wieder, da ich wache, sucht
mein Schatten, der auch nachts nicht ruht,
nach jener ungewissen Stelle,
wo noch kein Pflug den Platz im Erdreich
für meine Wurzeln ausgelotet,
auf der kein Hirte mir das Feuer
vorwegnahm, so Besitz ergreifend
von meiner Möglichkeit zu lohen,
wo nie ein Eulenflügel huschend
den Anspruch meiner scheuen Nächte
auf eine eigene Geschichte
mir streitig machte mit dem stillen
und unerbittlich großen Rauschen
durch Säulen, Opferblöcke, Burgen.
Und töricht, da ich wache, wandert
mein Schatten ruhlos, bis die Hähne
zurück ihn rufen wieder auf die
hart gestampfte Tenne.

Das Gedicht als Allegorie der Einsamkeit; was das uneigene Leben überschattet, bleibt ungesagt. Flankiert wird der Topos der Einsamkeit und Melancholia vom ambivalenten Symbol der Eule als Zeichen der Weisheit, der Torheit und des (drohenden) Todes, zusammen mit dem Symbol des Schattens aber auch als Zeichen des zu spät kommenden, ästhetische Muster reproduzierenden Dichters, der um seine Identität ringt.

Die letzten drei Zeilen konnotieren die von Jesus prophezeite, dem zweimaligen Ruf des Hahnes zuvorkommende dreimalige Verleugnung Jesu durch Petrus, versinnbildlichen aber auch das Ende des nächtlichen Spuks mit seinen Gesichten durch den Sonnenaufgang, der den Schatten zurückführt zu dem auf der »hart gestampfte(n) Tenne« schlaflos Nächtigenden. Auch das Symbol des Hahns ist ambivalent: Er verkörpert Unkeuschheit und Selbstgefälligkeit und steht für den reuigen Sünder. Gleichzeitig ist er Symbol der Wachsamkeit und der (christlichen) Auferstehung.

Man mag in Pastiors Aufrufen klassischer rhetorischer Ikonographie eine selbststilisierende Überzeichnung und eine biographische Änigmatisierung sehen. Zu bedenken ist jedoch, dass die frühen Gedichte gleichzeitig ein Bildersuchlauf, ein Tribut an die Tradition sind, die mit schleichenden Abweichungen stabilisiert und unterhöhlt wird – eben das, was das Gedicht *Und wieder, da ich wache, sucht* zum Ausdruck bringt. Mit Gedichten wie *Warnlieder sind im Gebüsch* und *Die Bäume wandern* schließen Pastiors Bildersuchläufe an die barocke bzw. expressionistische Tradition des Ikongedichts und parataktischen Reihungsgedichts an. Die frühen Gedichte verschweigen vielgestaltig. In mehrfachem Sinne sind sie die Ikonographierung von Schuld, die mit zum Teil pathetischem Gestus absolut gesetzt wird.

So auch in dem Gedicht *Verhör*, das ebenfalls das Mythologem des Mondes und seiner Phasen einschließt.[64] Auch hier wird ein nur über die Chiffren »Verhör«, »Schuld«, »mitwissen« monologisierend eingefasster, dabei zunächst unscharf bleibender Problemhorizont kosmisch ausgelagert und an die rhetorische Figur der Prosopopoiia (Personifikation) delegiert.

Im Sprechakt eines Verhörs wird ein Rechenschaftsbericht eingefordert. Von wem aber? Vom Mond? Vom »Ding des Mondes«, wie es heißt? Von welcher – »vermutliche(n)« – Schuld ist hier die Rede? Ist das »Ding des Mondes« das männliche Geschlechtsteil und der »Seim« der dicke Saft von Sperma? – »Eine Apfelsine vielleicht/ könnte von ihrem Seim nichts wissen,/ der einging in unsern Gebrauch«, heißt es im Gedicht. »Verhör« könnte demnach als verrätselnde Anspielung auf Pastiors Homosexualität gelesen werden, die mittels Verrätselung in ihrer Latenz bewahrt, für den Autor aber stets decodiert werden kann. So gelesen ist »Verhör« ein hypogrammatisches Emblem, dessen nicht geschriebene, aber hermeneutisch kurzzuschließende Subscriptio im Verbergen der Homosexualität, in ihrer Abdrängung in die Latenz, die Funktion der Bannung hat. Durchaus ist dieser Akt der verhüllenden Anklage angstbesetzt, heißt Latenz doch auch »aus dem Verborgenen drohen«.[65]

Bestirnte Ausmaße nimmt die Vokabel »Verhör« im dreistrophigen Gedicht *Das Arsenal des Sommers ist erschöpft* aus dem Band *namenaufgeben* an,[66] ein Lied über das Lied mit allen motivischen Topoi des Liedes, über Verrat und resignativ eingestimmte Unwiederbringlichkeit:

Das Arsenal des Sommers ist erschöpft.
Wer bürgt fürs Luftgeflüster vor der Nacht?
Das Rosenspiel hat einen Sturm gebracht.
Schon sind die Türme in der Stadt geköpft.

Das Licht am Himmel stellt Verhöre an,
die kurz und kalt sind wie ein Ja, ein Nein.
Für dich tritt eine stumme Schwalbe ein,
und für die Welt kräht dreimal laut der Hahn.

Die leisen Lieder hat ein Schuß geschröpft.
Das Wort ist schon gezeichnet wie ein Greis.
Auf ungebornen Augen wächst das Eis.
Das Arsenal des Lächelns ist erschöpft.

Parataktischer Zeilenstil, fünfhebige Jamben als *Vers commun*, umfassender Reim (abba), in vielfacher Hinsicht eine gar nicht mal moderne Variante von Jakob van Hoddis' *Weltende*. Ironische Lesart: Das Arsenal des Liedes ist erschöpft.

Eine Reihe von – vor allem späteren – Gedichten Oskar Pastiors signalisiert ein Geheimnis, das vielleicht nur in der homologen Performanz ihrer Themenwörter besteht: Das Gedicht tut das, was es sagt. *Ach wie vertraulich* aus dem Band *Vom Sichersten ins Tausendste* ist ein Beispiel für die Parabolisierung der Parabel.[67] »Ach wie vertraulich / orakelt Parabel« – Text und Subtext, Subtext als Virus des Textes, Fama est, Gehör / Verhör:

Ach wie vertraulich
orakelt Parabel
an Gattern und Toren
ich bin dein Auge zum Schielen
du bist mein Würfel zum Spielen
du bist mein Zapfenzügel
ich bin dein Kleiderbügel
mein Malz ist dein Salz
dein Holz ist mein Stolz
herrlich deuten einander
Zunder und Zander
das hat dir der Zeiku gesagt
das hat dir der Zeiku gesagt
das hat dir die Normel am Belleschdrängel
auf einem Fuß vorgetanzt

so ging die Spur in Verlur
was schert mich Hagel
was schert mich Nagel
was schert mich der Zagel des Großen Bären
von Eschnapur
laß doch die Zähren
kehren
vor ihrer Flur
hast du mir mein Lämmchen geschoren
hab ich dich vom Nabel
über die Ohren
gehäutet
Parabel
da ist Opfer und Maß verloren
doch Hopfen und Malz gedeutet.

Die Gatter und Tore sind Schlüsselstellen, Schwellen, Über-
gänge, die zugleich öffnen und verschließen können. Überwa-
chen und seine Abwehr; wie du mir, so ich dir; die Parabel der
Parabel und das Ende vom Lied.

Ein Gedicht kann auch eine Verabredung an geheimem Ort
sein. Was topographisch genau bemessen zu sein scheint, gerät
zunehmend zu einem Unort. *Etwa im Windsprengel* – das erste
Gedicht der in die Werkausgabe aufgenommenen Auswahl
aus dem Band *namenaufgeben*, zur Veröffentlichung in Buka-
rest vorgesehen für das Jahr 1968, dann aber nicht erschienen –
schließt an die rhetorische Form der Ekphrasis an:[68]

Etwa im Windsprengel
hart am Altbogen
dort wo das Rutenwehr
die Pontica-Brücke bespült.
Also ungefähr drei Grundsätze
unter dem Farbdruck

mit dem Abendland
und kurz vor der Stelle
wo die Sprache verständlich wird
klopfe ich heute
von innen von außen
das Meta-Ikon
mit dem Büffelhuf ab:
Kupfernes Tor zum Traubenepitaph
unterm Großen Wagen.

Die Lokalisierung des beschriebenen Bildes bzw. Ortes wird
hier zunehmend unscharf, bereits angezeigt durch das absolut
gesetzte initiale Adverb »etwa«. Die Topographie einer schein-
bar konkreten Ortsangabe (»Etwa im Windsprengel/ hart am
Altbogen/ dort wo das Rutenwehr/ die Pontica-Brücke be-
spült«) wird im Fortgang des Gedichts überlagert von einem
demetaphorisierenden Zwischenschritt, der ein sprichwört-
licher ist, nämlich ein Kalauer – »Also ungefähr drei Grund-
sätze«: Altbogen, Rutenwehr und Pontica-Brücke. Dem auf-
gerufenen Totalhorizont »Abendland« wird – »kurz vor der
Stelle/ wo die Sprache verständlich wird« – die mythisch-
schamanistische Handlung des Abklopfens eines Zwischen-
bildes mit dem Büffelhuf entgegengesetzt. Das Meta-Ikon
kann im Sinne der pragmatischen Semiotik von Charles S.
Peirce auch konkretistisch gelesen werden als ein visuelles
oder akustisches Zeichen, das mit dem bezeichneten Gegen-
stand Ähnlichkeit hat. Die Semiosis des Gedichts konfiguriert
die Schwelle zwischen Lesbarkeit und Unlesbarkeit, Verständ-
lichkeit und Unverständlichkeit, Verortung und Unortung,
Sprachzeichen und Zeichensprache – eine Schwelle, die das
Gedicht performativ markiert. Diese Schwelle *ist*, überspitzt
gesagt, Oskar Pastiors Autobiographie.

»Traubenepitaph«: die mythische Genesis des Sternbilds
Großer Wagen gründet in der Verkennung des gegorenen Saf-

tes der Traube, die einen Hirten das Leben kostete. Zum Dank dafür, ihm als einziger Gastfreundschaft gewährt zu haben, hatte Dionysos dem Hirten das Geheimnis der Weinherstellung verraten, was dieser mit befreundeten Hirten trinkend feiern wollte. Besoffen glaubten diese jedoch, er wolle sie vergiften und ermordeten ihn. Fortan war der Große Wagen mit den Ziegenschläuchen, in dem er den Wein transportiert hatte, zu Ehren des Hirten als Sternbild am Himmel zu sehen.

Pastiors anklingende Totenklage ist vielleicht nichts weiter als ein Gelegenheitsgedicht, so wie das Epitaph ursprünglich bloße Zweckdichtung war. Der Dichter übersetzt das bildstarke Etikett einer Weinflasche, bevor oder während er sie austrinkt. *Etwa im Windsprengel* könnte allerdings auch als Selbstporträt des Dichters als ermordeter Hirte gelesen werden, dessen gute Absichten tödlich verkannt worden sind.

Etwa im Windsprengel: ein Indiz für die Technik Pastiors, jedweden Anlass zu einem poetischen Vorgang, zum Modellfall eines sprachlichen Ausbruchs zu machen. Dabei mögen wie beim Anagramm Ausgangswort oder Ausgangszeile in die Latenz verdrängt sein, für den Autor selbst aber können sie mittels Hebammen wie »Schuld« jederzeit wieder memoriert werden. *Memoria* – hier als Kunst der Selbsterinnerung, um das Alphabet und seine Eigenkombinatorik insofern zu dirigieren, als der Autor Wegmarken in der memorierbaren Einlagerung von *imagines* an Örtern gesetzt hat, die das Spiel nicht mitspielen – das könnte der libidinöse Effekt von Pastiors *ars combinatoria* sein, den wir suchend umkreisen, den wir kreißend besuchen.

An der Textoberfläche entsteht ein imaginäres Wechselspiel von innen und außen. Assoziationsketten werden freigesetzt, »wie sie gewöhnlich als Nebenprodukt intellektueller oder sensorieller Wahrnehmung auftreten, hier aber dominant werden und den Memorierungsprozeß plurivok machen«.[69] Mehrstimmig für den Leser, möglicherweise einsinnig für Pastior.

Oskar Pastiors Poetik der Latenz

Pastiors Poetik der Latenz ist eine Form entindividualisierender Angstbannung. Dieser Angstbannung liegt ein semiotisches Verdrängungskonzept und komplexes Repräsentationsverbot zugrunde. Entindividualisierend im Sinne der Abdrängung subjektiver in symbolische oder zum Beispiel mythologische Konfigurationen. Letzteres wäre nichts anderes als eine allgemeine poetische Lizenz – und das selbst noch im Sinne von Schillers Programm einer Idealisierung des Stofflichen, wenn es bei Oskar Pastior nicht einen spezifischen biographischen Umstand gäbe, der, ist man über ihn in Kenntnis gesetzt, unweigerlich die Lektüre affiziert. Und dieser kann, mit einer poetologischen Vokabel Pastiors gesprochen, zum Scharnier zwischen Textoberfläche und biographischer Verborgenheit avancieren.

Dieser myzelhaften Verborgenheit auf die Spur zu kommen, dazu ermuntert Pastiors Königsgemüse: »wenn du nur genügend fragst, stößt du auf die unglaublichsten Querverbindungen«, weiß die *Neue Aubergine*.[70] Also will ich weiterhin genügend fragen und an Querverbindungen nicht ungläubig stoßen. Besteht die Kunst Oskar Pastiors nicht darin, »kurz vor der Stelle / wo die Sprache verständlich wird«, wie es in *Etwa im Windsprengel* heißt, einzuhalten und den Distrikt der eindeutigen Verständlichkeit zu umspielen, sie selbst in der Latenz zu halten, zuweilen schon mitten im Wort? In der Konsequenz heißt das natürlich gerade nicht: »Jetzt kann man schreiben was man will.«[71] Dieser Satz gibt immer nur die Grenze an, gegen die das Schreiben schreibt, er markiert die nie zu überschreibende Schwelle. Der Satz »Jetzt kann man schreiben was man will« ist also stets der letzte Satz, egal was man schreibt, er kommt immer danach – und verliert *davor* immer wieder seine Gültigkeit. »Jetzt kann man schreiben, was andere geschrieben haben«, könnte der Satz auch lauten.

Mit einigen seiner vielen Schreibweisen hat Pastior die Frage nach der Autorschaft um eine Spielart des Anonymus bereichert, um einen Duonymus, einen Zwitter, und auch das ist Biographie. Dieser Hybrid verfügt, obwohl er doch so unentschieden ist, »über tiefe Anmut und höchste Töne im Sprachlabor«.[72] Wer sagt das? Pastior, in: *Tango emer denn Porren*. Jedenfalls sagt es der Text. Der nicht immer von Pastior ist. Dessen Gewobensein nicht immer von Pastior ist. Auch Schwitters und Joyce und Hume und ein Onkel mütterlicherseits und eine englische Landschaft und »wenn du nur genügend fragst, stößt du auf die unglaublichsten Querverbindungen« haben mitgeschrieben, wie das Weben mit fremden Federn überhaupt eine Maßnahme Pastiors ist, der Gestaltahnung eines Textes näherzukommen, ohne sich um den Baustoff weiter kümmern zu müssen, als ihn zu organisieren und zu verarbeiten. So geschehen mit Lichtenberg in der *Sestine mit Hebewerk* (kein einziges Wort stammt hier von Pastior), so geschehen auch mit Heinrich von Kleists Boxer-Anekdote in Pastiors Gedicht *Berliner Kontaminationen*[73] und der Metaphernkunde der Petrarca-Übersetzungen in den 33 Petrarca-Gedichten – und vieles ließe sich weiter anführen.

Wer Oskar Pastiors (Auto-)Biographie sagt, muss neben Latenz und Hybrid auch Aubergine, muss Kalorie, »Schweigepflicht und Schleierzwang«[74], »Kalorienfresser«[75] sagen, und wird, des poetisch eingedickten Essens eingedenk, in Pastiors Werk auf Schritt und Tritt Essbares finden. Der Hingabekulinariker Oskar Pastior ist der Dichter, der in raffiniert zubereiteten Hommagen an die Eigenwelt von Gemüsen und Soßen und köchelnden Gerüchten ein Diktum seines französischen Kollegen Pierre Albert-Birot in die Tat der Worte umgesetzt hat: »Setzt euch hin und redet nicht so viel über Dinge, die man nicht essen kann.« Die hymnische Wertschätzung des Essens (wie auch der täglichen Gebrauchsgegenstände) resultiert sicherlich aus seiner entbehrungsreichen Lagerhaft, lesen Sie Herta Müller: *Atemschaukel.*

Quellenkunde: Staatstragende Poesie

Oskar Pastior hat am 8. Juni 1961 unterschrieben, dass er sich gegenüber der Securitate verpflichte, »dem Regime in der RVR feindlich gesonnene Elemente zu entlarven«, wie es in der handschriftlich verfassten Erklärung heißt.[76] In einem »Versuchte Rekonstruktion« genannten Konvolut von Notizen, das zwischen Januar und August 1992 entstand, ist er sich hingegen unsicher, »ob ich ein Protokoll oder eine Erklärung, ›Staatsfeindliches aus meinem Tätigkeitsbereich zu melden‹, unterschrieben habe«. (siehe Anhang S. 204).

Was der 8. Juni 1961 ein Schwellendatum, in dem Text und Leben konvergierten? Und war diese Konvergenz für Pastior sofort tabu? Konnte Pastior ab dem 8. Juni 1961 schreiben, was er wollte? Weil sein Machen von Gedichten, das ein Herstellen, ein Mehrkomponentenkleben war, die Funktion eines Findens und Lösens von Aufgaben als Beschäftigungs- und Ablenkungsritual angenommen hatte?

Zwei Alternativen bieten sich an: Pastiors Texte zu durchforsten nach verdächtigen Passagen, die den Anschein erwecken, etwas verdecken zu wollen, das sich dennoch, allem Verdrängungs- und eigenmächtigen Translationsbegehren zum Trotz, Bahn bricht, weil es die Wahrheit ist, die sich durch keinerlei Kampagne domestizieren lässt. So mag also die Poesie selbst es sein, die für Gerechtigkeit sorgt. Ob Pastior das auch so gesehen oder erhofft hat? Kann, rhetorisch gesprochen, unterstellt werden, dass die alleinige, wenn auch verborgene *res* von Pastiors Texten eine moralische ist, die Frage der Schuld? Diese *res* ist ab dem 8. Juni 1961 zu einem inventorischen Topos erstarrt, Pastiors *inventio*. Seine inventorische Leistung bestand allein im unaufhörlichen Aufsuchen und Auffinden dieses einzigen Ortes. Die Aufgabe seiner Texte bestand nun darin, diesen Ort nicht zu betreten, ihn zu verdunkeln. Insofern war jede *Dispositio* und jede *Elocutio* angemessen, die eine Verschließung des Ortes leistete. War der Ort invariant, so war hinsichtlich der *verba* größtmögliche Varianz zu erzielen. Pastior hat zwischen sich und diesen verschlossenen Ort seine Texte geschoben, die ein blendendes Paradox *sind*: Sie sind erhellend dunkel.

Die zweite Alternative: die einmal vor der IM-Enttarnung gelesenen Texte nicht erneut zu lesen, sondern aus der sich entfernenden Erinnerung an sie über die Möglichkeiten zu sprechen, wie Biographie sich selbst erinnert, als Text, und wie Text Biographie aufschieben kann, indem seine Rekursivität, seine Selbstreflexivität paradoxale Doppellektüren kreiert, die zwar Sinnaufschiebungen und -verschiebungen produzieren, Biographie aber ausschließt, weil der Text als Text voll und ganz mit sich selbst schon genug zu tun hat und damit nie fertig wird.

Quellenkunde, Textbiopsien, pars pro toto – eine Art Säuberung?

Sind Pastiors Texte, die er ab dem 8. Juni 1961 geschrieben hat, auf der Folie seiner Spitzeltätigkeit entstanden? Wie kann ein poetischer Text die Emulation einer Absichtserklärung sein, der Pastior mittels Signatur seine Identität geliehen hätte? Hat er von da an als IM »Stein Otto« gedichtet? Oder hat er *gegen* den IM »Stein Otto« gedichtet, als Oskar Pastior, im Verborgenen, als so verborgener wie verbogener Oskar Pastior, als

Nicht-Existenz, die den Eigennamen zum Pseudonym verstellt? Ist Oskar Pastior also der latente Komplize von Otto Stein, dieser die verborgene öffentliche, jener die – wenig oder gar nicht – veröffentlichte private Person? Das hieße: Der verborgene Status des Inoffiziellen Mitarbeiters befähigt zur Poesie. Und umgekehrt: Der zumindest inoffiziell – und darauf kommt es ja an – anerkannte Status als Dichter befähigt zur Camouflage des Inoffiziellen Mitarbeiters. Wolfgang Hilbig hat in seinem Roman *Ich* diese instabile Wechselbeziehung zwischen öffentlicher und privater Person als privates und inoffizielles Spaltwesen zum kippfigürlichen Vexierspiel gemacht. Oskar Pastior alias IM Otto Stein alias Cambert bzw. M. W. im Roman *Ich* von Wolfgang Hilbig? Bemerkt der IM rechtzeitig, dass er auf sich selbst als Schizo angesetzt ist, steht möglicherweise eine Reise nach Wien an. Oskar Pastior, so wäre zuzuspitzen, hat Otto Stein verleumdet, und zwar durch das unablässige Feilen an poetischen Aufgabenstellungen, die er, Oskar Pastior, sich zur Ablenkung und Verstellung aufgenötigt hat – was er dann freilich nicht getan hätte, hätte es einen Otto Stein nie gegeben. So weit, so verzwirbelt.

Hat Pastior denn *vor* seiner Unterschrift, die vielleicht die wichtigste Unterzeichnung – im sprichwörtlichen Sinne – seines Lebens war, den Ton der Sachlichkeit in seinen Texten obwalten lassen? Verdunkelte sich deren Verständlichkeit nach seiner Verpflichtungserklärung? In gewisser Weise muss diese Frage mit ja beantwortet werden. Wobei hier das Paradox zu beobachten ist, dass gerade seine klar gestalteten Texte in ihren Drehungen und Wendungen in die Dunkelzone gehen. Viele seiner Vokabelwinkelzüge hingegen erscheinen, wenn man sie einmal in ihrem Zustandekommen und ihrer Ordnung erkannt hat, nicht mehr wie Steilpfade des hermeneutischen Mount Everest, sondern werden mit diesem scheinbar durchschauten Zustandekommen verwechselt.

In diesem Zusammenhang wäre zu fragen, inwieweit Pastior eine Ironie der Unverständlichkeit inszeniert, wenn er im Gedicht *Auf dem Bauplatz*[77] aus der Sammlung *Offne Worte* postuliert:

Offne Worte soll der Dichter führen:
das Gedicht sei gastlich wie ein Haus.
Durch der Bilder aufgesperrte Türen
geht der Leser sicher ein und aus.
Offne Worte soll der Dichter führen.

Die Verantwortung gibt ihm die Stärke:
Ausgesprochen wird das Wort zur Tat.
Wachsen soll das Haus aus seinem Werke,
das er in dem Haus geschaffen hat.
Die Verantwortung gibt ihm die Stärke,

aufzustehen für des Menschen Würde.
Jeder Reim sei wie ein Fenster rein,
das die Freiheit von der abgeworfnen Bürde
nun als Bauplatz spiegelnd läßt herein. [...]

Und so weiter. Ist das nun sozialistisch-realistisches Agitprop, die ironische Performanz der Konsequenzen einer solchen Forderung, der Wunsch, von den Massen verstanden und geliebt zu werden? Oskar Pastior wäre ja nicht der erste Dichter, der diesen Wunsch hegte, man denke nur an Wladimir Majakowski oder Bertolt Brecht. Waren dann, im Umkehrschluss, die Türen der Bilder späterer Texturen Pastiors zugesperrt und der Leser steht unsicher davor?

Das überaus hässliche Gedicht *Abrechnung*, das schon im Titel eine Drohgebärde offen zur Schau stellt, ist komplementär zu *Auf dem Bauplatz* zu lesen.[78]

Abrechnung

Das Standbild der Undeutlichkeit nährt sich von gepökelten Paradoxen.
Die Vorhangzieher des Wortes verhüllen das Schandenmahl,
bei welchem Trunkenbolde Zuhälter sind.

Nicht weniger gefährlich sind die
Eintänzer der scheinenden Logik, die
Jongleure der unwirklichen Widersprüche, die
Aufhalter der Zeit im Kostüm der Vollkommenheit.

Die Nützlichkeit von Versen erweist sich außerhalb der Verse,
in den Dingen,
wenn sie nützlicher werden.
Ebenso ihre Schönheit, wenn die Menschen die Verse gebrauchen,
um besser zu werden.

Die Rede vom »Standbild der Undeutlichkeit« und seinen
»gepökelten Paradoxen«, so könnte eine eindeutige Lesart des
Gedichts, an seinen eigenen Maßstäben gemessen, lauten,
stellt die poetische Valenzen sprachlicher Ambiguität auslo-
tenden Strömungen in der Literatur pauschal an den Pranger.
Als »Vorhangzieher des Wortes« betätigt sich hier der Autor
selbst. Poesie dient demnach eindeutig der Meliorisierung des
Menschen. Es fragt sich nur, im Sinne welcher Idee?
  Oskar Pastior hat anfangs demnach unter anderem eine
staatstragende Poesie produziert, wenn auch eine im Tragen
nicht ganz aufrechte, die Umwege gehen konnte. Warum hat
er sie produziert? Um dabei zu sein, um seine Ruhe zu haben?
War das Frohsinn oder Frondienst? Und um welchen Staat
mag es sich da gehandelt haben? Wohl immer nur um einen
zukünftigen; keinen, der stillsteht, nur dessen Bild feststeht.
  Der Umstand, mit diesen staatstragenden Gedichten, von
der Geschichte der Rhetorik und ihrem Ausgreifen in die nor-
mative Poetik her gedacht, näher bei den *res* als bei den *verba*

und somit verweisungsgebunden zu sein, mag neben ideologischen der entscheidende poetologische Grund gewesen sein, dieses enteignete Feld zu verlassen und sich fortan mehr den *verba* hinzugeben. Zu welchem Preis? Wohl gehört, aber nicht mehr verstanden zu werden? Eine schöne Stimme, die psalmodiert, die allen Sinn verzehret hat?

Biographisch könnte, wäre das nicht ein doch unterkomplexes Erklärungsmuster, die Abkehr von einer Poetik der Klarheit auch mit der Enttäuschung der hier an sich selbst, den Staat und die Leser gerichteten Erwartungen erklärt werden. Näher liegt die Vermutung, dass eine solche Poetik der vermeintlich klaren Worte für Oskar Pastior letztlich ein ›Unding an sich‹ war und kein dezisionistischer Kraftakt ihn bei der Stange hätte halten können; Kurswechsel hat Pastior ja fortwährend vorgenommen.

Anselm Haverkamp schließt an Wolfgang Iser an und stellt in *Die Gerechtigkeit der Texte*, exemplifiziert an Kleists *Marquise von O …*, die Kardinalfrage: »Wäre also solche zusätzliche, ›künstliche‹ Verstellbarkeit des Verstellten in der Kunst von anthropologischem Aufschluß?«[79] Diese Frage kann versuchsweise auch an Oskar Pastiors Werk, an seine Leser und Hermeneutiker adressiert werden. Inwieweit Interpretieren ein unmoralisches Angebot sein kann, wäre weiter zu fragen. Literatur / Leben und Hermeneutik / Wiederbeleben: eine Zweiwelten-Dichotomie? Verstrickungen auf der einen, Hypokrisie auf der anderen Seite? Wobei sich die hermeneutische Seite noch einmal aufspalten würde in die Positionen Deutungsbesessenheit und Antihermeneutik.

Was des Lesers Wunschtext, ist des Autors Angsttext, wobei der Leser das Leben des Autors lesen und der Autor den Text seines Lebens schreiben will.

Kann Oskar Pastiors Spätwerk – einsetzend mit dem 8. Juni 1961 – als Einkreisungen einer schuldbesetzten *ars memoria* gelesen werden, wobei die *poiesis* des Einkreisens stets darauf bedacht ist, Polstellen zu umfassen und zu neutralisieren? Oskar Pastior und Otto Stein schließen den autobiographischen Pakt, einander zu verschweigen. Ich weiß was, was du weißt, und schreibe nicht darüber. Es muss da noch eine dritte Person gegeben haben, die Oskar Pastior und Otto Stein kannte, eine Schnittmenge von beiden: einen Ottar Steinior. »Wer weiß was wer weiß wer was weiß / es heißt sie sitzen im Viereck im Kreis«, kinderreimt es im Gedicht *Was treiben um zehn in der Käselaube*.[80] Identität und ihr Flackern sind auch Folgen des ideologischen Klimawechsels. »Bezugssysteme (…) ändern sich mitunter über Nacht«, schreibt Pastior im Dezember 2004 in *Herauskommen, erscheinen*, der Nachbemerkung zum ersten Band seiner Werkausgabe. »Je ismenreicher (niederträchtiger) das Klima im Land, um so prekärer der Begleitumstand, daß Texte, sobald sie publiziert worden sind, den Makel einer obrigkeitlichen Sanktionierung weghaben.« Seine Konsequenz aus dieser ideologischen Konfiguration des »Ich« als der Niedertracht ausgesetzte »Wachstafel«: »Mach aus der Identität dir keinen Götzen«.[81] Oskar Pastior muss sich mit der Zeit einen speziellen »Reizschutz« im Sinne von Freuds Schrift *Jenseits des Lustprinzips* und des von ihm analog verstandenen Modells des Wunderblocks konfiguriert haben, wie es das Zelluloidblatt für das Wachspapier war, dessen direktes Beschriebenwerden es unmittelbar zerstört haben würde. Der »Reizschutz« könnte für ihn im dauernden Überschreiben des Geschriebenen bestanden haben, so dass sein Debüt ihm, wie er in *Herauskommen, erscheinen* schreibt, »immer nur bevorsteht« und er »immer« auf sein »grundsätzlich nächstes Debüt«[82] gewartet hat. Die Auslagerung des Gedächtnisses in Form von Büchern ist eine Art Löschen. Hat Oskar Pastior bei der Securitate auf einem Wunderblock unterschrieben? Wer

171

hätte dann das Wachspapier von der Wachstafel abgehoben? Dein Gedächtnis.

Eine Analogie zwischen biographischen Entscheidungen und restriktiven Regeln der Textproduktion stellt Pastior selber her, wenn er im Kontext seiner Lebenshandlung, Rumänien für immer zu verlassen, anmerkt: »Vom dreiwöchigen Studienaufenthalt in Wien (...). Es war ein minimalistisches Handeln durch freiwilliges Nichthandeln – quasi im Vorgriff auf spätere lipogrammatische Verfahrensstrategien. Aber natürlich ein großer Schritt für meine Menschheit.«[83]

Kurz und gut, man wird bei Oskar Pastior keinen Text finden, in dem von seiner Spitzeltätigkeit ohne Umschweife die Rede ist. Der suchende Leser hingegen, der um diese Tätigkeit weiß, erzeugt – lesend – diesen Text, indem dieser die vorschreibende Brille seiner Lektüre ist. Das Wissen um Pastiors wie auch immer geartete Tätigkeit als Informant der Securitate setzt fortan eine bloß materialästhetisch orientierte oder auf dem Paradigma der Unverständlichkeit beharrende Hermeneutik außer Kraft. Unwillkürlich haben die Texte ihre Unschuld verloren. War die Poesie, wie sie für Martin Opitz eine verborgene Theologie war, für Oskar Pastior im Analogiekurzschluss eine verborgene Biographie? Die Überlebenspoetik Pastiors kommt sprichwörtlich in Herta Müllers Roman *Atemschaukel* zur Sprache, sie realisiert sich in wenigen Worten. Deren sprachspielerische Metaphorizität will so manches Bescheidwisserchen bereits im Titelwort dingfest gemacht haben. Warum sollte sie sich nicht auch, gewissermaßen flächendeckend, in Pastiors gesamten Texten manifestieren, selbst in den staatstragenden? Käme ein solches Dafürhalten einer Generalabsolution gleich und mystifizierte einen Dichter, der doch auch außerhalb seiner Texte existierte, aus Fleisch und Blut war?

172

»abschrankung ißt wegweiser«

abschrankung ißt wegweiser ist eine »Gimpelschneise« in das *Winterreise*-Gedicht *Der Wegweiser* von Wilhelm Müller, vertont von Franz Schubert.[84]

abschrankung ißt wegweiser	Der Wegweiser
neunzehnhundert / siebenundzwanzig	Was vermeid' ich denn die Wege,
hermannstadt in siebenbürgen	Wo die andern Wandrer gehn,
muß i denn / muß i dünn	Suche mir versteckte Stege
kantilene / hindurch	Durch verschneite Felsenhöhn?
schulding / nicht schulding	Habe ja doch nichts begangen,
o geboren / o wünschelrut	Daß ich Menschen sollte scheun –
und listen / namen und	Welch ein törichtes Verlangen
mitgefangen / hain	Treibt mich in die Wüstenein?
minderheiten / straßen	Weiser stehen auf den Straßen,
kaputt / nicht kaputt	Weisen auf die Städte zu,
masse / gewicht	Und ich wandre sonder Maßen,
krieg / ruh	Ohne Ruh', und suche Ruh'.
unzug / unzug	Einen Weiser seh' ich stehen
gepäck / schnitt	Unverrückt vor meinem Blick;
ballhausgassenspießen	Eine Straße muß ich gehen,
zurück / nicht zurück	Die noch keiner ging zurück.

Wie der Prätext besteht Pastiors Gedicht aus vier Strophen zu je vier Zeilen, die allerdings nicht mehr wie bei Müller aus vierhebigen Trochäen gebildet sind, auch den Kreuzreim hat Pastior nicht übernommen. Bei Müller alternieren Verse mit weiblicher und männlicher Kadenz, die Zeilen haben im Wechsel acht bzw. sieben Silben; bei Pastior variieren die Zeilen zwischen zwei (»krieg / ruh«) und neun Silben (»neunzehnhundert / siebenundzwanzig«).

173

Pastiors Zeilen sind durch eine Virgel als »Abschrankung« in zwei gewissermaßen voneinander abgeriegelte Hälften unterteilt, die zum Teil Antonyme kontrastieren (wie »schulding / nicht schulding«, »kaputt / nicht kaputt«, »krieg / ruh«, »zurück / nicht zurück«) und zum Teil Wortpaare gegenüberstellen, deren negative oder positive Konnotationen kontrastbildend wirken (wie »mitgefangen / hain« oder »minderheiten / straßen«). Bei der Zeilenunterteilung durch Virgel gibt es zwei Ausnahmen: »hermannstadt in siebenbürgen«, der Geburtsort Pastiors, und »ballhausgassenspießen« als Erinnerungsort der sozialen Kontrolle, die Scham oder Widersetzlichkeit hervorrufen kann. Die Empfindung des Ballhausbesuchs als Spießrutenlauf kann auf Pastiors Homosexualität oder eine allgemeine Überwachung bezogen werden, sie signalisiert zumindest ein deutliches Distanzmoment zu den Hermannstädter Mitbürgern.

»hermannstadt in siebenbürgen« und »ballhausgassenspießen« sind der linken und rechten Kolonne als unteilbar und unveränderlich gleichermaßen zuzuordnen, wobei das Kompositum aus Ballhaus, Gasse bzw. Gassen und Spießen in der linken bzw. rechten Spalte jeweils andere Konnotationen freisetzt. Im Kontext der linken Spalte kann es als Metaphorisierung einer privaten Assoziation Pastiors gelesen werden, einer Erinnerung ans Tanzen und an Tanzkurse im Ballhaus, an das Tanzen durch eine Gasse aus Tänzern zum Beispiel – ›durch diese hohle Gasse muss er kommen‹ –, das je nach Geschick und Schamgrenze den Tanz zu einer Art Spießrutenlauf werden lassen kann. Die Tanzgasse ist nunmehr, in der linken Liste, die Abschrankung als Weg.

Zur »Beziehungsweise« zwischen *Der Wegweiser* von Wilhelm Müller und seiner Version *abschrankung ißt wegweiser* merkt Pastior an: »Die Lesart durchlaufender Schlaglöcher; autobiographische Verknappung.«[85] Schlaglöcher stören die freie Fahrt, den unbeschwerten Gang, sie verdienen deshalb gesteigerte Aufmerksamkeit. Die Schlaglöcher in Müllers Gedicht sind autobiographische Untiefen, die Pastior zu Kürzeln transformiert. Lektüre wird so selbst zu einem Spießrutenlauf des Wiedererkennens. *abschrankung ißt wegweiser* löst den allegorischen Subtext Müllers auf in eine reduktive Konkretisierung von Dingen, Benennungen und Namen, die allerdings aufgrund ihrer andeutend-assoziativen Funktion als Kürzel zum Teil zu verrätselnden Chiffren werden. Der Straße, die das Ich bei Müller gehen muss, »die noch keiner ging zurück«, ist das Ich in *abschrankung ißt wegweiser* nicht gefolgt, es ist dem Tod entkommen. Zurück ist dieses Ich, das nur in einer Zeile sich selbst benennt, nicht zurück, das ist das in der Härte der Reduktion zum Ausdruck kommende Paradox dieser Gimpelschneise. Signifikanterweise benennt sich das Ich bei Pastior über den Umweg eines Volksliedzitats in der denkbar reduktivsten Schwundform als »i«, dem die minimale Kommutation von »e« zu »ü« in »muß i denn / muß i dünn« korrespondiert. Auf diese Weise liefert es (s)eine zeichenmateriale Physiognomisierung als Autoporträt, das über die Benennung von »hermannstadt in siebenbürgen« und »neunzehnhundert / siebenundzwanzig« als Geburtsjahr Oskar Pastiors weitere autobiographische Profilierungen erfährt.

abschrankung ißt wegweiser: Die Abschrankung durch Virgel hat den Wegweiser gegessen. Pastiors poetologischer Begriff des Einverleibens zielt auch auf die Transformation von Fremdtexten, die in eigene Texturen ›aufgelöst‹ werden. Selbst der Lebenstext kann versuchsweise einverleibt werden. Verdauen ist bekanntlich ein ambivalenter Begriff und meint nicht zuletzt eine mentale Bewältigung. Oskar Pastior hat sich die *Winterreise* einverleibt wie im Übrigen die 33 Petrarca-Gedichte.[86] *Der Wegweiser* von Wilhelm Müller *ist* ein autobiographisches Gedicht von Oskar Pastior. Wilhelm Müller hat *abschrankung ißt wegweiser* geschrieben, Oskar Pastior hat es neu arrangiert.

Mit dem Wort »listen« benennt das Gedicht autoreferentiell einen weiteren zentralen Ordnungsbegriff von Pastiors Poetik. *abschrankung ißt wegweiser* ist selber eine Liste, ein Listentext. Die Liste ist ein Ge- und Verbrauchstext. Ein Papierstreifen, den man in der Tasche trägt. Eine Liste kann auch öffentlich bekannt gemacht werden. Mittels einheitlicher Struktur versammelt eine Liste Informationen, die einem bestimmten Zweck dienen und zu einer Handlung auffordern können. Wer oder was auf einer Liste steht, kann eingekauft werden. Oder ist dem Tode geweiht. Diese Pathosformel scheint den Täter zu exkulpieren, als sei ›dem Tode Weihen‹ und seine Folge, ›dem Tode geweiht sein‹, eine religiöse Handlung, die nicht unter Strafe zu stellen ist. Die Abschrankung ist der Wegweiser als Weg. Nur ein Weg führt noch nach Rom. Die Liste *abschrankung ißt wegweiser* besteht aus der Anordnung zweier Kolonnen. Die linke Kolonne erinnert die rechte Kolonne, die ihrerseits von der linken Kolonne durchaus nichts wissen muss. Der Schrägstrich, die Virgel, fungiert hier als Abschrankung, die der Weg ist.

Versteht man *abschrankung ißt wegweiser* als Litanei im Sinne einer strukturellen Sonderform liturgischer Texte, so fungierte die linke Spalte analog zu den akkumulierenden Anrufungen des Priesters als Namen, denen die Gemeinde mit dem Konterpart der rechten Spalte antwortet, nur dass Priester und Gemeinde hier in Personalunion des grammatischen Ichs, des Autors, des Lesers namenrufen und bittantworten. Das Schema des *Call and Response*, des *Responsoriums*, kann man profaner fassen als Stichworttaktung einer Losung, einer Parole oder eines Slogans, dem – auch im Sinne eines allerdings abgesprochenen Korrekturverfahrens – die Versammlung antwortet. Für Außenstehende mögen die Codes unverständlich sein, so dass der Text und sein performatives Ritual, seine *actio*, eines Dolmetschers bedürfen. Aber funktioniert nicht genau so die Lektüre bzw. das Verstehen, dass wir nie den Text *an sich* lesen und verstehen, sondern stets nur seine Interlinearversion?

Das Gedicht *abschrankung ißt wegweiser* und Herta Müllers Roman *Atemschaukel* verbindet eine Reihe von Parallelen. *Muss i denn, muss i denn zum Städtele hinaus* ist eines der bekanntesten deutschen Volkslieder. 1827 erstmals veröffentlicht, wurde es international vielfach adaptiert und parodiert. In *Atemschaukel* dient Leo Auberg, dem Ich-Erzähler und Alter Ego von Oskar Pastior, ein Grammophonkistchen als Koffer, in den er sein Hab und Gut für das Lager verstaut: »den Faust in Leinen, den Zarathustra, den schmalen Weinheber und die Sammlung Lyrik aus acht Jahrhunderten«.[87] Dass die Bücher im Koffer den Untergrund bilden für die wenigen anderen Utensilien, ist ein frühes Signal des Romans für die subversive Kraft der poetischen Sprache.

Der musikologische Begriff der Kantilene bezeichnet eine gesangsaffine, singbare Melodie. Der feinsinnige Begriff steht im Konrast zu seinem Verwendungszusammenhang. Das Herauslösen der Kantilene aus einem größeren musikalischen Kontext hat, um einen Gedanken Adornos aufzugreifen, zu ihrer Fetischisierung als Ohrwurm beigetragen.[88] Ihre Ubiquität und voraussetzungslose Verfügbarkeit bei kaum zu verunstaltender Wiedererkennbarkeit lässt die Kantilene leicht zum Gassenhauer werden, als welcher die Cantilena im Italienischen firmiert, zum abgedroschenen, inhaltsleeren Lied. Im »Ballhausgassenspießen« klingt dieser Kontext an. Der Ohrwurm wird zum Stellvertreter – der eigenen Identität. Der von den Frauen in *Atemschaukel* auf der strapaziösen mehrwöchigen Fahrt ins Lager gesungene »Viehwaggonblues« soll für Leo »das allerlängste Lied in meinem Leben« werden, »fünf Jahre

lang haben die Frauen es gesungen«: »Im Walde blüht der Sei-
delbast/ Im Graben liegt noch Schnee/ Und das du mir ge-
schrieben hast/ Das Brieflein, tut mir weh.«[89] Sehnsucht wie
Heimweh werden von den Lagerinsassen abgedrängt in Kunst-
volkslieder wie *Vor meinem Vaterhaus steht eine Linde* von
Bruno Hardt-Warden oder Seemannslieder wie *La Paloma*
von Hans Albers. Keiner der Verfasser wird genannt, die Ge-
dichte und Lieder mit ihrer affektiven Poetik sind zum über-
lebenswichtigen Allgemeingut geworden.

Dem Treue schwörenden Abschiedslied des »muss i denn«
inhärent ist das Versprechen und die mit ihm verbundene
Hoffnung, zurückzukommen. In *Atemschaukel* gibt dieses
Versprechen in Umkehrung der Adressierung nicht der Ab-
schiednehmende, sondern Leos Großmutter: »ICH WEISS
DU KOMMST WIEDER.«[90]

Von der Liturgie über die Kantilene zurück zur Liste. Teleolo-
gisch gesprochen ist die Liste das Gegenteil von Name. In der
Gruppierung von Namen zu Mengen wird der Name in der
Liste aufgehoben, er hat nur noch eine kontextgebundene Re-
ferenz – und die teilt er mit allen anderen gelisteten Namen.
Der Name auf der Liste bedeutet, dass der Name indexiert ist,
er wird entspezifiziert und verliert seinen Status als Besonde-
res. Sein – reduziertes – Besonderes wird allein definiert über
seine Zugehörigkeit zu einer Menge, an der eine Handlung
vollzogen werden soll. Der Name wird ein entpersönlichtes
Passiv.

Die Liste ist ein bürokratischer Akt; sie ist kein Selbstzweck.
Bürokratisch gesprochen folgt dem Einlisten nach der Perfor-
manz der Liste das Auslisten. Identifizierbarkeit ist mit der
Setzung auf eine Liste zunächst negativ konnotiert, sowohl für
den Namen als auch für den, der die Liste auf welches Geheiß
auch immer generiert hat, und wird schließlich, in der Reali-
sierung der Liste, in die Impersonalisierung verkehrt: Der Set-

178

zung folgt der Tod. Die mit diesem einhergehende Anonymisierung wäre der vollendete Tod: Unter diesem Namen lässt sich keine Datei mehr öffnen, von niemandem mehr und von keinem System.

Im Gedicht fungiert die Abschrankung auch als poetologischer Ordnungsbegriff der Auswahl im Sinne eines Antonyms von Vollständigkeit. Dies entspricht der Listenfunktion der Eingrenzung bzw. Ausgrenzung. Die Aufzählungs-Segmentierungen im Gedicht sind gleichmäßig getaktet. Dieses organisierende Aufzählen dient der gedächtnistechnischen Operation der Inventarisierung.[91] Das Gedicht in seiner poetologischen Grundstruktur ist eine Ordnung der Dinge.

Der zweischneidige Richterspruch »schulding / nicht schulding« ist die Pastior'sche Schreibung von ›schuldig / nicht schuldig‹ – ein Jandl'scher Verhörer, heruntergekommene Sprache, die dem verstellt Gemeinten eine entstellende Fassade verpasst, damit es noch deutlicher werde, unverwechselbar. Die Lesart ›schul-ding‹ scheint abwegig, ist aber nicht ganz zu verhindern.

»o geboren« ist der Schuldspruch. »o wünschelrut« ist das Gegenteil, ein Freispruch. In der Exclamatio »o wünschelrut« ist der Wunsch und das Wünschen gegenwärtig, das hier tatsächlich noch hilft. Die Anrufung »o wünschelrut« enthält das »o« aus »geboren«, das den Kreis, die Biegung der Wünschelrute in ihrer Mitte und gleichzeitig ein Nadelöhr beschreibt. Das Stottern der Abschrankung ist ein Prinzip auch energetischer Ökonomie, das die Koordinaten »dünn« hält, memorierbar; so dünn, dass sie nötigenfalls durchs Nadelöhr des »o« Eingang finden. Das »o« zeigt die Bedrängnis, die Enge, die mit dem »ballhausgassenspießen« korrespondiert.

»schulding / nicht schulding« korrespondiert mit »unzug«. Für Minderheiten gibt es keine Straßen, und dementsprechend kann von »Umzug« keine Rede sein. Deshalb ist die Rede von

»unzug«, in der auch Unzucht enthalten ist. Mangels »gewicht« sind die »straßen« »nicht kaputt«, sie sind ganz oberflächlich, wie neu, unbegangen, unbefahren, und es herrscht »ruh«, das scheinbare, nämlich vorsätzlich verordnete Gegenteil von »krieg«. Ein ruhendes Gewicht lässt auf »unzug« schließen: Es fällt nicht ins Gewicht. »unzug« ist keine Fehlhörung von »Umzug«. »unzug« ist homophon mit »unzug«, kein Zug. Ist der Unzug in der rechten Kolonne der mangels Gewicht nicht kaputten Straßen physikalischer Natur, so spottet er in der linken Kolonne als zynischer Verhörer des »Umzugs« der weggewiesenen »minderheiten« jeder Beschreibung, die mangels ihrer selbst Richtung Kalauer flüchtet.

»straßen / nicht kaputt / gewicht / ruh // unzug / schnitt«: Das ruhende Gewicht des Erhängten, der mangels Wichtigkeit sprichwörtlich nicht ins Gewicht fällt, da er soeben erfolgreich ausgelistet werden konnte, und nun – »schnitt« – wird er abgeschnitten, geerntet: Die »schuldingen« Minderheiten kommen – wie auch immer – und gehen – wie auch immer; der Baum bleibt, der Galgen.

An wen ist *abschrankung ißt wegweiser* adressiert? An die *memoria*, die Erinnerung. In der Form einer Checkliste, die einen stets erneut zu absolvierenden Parcours suggeriert, gewinnt diese Liste Vergegenwärtigung in Permanenz. Eine Vergegenwärtigung des Abgrunds inklusive. Die Liste ist listig. Sie scheint den Weg zu weisen, ihre Abschrankungen aber sieht man im Dunkeln nicht, das die Lettern sind.

Zurück / Nicht zurück: Die Rekursivität markiert Unabgeschlossenheit und die Ortlosigkeit eines Dazwischen: weder zurück, noch nicht zurück. Unort: Nicht-Topos: eine prinzipiell unendliche Erinnerungsreihe, die in ihrer sprichwörtlichen Nichtausdenkbarkeit mit dem Ende des Textes wieder an den Anfang verweist. »zurück / nicht zurück«: wohin bzw. wohin denn dann? Auf welchen Ort verweist »zurück«? Auf einen realen Ort (Hermannstadt) oder auf einen Gedächtnis-ort der Erinnerung. Die Simultaneität des Ortes und des Un-ortes diesseits und jenseits der Abschrankungen indiziert, dass der reale Ort in seiner Abwesenheit zu einem anwesenden Ge-dächtnisort geworden ist, mit dem nicht bloß ephemere Re-miniszenzen verbunden sind, sondern eine komplexe, emer-gente Projektion. »zurück« verweist auf »nicht zurück« und »nicht zurück« auf »zurück«. Ein Patt, das die unerlöste Reihe wieder von vorn beginnen lässt. Und ihr Autor? Das Gedicht fungiert gewissermaßen als Stellvertreter des Autors, es ist sein ausgelagertes Gedächtnis. Die Reduktion des Gesagten (*res*) erzeugt eine Polysemie des Ausdrucks (*verba*). Das in sich selbst kreisende, unendliche Gedicht, und mit ihm der Leser, geht die abgeschrankten Orte ab, an die es Bilder gestellt hat, *loci* und *imagines*, die jeder neu besetzen kann mit eigenen Konstellationen, so dass die rekonstruierte, mit Wilhelm Mül-ler übersetzte Autobiographie des einen, hier Pastiors, zur projektiven Autobiographie des anderen, des Lesers, wird.

abschrankung ißt wegweiser kombiniert Konkreta (Her-mannstadt, Geburtsjahr, Ballhaus), Abstracta (»krieg«, »ruh«, »masse«, »gewicht«) und von der Standardsprache abwei-chende Wortbildungen (»schulding«, »unzug«). Im Gestus eines Abzählverses changiert das Gedicht zwischen Informa-tion und Desorientierung. Über was informiert das Gedicht? Was wissen wir nun? Pastior ging es wohl gezielt um einen Grenzgang zwischen Wiedererkennbarkeit und Verschleie-rung, der ihn auch – und möglicherweise vor allem – ästhe-tisch befriedigte.

Welche Kenntnisse des Lesers konnte Pastior voraussetzen, hatte dieser doch auf die »privaten Märchen«, wie es in den Frankfurter Poetikvorlesungen *Das Unding an sich* heißt, kei-nen Zugriff? Keine. Welche hat er vorausgesetzt? Alle. Indem er keine voraussetzte, sondern seine Kenntnisse im Text un-kenntlich machte – obwohl: »alle meine Gänschen, schwimmend auf dem See – die Texte, die Geschichte, der Hintergrund«, schreibt Pastior ebenfalls im *Unding an sich*.[92] Der Hintergrund, das leere Papier; der See, das Papier; die Gänschen, der Federkiel, die Letter, das ruhige Gewissen, und fertig ist das Ruhekissen. Alle meine Gänsefüßchen – hieße das nicht auch, aller Text ist nur Zitat? Wo ist dann der Autor? Ist er nur der Monteur? Opake Offenbarung. Ein Paradox.

Zufall, Atem, *Atemschaukel*

Operiert Pastior mit einer »Irrealisierung von Sprache«?[93] Intentionalität bei Pastior ist eine Koalition aus methodischem Inventionismus, wobei dieser auch in einer Potenzierung aus der Gattungspoetik (Sestine, Sonett, Villanelle) übernommener Regularitäten bestehen kann, aus strukturell-dispositionalen Effekten heterogenen Sprachmaterials, aus morphologischen Eingriffen und Kontaminationen. »Ich lobe mir das Gemenge, meine Privatsprache«, heißt es in *Unding an sich*, »Sie ist für mich die einzige Chance. Sie erlaubt mir – wie jede andere Privatsprache ihrem Text – eine tendenziell maximale Bedeutungsdichte anzupeilen *und* zu erreichen.«[94]

Auch bei Pastior ist eine (von Renate Lachmann für phantastische Literatur diagnostizierte) ›semantische Verschwendung‹ und ein »Sinnüberschuss« zu beobachten, deren Funktion sich eben nicht in der kompensatorischen Regulierung einer als Defizit empfundenen Beschränkung auf ein Bildinventar des *common sense* erschöpft, das entgrenzt wird.[95] Eine solche kompensatorische Indienstnahme würde die ästhetische Verfasstheit der Texte auch in ihrer selbstregulierenden Autonomie verfehlen. Pastiors Texte unterlaufen in ihrer spezifischen Inventorik, *dispositio* und *elocutio* konventionalisierte Ordnungen nicht einfach, sie sind selber aus einem Ordnungsdenken hervorgegangen und zeitigen hierbei, so ist der Verdacht, eine gewisse Unfreiheit zwanghaften (Wieder-)Entdeckens, scharfsinniger Regelpotenzierung und geistreicher Drehbank-Artistik im Dienste hieb- und stichfester Kompaktheit. Zu betonen ist in diesem Zusammenhang Pastiors Nähe zu ingeniösen concettistischen Konzepten eines Torquato Accetto, Baltasar Gracián oder Emanuele Tesauro.

Und wie wäre es damit, Pastior der phantastischen Literatur zuzuschlagen? Denn das Phantastische, nach Renate Lachmann, »überschreitet die Erfordernisse der mimetischen Grammatik (…). Die Gegen- oder eher Kryptogrammatik des Phantastischen erlaubt sich semiotische Exzesse, Hypertrophien, Extravaganzen und schließt an Traditionen des Ornamentalen, Arabesken und Grotesken an bzw. entwickelt sie eigentlich erst«.[96]

Einen Schritt näher heran ans Wurzelwerk, das Wurzelwerk ein wenig freier gelegt: Im Spiel des Zufalls die Regel zu entdecken. Zufall auch als das Zugefallene – und ist das Zufall? Ist es Zufall, dass Pastior genau diesen Stoff verarbeitet, den er sondiert, vor sich und dem Leser ausbreitet – als Text? Und dann zusieht, was daraus zu machen wäre. Da schreibt sich dieser Stoff schon, eine Form von autopoietischer Biographie, von biographischer Autopoiesis. Mit den Worten des *Undings an sich*: »das Denken des Zufalls! Wer da wen denkt.«[97]

Vielleicht hat Oskar Pastior seine Biographie ja als eine »Hasardisierung des Objekts«[98] verstanden und gar nicht als das notwendige Produkt eines teleologischen generischen Programms. Seine Lagerhaft und seine von der Securitate folgerichtig ausgenutzte Erpressbarkeit, wie Herta Müller sie genauso folgerichtig gegen Ende von *Atemschaukel* weniger beschrieben als evokativ rekonstruiert hat – gehörten sie für Pastior vielleicht auch zu dieser »Hasardisierung des Objekts«? Zu der »Hasardisierung des Objekts«, die auf den Namen ›Biographie‹ hört? »Biographie – ein Lauftext«, so Pastior in *Das Unding an sich*: Dem Leim auf der Spur, »voreilig«, »immer wieder zu spät«.⁹⁹ Das Prinzip *Atemschaukel* als existenziell-rhythmische Konsequenz der Lagerhaft. Das Prinzip *Atemschaukel* als biographischer Paratext metrischer und sprachrhythmischer Periodisierung – deswegen auch eine solche Poesie, die Stimme gibt und nicht verstummt, auch nach Pastiors Tod nicht, man schaue in seinen Büchern nach.

Pastiors Regelrigorismus – ist er auch eine Frage der Macht?, ließe sich mit Macht fragen. Seine Literatur war eine Form der »Kontingenzbemächtigung«¹⁰⁰; sie war eine Zwangshandlung, aus dem Lager ins Reich der Ästhetik transferiert, eine Selbstkasteiung, weniger mit Lust als mit Müssen betrieben, nach der Entlassung über Jahre verdeckt gehalten, dann aber mit Kontramacht hervorgebrochen und nun langsam eine Identität ästhetischer Buße bescherend, ein Abarbeiten, Abtragen, nun nicht mehr mit der Herzschaufel, an der doch irgendwie das Herz auch hing, sondern Wort für Wort und Zeile für Zeile, und – eine für Pastior vielleicht gar nicht mal so latente Kontinuität – stets mit dem Maß der Atemschaukel. Form als Abbitte.

Ist es müßig zu fragen, ob Pastiors Poesie in Österreich oder der »Bundesrepublik D« hätte entstehen können, ohne die vorangehende Sozialisation in Rumänien, ohne die, wie soll ich es nennen, »Erfahrungen« im Lager? Pastior hat seinen Texten biographische Koordinaten weitgehend entzogen. Dies resultiert sicher auch aus seiner Skepsis gegenüber mimetischen Konzepten der Literatur, wie er es in *Das Unding an sich* nachdrücklich bekundet hat.

Somit wären Pastiors Texte eine kompensatorische Leistung gegenüber biographischen Depravationen. Keine Verschleierung zwischenstaatlicher Koalition – aus Staat und Ich –, vielmehr lebenslänglicher Protest gegen die Phänomenologie der

Atemschaukel: Tango Walzer Sonett Sestine: Prinzip Ordnung als Gehorsamsverweigerung. Ordnung als Atem. Biographische Residuen haben sich demnach immer durchgesetzt, von Anfang an.

Was hatte Oskar Pastior zu verbergen? Sich selbst, im und als Text. So wird jeder Text zum Schlüsseltext, also keiner. Man machte es sich zu einfach, den Virus Securitate zum Lektüreschlüssel zu generalisieren. Und er hat vielleicht eine gewisse Wollust empfunden, dies zu tun, sich zu verbergen? Geschah das, wenn es so war, bewusst? Dann wäre eine solche Willensanstrengung bereits Lebensleistung genug. Geschah es unbewusst, wenn es geschah? Dann wäre Oskar Pastior sein eigenes Medium gewesen, sein Werk ein autopoietisch-mediumistisches Werk, er selbst.

Fungiert also der Teufelspakt mit der Securitate als Quellcode einer nun umcodierten Poetik, die sich fortan einer *imitatio* etablierter rhetorisch-poetologischer Muster samt obligatorischer Motivik verweigert und ins Obskure, Änigmatische abwandert, selbst da noch, wo vermeintlich Klartext geschrieben steht? Warum hat Pastior nicht weiter staatstragende Poesie geschrieben? Offensichtlich hat er sich recht früh schon, und das heißt vor dem 8. Juni 1961, für Poesie und gegen Ideologie entschieden. Ein Widerstandskämpfer war er sicher nicht. Weder als Person noch als Dichter. Eine staatswiderständige Poesie wäre also nicht von ihm zu erwarten gewesen, will man retrospektiv sein Werk nicht insgesamt als eine widerständige Suprametapher verstehen. Pastiors Widerstand hieß Abwendung, das Ganze verlassen.

Verschließen, Versiegeln

Das formative und formierende Moment ist bei Pastior umso stärker, je weiter er die Verstehensfrage in die Latenz abdrängt. Dieses Prozesses war sich Pastior sicher bewusst. Form / Formatierung dient somit auch als kompensatorischer Ersatz für das von Pastior obsessiv betriebene Verschließen / Versiegeln der semantischen Oberfläche. Beobachten lassen sich in seinen Texten unterschiedliche Gradationen des Versiegelns. Die Affinität zu Abzählversen oder Kinderreimen etwa bildet vor aller konkreten Lektüre eine Surrogatform des Verstehens, sozusagen ein prähermeneutisches Verstehen. Denn wer versteht nicht, dass ein Abzählvers eine gezählte Ausschmückung, Zahlenverschönerung ist – je kurioser, desto doller, je unverständlicher in Wortwahl und Konstellation der Wörter, desto stärker die pragmatische Funktion des Auszählens betonend. Hier steht also Unverständlichkeit nicht im Weg, im Gegenteil, sie ist ein Gütesiegel mit Wiedererkennungswert, gilt doch auch für das simple Schema des Abzählverses das Gebot der ästhetischen Überbietung.

Hat der Leser einmal begriffen, dass es Texte gibt – und bei Pastior gibt es sie zuhauf –, die auch jenseits der Palindromstruktur am Ende in den Anfang münden und so gewissermaßen eine in sich abgeschlossene Veranstaltung bilden, mag ihn dieser Umstand über die anscheinend nicht zu knackende Hermetik des Zustandekommens dieser in sich kreisenden und kreiselnden Gestalt hinwegtrösten.

Das könnten schon im Großen und Ganzen die Regeln des Spiels sein, die Pastior mit seiner Poesie aufstellt. Das Spiel des Spiels spielte er, so gesehen, dann letztlich allein. Das heißt nun nicht, dass Oskar Pastior in und mit seinen Texten jenseits von Sinn und Bedeutung gehandelt hätte, wie hätte er das tun können? Er hat zuweilen der Hermeneutik einen Schritt voraus sein wollen, indem er ihr Verstehen in die Spur setzendes

Ausdenken im Gewande seiner auserwählten Wörter poetisierte und so als seine inventorische Leistung lizensierte: Das Gedicht erfindet seine Hermeneutik stets mit und das paradoxerweise mit jeder Lektüre neu. Letzteres weiß das Gedicht ebenfalls schon vorher.

Magie, Steganographie, Kunst des Vergessens

Pastiors poetologische Exkurse dienen in der Regel weniger der Erhellung textgenerativer Prozesse als vielmehr ihrer selbstähnlichen Verschleierung, die sich zum Beispiel in loopartigen Rekursivitäten, wie dem Aufgehen des Endes im Anfang und des Anfangs im Ende (eines Textes bzw. seines Verstehens), oder in Aufpropfungen naturwissenschaftlicher (wie der Chaostheorie) und magischer Diskurse und Denkmodelle manifestiert. Mit Hinweisen auf Magie und Alchemie reklamierte Pastior keineswegs für sich, dass unter beschwörenden Gesten und mittels Einflüsterung (Beseelung) aus seinem Wortmaterial Gold würde. Eher spielte er auf kombinatorische Formeln an, denen er seine Texte generisch unterwarf, die ihm zur Formfindung verhalfen.

War das Verweisen auf nonliterale Ordnungssysteme Taktik, war es ein bewusst kalkulierendes Ausweichmanöver? Oder das unausweichliche Resultat einer Lebenseinstellung? Welcher? Hat man je etwas von Oskar Pastior über die Lebenseinstellung von Oskar Pastior erfahren? Seine Zurückhaltung und Höflichkeit: bloß die Koordinaten von Angst und schlechtem Gewissen? Was aber, wenn Oskar Pastior ein Künstler des Vergessens gewesen wäre, hätte dann sein Unterbewusstsein seine Texte geschrieben?

Ist die attestierte Ununterscheidbarkeit von Text und Kommentartext bei Pastior tatsächlich eine solche? Und wenn ja, resultiert sie nicht vielleicht eher aus seiner Überzeugung, dass Texte sich hermeneutisch auf sich selbst abbilden und jede Form der Erklärung – nicht der Interpretation – bereits eine Abweichung ist, die das Ganze aus den Augen verliert? Und damit wären wir bei einem Stichwort, das Friedrich Schlegel für ein Selbstverständnis romantischer Poesie bzw. Poetik postulierte: der ganze Text als Trope, als Metapher.

Kunst des Vergessens?

Ist Pastior ein Mnemonist und seine Kunst eine *ars oblivionis*, wie Renate Lachmann sie gegen Umberto Eco versteht?[101] Diente sein Schreiben also dem Vergessen, indem er »Ich bin schuldig«, diesen Satz, auf einem von ihm erfundenen Stuhl in einem kargen Raum sitzend, in dem nur er allein sich befand, und das 45 Jahre lang, insgesamt vieltausend Mal untereinander mit der Schreibmaschine, die er selbst ist, auf Tonnen von Papier schrieb? Mühlen, die sich langsam drehen, Gebetsmühlen, die sich immer um sich selber drehen – und mit jeder Drehung hat sich der Drehende, der sich nicht zu wenden weiß, wenigstens selbst vergessen.

Oskar Pastiors Gedächtniskunst als Vergessenskunst könnte allerdings Umberto Ecos In-Abrede-Stellen, dass es eine solche Kunst überhaupt geben könne, insofern entsprechen, als Pastiors poetische Steganographie »eine mentale Antwort in Gang setzt«. Steganographie, wo die »Erfindung komplizierter Chiffren, in die eine Wissensmenge umgesetzt wird, diese dem Allgemeinverständnis entzieht und nur für eine Elite parat hält – ein Verbergen der *memorabilia* anstatt ihrer Offenlegung«.[102]

Als Rede sind Pastiors Texte »schreiberlich«, wie Roland Barthes es nennt, in einigen wenigen Fällen auch »leserlich«.[103] Schreiberlich sind die Texte Pastiors, indem sie die »Offenheit des Textgewebes, die Unendlichkeit der Sprachen« kommunizieren und aus dem Leser »nicht mehr einen Konsumenten, sondern einen Textproduzenten«[104] machen. Jeder kann sich also seinen eigenen Pastior lesen? Ihn also auch als Securitate-Spitzel leserlich machen? Dann wäre Pastior, als Metonymie seiner Texte, eine Verdunkelungsinstanz, seine Texte wären autobiographische Verdunkelungen der Biographie Pastiors. Der findige Leser will nun natürlich eine einzige Figur in Pastiors Texten obwalten sehen: das Hypogramm, das es zu decodieren gilt, damit sich ein zweiter, ›eigentlicher‹ Text hinter dem sicht-, aber nicht lesbaren offenbart, wie im steganographischen Bild der Wolf in dem Lamm.

Aber müsste dann Pastiors Werk nicht insgesamt allegorisch gelesen werden, im reduktionistischen Sinne einer doppeldeutigen Ambivalenzfigur, eines Vexierbildes? Reduktionistisch, weil eben nur doppeldeutig und das Doppel des Deutig nur funktional – alles, was hier steht, soll den Programmiercode tarnen, der lautet: Ich habe mich in die Securitate eingeschrieben. Die Güte der Tarnung entscheidet über die ästhetische Güte. Ein solches Denkmodell bedingt eine Lesart der Monochromatisierung aller Pastior'schen Texte, denen als Suprametapher ein einziger Sinn zukommt: die autobiographische Bedeutung als Quellcode zu verschleiern. Ist so etwas möglich? Es ist immerhin denkbar. Für den Sündenfall hätte Pastior dann mit der harten schöpferischen Feldbestellung gebüßt. Ihm selbst aber mögen seine Texte in ihrer spezifischen Kombinatorik und Konfiguration als Topoi der *memoria* gedient haben, als nur von ihm aufzusuchende W-Örter der Selbstreferenz – der *Krimgotische Fächer* wäre hier als ein Referenzwerk anzusehen. (Im Anhang zu dieser Vorlesung findet sich ein Gespräch, das ich mit Oskar Pastior über den *Krimgotischen Fächer* geführt habe.)

Autobiographie ist Schreibweise. Und Autobiographie ist die Installation von Örtern, um eigene Bilder wiederzufinden im imaginären Suchlauf, der auch ein findiges Umherirren sein kann: Wer umherirrt, der findet. Oskar Pastior hat das Umherirren gesucht und gefürchtet. Die Furcht hat er versuchsweise systematisiert, die Systematisierung umherirren lassen. Der 8. Juni 1961 ist eine Schwelle. Diese Schwelle wirft einen Schatten. Das Werk Pastiors wird vorerst in diesem Schatten sein. Es ist der Schatten seiner eigenen Sonne. Im Lichte dieser Sonne, dieser Sinne wird überwiegend keine Idylle erinnert. Wenn eine Idylle erinnert wird, hat Oskar Pastior sie imaginiert. Es muss einen Ort für diese Imagination gegeben haben. Die Idylle, wie Oskar Pastior sie imaginiert hat und in manchen seiner Texte aufleuchten ließ, ist entfernt verwandt mit Friedrich Schillers literaturtheoretischer Vision der Idylle. Die Idylle ist kein Stillstand, sie ist ein Äquilibrium.

Kann man aber, so stellt sich die Frage, eine lebenslängliche Camouflage betreiben, das verstellen, was man eigentlich ist? Ja, man kann. Man tut es täglich. Abgesehen davon, ist diese Frage unsinnig. *Eigentlich* bin ich ein Anderer. Und in der Zwischenzeit? *War* Pastior etwa seine Unterschrift bei der Securitate und das auch noch *eigentlich*?

Das ganze Leben *uneigentlich*? Gäbe es dann auch ein Leben hinter oder unter dem Leben, das *eigentlich* zu nennen der Sprachgebrauch gebietet? Nur dieser? Wäre das ganze Leben demnach, von der klassischen Metaphertheorie aus gesehen, ein einziger fortwährender Sprungtropus? Das mutet eigentümlich schizoid an. Und doch scheint ein solches Leben, das in sich verkapselt ein anderes Leben mitführt, dieses abschließt und schützt, nicht nur denkbar, es ist auch vielfach vorgelebt worden. Lauter vorbildliche Leben, die zeigen: Es geht doch. Allerdings nur, solange das jetzt *eigentlich* genannte Leben unentdeckt bleibt – latent wie ein verborgener Sinn, ein

Palimpsest. Der untergründige, nicht zu lesende, nur zu vermutende Text, der ein Ereignis sein kann, hat den anderen, offensichtlichen Text an die Oberfläche gespült, gedrängt – diese *figura cryptica*, allzu gern zu verwechseln mit dem Autor selbst, über dessen Leben man doch gerne etwas Genaueres wüsste: Kann es sein, dass diese kryptische Figur nur eine Neurose, eine Scham ist, die zu offenbaren das Leben kosten würde, so bedrohlich fühlt sie sich an? So erscheint der Autor als der stets nur andere, als der sein Text erscheint, der verdecken möchte – und zugleich offenbaren, verstände man es, die Zeichen zu deuten. »Und gibt Sinn und nimmt Sinn.«

Dass nicht jede Neurose einen Text macht bzw. Text ist, steht auf einem anderen Blatt. Dass Autobiographie im Gewande einer mittels vorgeblicher Chronologie getarnten Neurose erscheinen kann, hat Jean Paul Sartre mit *Die Wörter*, gezeigt und Philippe Lejeune in *Der autobiographische Pakt* enttarnt.

Dass Verdrängen Text produzieren kann, dass es eine *ars oblivionis*, eine Kunst des Vergessens im Akt der erfolgreichen Gedächtnisauslagerung geben kann, scheint mir sehr wahrscheinlich. Wahrscheinlich war für Oskar Pastior die Sache mit der Securitate im Großen und Ganzen mit seiner Entscheidung, aus Wien nicht mehr nach Rumänien zurückzukehren, erledigt. Wahrscheinlich hat die Sache mit der Securitate dennoch untergründig an seinen Texten bis zum Tod mitgeschrieben.

Pastior hielt sich schreibend also sprichwörtlich bedeckt – mit der Konsequenz, dass er vielleicht die einzige Elite war, die das Latente zu entziffern wusste. Im seinerseits von Vergessen bedrohten Rekurs auf biographische Details war allerdings auch Pastior nicht gefeit davor, den makro- oder mikrostrukturellen Chiffrierschlüssel mit der Zeit zu vergessen. Dann wären seine Texte ein Koffer, den der Urheber mittels Zahlenschloss vor unbefugtem Öffnen schützt, im Moment der privaten Codierung des Schlosses aber den Zahlencode bereits vergessen hat. In der Tat ist der Koffer nun vor unbefugtem Zugriff sicher, auch der Urheber kann ihn nicht mehr öffnen. Verschlossen sieht er schön aus, der Koffer. Wenigstens. Ist das anzunehmen bei Oskar Pastior? Nein. Ein solches Genie war er nicht. Dazu war Oskar Pastior zweifellos zu ordentlich.

Ach, wer Pastior zu *lesen* verstünde! Das Unverständliche ist des Verständlichen Anfang.

Nehmen wir an, der folgende Oskar wäre ein Pastior. Dann könnte man mit einem *Freiflug für Fangfragen* von Franz Mon doch sagen:

ob
orient
ob
okzident
ob
orpheus
oder
ochsenfrosch:
oft
opfert
oskars
oberarm
obschon
opak
obschon
okkult
ostentativ sein
omikron dem
odradek als
obolus
obwohl er

192

offiziell und
obenher die
orgeltöne
obstruktiver
ofenrohre
ortet

Ein angewandter Pastior als Oskar'sche Exegese mitsamt
Kafka und Goethe. *Ein Landarzt* trifft *West-östlicher Divan*.
Welche Poesie ist da so obstruktiv, dass sie die kommunizie-
renden Röhren verstopft und dies orgeltönend? Opak ja, aber
okkult? Das Omikron gehört Oskars Oskar und Kafkas Odra-
dek gleichermaßen. Omikrons Zahlwert: 70. Odradek wurde
1990, Oskar Pastior 1997 siebzig Jahre alt. Der Obolus. An sich
nicht viel wert. Den Toten aber unter die Zunge gelegt. Fürs
Ticket ins Jenseits. Dem Abendland bleibt bloß der Ochsen-
frosch. Und wie das mit Orpheus ausging, erblicken wir am
Himmel. Und von da kommt nicht immer nur Gutes. Auch,
wenn es sich schließlich zum Guten wendet.

Die Katastrophe zum Schluss

Ror Wolf beherrscht die beredte Kunst, fast nichts zu sagen,
dabei aber ein konstellatives Universum von Menschen, Din-
gen und Begebenheiten zu zeigen. Kein Wort in diesem Kos-
mos ist zu viel. Der Konkretisierung ihrer Erfahrungen, Ver-
mutungen, Wahrnehmungen gezielt ausweichend, lässt Ror
Wolf alias Raoul Tranchirer seine Protagonisten munter zwi-
schen den Texten und Kontexten springen und die chronoto-
pische Schwerkraft außer Kraft setzen. Gerne nimmt er in
Kauf, dass sie hierfür zuweilen durch Wände und Zeiten ge-
hen müssen.

Katastrophe. Bei einem Erdbeben öffneten sich die höchsten Berge des Landes vom Gipfel bis zu den Füßen. Das aufgeregte Meer warf nicht weniger als einhundertdreißig Schiffe an den Strand. Lange und tiefe Erdrisse entstanden und neugebildete Seen waren zu sehen. Plötzlich wurde auch ein bewohntes Haus von seinem erhöhten Standort hundert Meter weit in ein ziemlich tiefes Tal geschleudert, und zwar mitsamt seinen Bewohnern und dem Obstgarten, der um das Haus angelegt war. Und das Bemerkenswerteste war: das Obst wuchs weiter und gab im gleichen Jahr eine reiche Ernte. Das Haus blieb unversehrt, und seine Bewohner hatten außer der Aufregung über eine so plötzliche Ortsveränderung keine Nachteile. Sie wohnten nun nicht mehr auf einem Hügel, sondern in einem Tal. Sie gingen also zur Tür hinaus und befanden sich in einer Gegend, die ihnen recht gut gefiel.

Berge galten in einigen Kulturen als »Tummel- und Wohnplätze verschiedener Dämonen und Wohnsitze von Göttern«.[105] Erdbeben wurden, vor allem im christlichen Denken, oft als Strafe Gottes für die Sünden der Menschen angesehen.[106] Mit dem Bergsturz breche die Himmelsstütze weg, was unweigerlich zum Weltuntergang führe, so ein weiterer Glaube. Raoul Tranchirer knüpft mit seiner *Katastrophe*[107] betitelten *Notiz aus dem zerschnetzelten Leben* zwar nicht unmittelbar an diese Vorstellungen an, ein Rest davon wird aber in der Notiz bewahrt, indem sie, vergleichbar einer biblischen Gleichniserzählung, als Parabel gelesen werden kann, die sowohl literal als auch ›uneigentlich‹ zu verstehen ist.[108] Auch Merkmale einer Sage weist der Text auf, berichtet er doch von außergewöhnlichen, bedrohlichen Ereignissen und dies vornehmlich in Form von parataktischen Satzreihungen und im stilistischen Gewand des *genus humile*, der mittels einfacher Sprache unter weitgehendem Verzicht auf die Rhetorisierungsstrategien

einer figuralen und tropischen Rede darauf abzielt, Informa-
tion gewissermaßen ›rein‹ zu vermitteln. Insofern nähert sich
Katastrophe dem mündlichen Bericht, als welcher die Sage in
ihren Anfängen überliefert wurde.

Mythen – Ursprungsmythen, Weltschöpfungsmythen –
werden dauernd umgetopft. Dadurch bleiben sie aktuell.
Hierbei scheinen sie einen Kern zu bewahren, den ihre neue
Umgebung unberührt lässt. Nicht selten ist der Kern solcher
Kosmogonien selbst eine Katastrophe. Raoul Tranchirer er-
zählt die Neuordnung der Welt, gibt aber keine Erklärungen,
was den Ursprung bzw. die initiative Ursache der Neuordnung
anbelangt, ganz wie die Mythen selbst. Was geschieht, ge-
schieht mit Notwendigkeit. Die neue Ordnung geht hier nun
nicht aus dem ungeordneten Chaos, sondern aus einer be-
stehenden Ordnung hervor. Bleibt man im Bild der Verkeh-
rung von Oben und Unten, könnte von einer Umwertung aller
Werte gesprochen werden. Beruhigend und beängstigend zu-
gleich wirkt die Kontinuität, mit der die Bewohner ihr Leben
fortsetzen.

Raoul Tranchirer liefert mit dieser Notiz eine etymologi-
sche Bebilderung. Ist *Katastrophe* eine Herab- oder Nieder-
wendung, so vollzieht die Erzählung vom Erdbeben diese Be-
wegung nach. Hierbei verliert sie sich nicht in katastrophalen
Einzelheiten, entspricht also in angemessener Weise den poe-
tologischen Bedingungen der »Notiz«. Nicht also um die elo-
kutionäre Performanz des Katastrophen-Begriffes ist es dem
Text zu tun, der sonst in seiner stilistisch-darstellenden Mime-
sis schwelgen würde, sondern um die Geburt einer Sage bzw.
Parabel aus der etymologischen Genese des Begriffs. Und das
hat eine besondere Bewandtnis. Raoul Tranchirers im Ton
einer Kalendergeschichte, einer Kleist'schen Anekdote oder
eines biblischen Gleichnisses gehaltene *Katastrophe* gewinnt
so erst ihren allegoretischen Subtext, der die Veränderungen
als Taumel einer persönlichen Katastrophe lesbar macht. Be-

schrieben wird der jähe, momentan unkontrollierbare Affekt, ein bodenloser Sturz in die Tiefe. Die entscheidende Wendung zum Schlimmen bleibt aber, im Gegensatz zur (antiken) Tragödie, aus. Das Paradies, das auf dem Weltberg liegt, bleibt auf seiner Höllenfahrt unversehrt, der buchstäblich katastrophale Umzug vom *genus grande* zum *genus humile* konnte dem Obstgarten nichts anhaben, ganz im Gegenteil, es gab »im gleichen Jahr eine reiche Ernte«. Das verspricht eine Vielzahl neuer Sündenfälle – und Texte. Und jedes Mal beginnt die Welt von vorn. Das Gedächtnis, die Erinnerung wird jedes Mal erneut gelöscht. Paradoxerweise ersetzt die Katastrophe die unmögliche Kunst des Vergessens, indem sie sich als initiatorischer Neubeginn dem Gedächtnis einbrennt. *Memoria*, das Thema der nächsten Vorlesung.

Ganz verständlich unverständlich –
Die Lieder und Balladen des *Krimgotischen Fächers*

Ein Gespräch
zwischen Oskar Pastior und Michael Lentz

Die Ironie der Unverständlichkeit bei Oskar Pastior, um einen Buchtitel von Eckhard Schumacher aufzugreifen, besteht nicht nur in einer ludistischen *obscuritas*, sondern in der kritischen Abwiegelung, es handele sich hier ja bloß um poetische Spiele, um »lustig verspielte« zudem, leider aber doch um »Oulipipi«, wie eine weltbekannte deutsche Tageszeitung anlässlich der Vergabe des Büchnerpreises an Pastior begriffsverspielt, aber stutzig anmerkte.

Obscuritas. Quintilian nennt u. a. übermäßige Kürze als eine rhetorische Untugend, der Rede, wohlgemerkt, die verdunkle und der Unverständlichkeit Vorschub leiste. Von Quintilian prominent an den Schluss seiner Liste tadelnswerter rhetorischer Untugenden gesetzt werden »Ausdrücke, die zwar einen offenkundigen Wortlaut haben, aber einen verborgenen Sinn«, der auch verborgen bleibe.[109] Latenz, Verborgensein. Lektüren für später, das zu fassen, was jetzt abgründiger Sinn zu sein scheint, zu sein hat, und wenn auch nur für mich. Für wen aber sonst, liebe fensterlose Mitmonaden?

Ja, betreibt Pastior denn mit seiner Programmierung von Sprache eine schwarze Kunst? Buchstäblich betrachtet sehr wohl. Aber eine schwarze Kunst der Selbstverschleierung?

»Bei allem, was ich schreibe, ist – glaube ich – etwas wie Alchemie im Spiel.«[110] Mit diesem Satz leitete Oskar Pastior 1982 eine Lesung aus dem *Krimgotischen Fächer* ein. Biographie, so wird deutlich, war für ihn insbesondere auch Sprach-Biographie: die Alchemie des *Krimgotischen* speist sich, so Pastior, aus Resten von »allem, was sich im Laufe meiner Biographie (…) im Kopf angesammelt hatte: (…) die siebenbürgisch-sächsische Mundart der Großeltern, das leicht archaische Neuhochdeutsch der Eltern; das Rumänisch der Straße und der Behörden; ein bissel Ungarisch; primitives Lagerrussisch; Rest von Schullatein, Pharma-Griechisch, Uni-Mittel- und Althochdeutsch; angelesenes Französisch, Englisch«. Dieses als System nicht funktionierende, nicht systematisch ›anwendbare‹ multilinguale Amalgam ist eine starke Selbstbehauptung.

In einem Interview, das ich mit Oskar Pastior am 13. Juni 1996 geführt habe, ließ er eine gewisse Freude und Vorfreude durchblicken, was die poetische Praxis der Verschleierung und des Verbergens anbelangt, insbesondere im Hinblick auf *Der krimgotische Fächer*. Biographisches ins Material eingemünzt zu haben, daraus machte er keinen Hehl. Kontrolle über den poetischen Prozess zu haben, zumindest bis zu einem von ihm definierten Moment, und auch textgenerisch rekonstruktive Kompetenz zu besitzen, zeigte er sprichwörtlich aufschlussreich.

M. L. Dem *Krimgotischen Fächer* liegt kein grammatikalisch-syntagmatisches System zugrunde, von einem lexikalisch zu indexikalisierenden Vokabular des »Krimgotischen« kann keine Rede sein. Ist das Krimgotische eine multilingual sich speisende »Übersprache«?

O.P. Zur Frage nach der ›Übersprache‹: eher ›Infrasprache‹, die jeweils für den Moment des einen hervorgebrachten/ ver-

198

nommenen / gelesenen Einzelgedichtes gilt – sein semantisch-grammatikalisch-syntaktisches System ›in statu nascendi‹. Meine nachgereichte ›Intention‹ wäre dabei, systemkritisch Hellhörigkeit für Eigen-, Privat-, Einzelsprache des jeweiligen Gebildes zu ermöglichen.

M.L. Ist hier eine bewusste Änigmatisierung im Spiel – und jeder Dekodierungsversuch des Lesers geht ins Leere?

O. P. Es ist auch ein Spiel mit der Unwissenheit der Leser / Zuhörer. Dass ich mich natürlich freue, wenn jemand staunt, und ich weiß genau, was es ist, und er weiß es nicht, er findet ein Exotikum, das er nicht definieren kann, dabei handelt es sich vielleicht nur um eine kleine private Anekdote oder ähnliches. Ich ist – wie könnte es anders sein – dabei ja sowieso immer nur ein anderes. ›Meine‹ psychologische Freude über ›sein‹ Staunen ist unerheblich – was stattfindet, ist, dass Text (Sprache) plötzlich ›an sich staunt‹. Dies ›Unding an sich‹.

M. L. Unwillkürlich supponiert der Leser / Hörer des *Krimgotischen Fächers* – je nach regionaler Sprachprovenienz – einen etymologischen Hintergrund der Texte. Dies könnte zum Beispiel an *MEERESRUH*, dem letzten Text des Bandes, aufgezeigt werden. »K i x l i m b a U / Gür-eL = Vier-eL = (K / n a c k h l a u T)« // » G i e r c h E «: Das könnte ein allophones Schema einer deutschen Regionallautung sein, samt konkreter Ironisierung derselben. Kann eine narrative Paraphrasierung des gesamten Textes ›riskiert‹ werden?

O. P. Eine verwegene Deutung: Das Ruhrgebiet (Regionallautung. »K / nackhlauT«) als Pontonbrücke zwischen dem Katalan (wie ich's bei einem Barcelona-Besuch »oberflächlich« – daher wohl die »Meeresruh« – sprachlich wahrnahm: ElS,

PinS, diese ungewöhnlichen Endungen; aber auch die »Bhu-
öck/elS«, borrikitos (?) – Böcklein = die kleinen Wellen-
kämme auf der Wasserfläche; auch die zweisilbige Aussprache
»-aU«, typisch für romanische Sprachen) und weit östlich auf
der anderen Seite dem rumänischen Hirtenbereich (Reminis-
zenz im Kopf: Lucian Blagas kulturphilosophische Theorie
vom »mioritischen Raum«, der sich, wie er glaubt, von den
Karpaten, wo die Ballade vom Lämmchen Mioritza zu Hause
ist, bis nach Portugal spannt, wo Blaga zeitweilig residierte).

KixlimbaU	rum. chihlimbar (ausgesprochen: kichlim-bár), türkischen Ursprungs – nun in ein Phantasie-Katalan verformt.
AVstriA	Blaga hatte im K.u.K.-Wien studiert.
AtscheßteM	rum. aceste = diese + deutsches Dativ-M.
KükülÖ	die ungarische Form des siebenbürgischen Flußnamens kokel.
PinS	von Pinie, Pinienkern; Otto Julius Bier-baum hat den Pinocchio übersetzt: »Zäpfel Kern« nennt er ihn.
AuthanD Y AuthanD	»Tausende von … liegend im Sand«: An-leihe an meine eigene Chlebnikov-Über-setzung im Gedicht »ei wie / dividillten …«.

M. L. Unterliegt die typographische Gestaltung des – formal
gesehen – ›Fast-Sonetts‹ *Meeresruh* Blocksatzzwängen oder
kann diesbezüglich von artikulationsrelevanten, kalkulierten
Anordnungen gesprochen werden?

O. P. Die Großbuchstaben und die Sperrungen in der Typo-
graphie: schon auch Anweisung, den Text »disparat« zu lesen
(»aU« zum Beispiel getrennt) – und auch weil die Verstreut-
heit (Sand, Bernsteinbrocken) in die »Landschaft« gehört. Die
auch auf dem Papier nicht so verstreut wäre, wenn die Zeilen
beliebig geflattert hätten. Berührung also von drei Aspekten:

Meereslandschaftsmetapher + Lese-Klanganweisung / Nota-
tion + lettristischer Schnörkel (für mich eher atypisch).

M. L. Zum Entstehungsprozeß von *AIM PLE ORZ*. Liegt
dem Text ein spezifisches textgeneratives Verfahren zugrunde?
Sozusagen ›strategisch-kontrollierte Kombinatorik‹ oder alea-
torische Reihung meist einsilbiger Lauteinheiten, die vielleicht
aus einem Prätext selektiert, ›herausfragmentiert‹ wurden?

O. P. Die »Silben« hatte ich ursprünglich zusammenhanglos
auf ein selbstgemachtes Kugelbaum-Mobile (ineinanderge-
steckte Kartonflächen mit unregelmäßigen Ausbuchtungen)
mit Filzstift geschrieben. Das Geschenk für Inge Banning hing
über ihrem Schreibtisch. Meine Intention, als ich die Silben
erfand: möglichst untypisch für deutsche Silbenbildung.
Für den fortlaufend notierten Text entstand die Reihenfolge
dann spontan-voluntativ in einem Leseakt, sprunghaft (in der
Notation aber irreversibel), des im Mobile aufbereiteten »Vo-
kabulars«. Ausschlaggebend war die Neugier: Was für Syntag-
men (Behauptungen, Fragen, Sequenzen, Litaneien etc.) erge-
ben sich?

M. L. Intentionale Herstellung von Silben, die der deutschen
Sprache fremd sind, in der Abfolge Konsonant-Vokal bzw. Vo-
kal-Konsonant durchaus aber in anderen Sprachen (Tsche-
chisch, Ungarisch, Polnisch, …) denkbar. Leuchtet im Sprech-
gedicht ein biographisch-etymologischer Hintergrund auf?

O. P. Anekdotisch deutbar: PLE (siehe auch nächstes Gedicht
im Band, KONTAMINOPLUM, wo »Ninipleh« öfter vor-
kommt) – kindersprachlich, Familienjargon: die Ninipleh war
die Holzschneidemaschine (Benzinmotor), die auf dem Hof
im Herbst den Brennholzvorrat machte – das rhythmische
Singen der Scheite beim Zersägtwerden. Daher auch meine

Vorliebe für das mesopotamische Ninive bzw. für die Schnee-
creme Nivea (nix, nivis).

Fremdsprachlich deutbar, z. B.:

NITSCH	rum. »nici« = weder…
GREA	rum. »greu, grea« – schwer (m, w)
ORZ	(zu lesen: orts) während rum. »orz« (zu lesen: ors) Gerste bedeutet
VAD	rum. »vad« – Flußbett, Furt
SCRIS	rum. »scris« – geschrieben
DOAR	rum. »doar« – bloß, nur
LEOAP	es gibt die rum. »pleoapa« – Augenlid
RGILZ	es gibt den rum. »jilt« (gelesen »shilts«) – Fauteuil
CHEI	es gibt den rum. »cheie« (gelesen »kéje«) – Schlüssel
FTS, PRGS, RCZ	von mir erfundene vokallose Silben – um »Slawisches« anzudeuten?

M. L. Die Rede von der Internationalität der Lautpoesie ba-
siert also vielleicht auch auf einer Art Exotismus, der weltweit
transportiert werden kann?

O. P. Man wuchert da mit Pfunden. Aber es sind die eigenen
Pfunde. Man macht sich und seine Stimme und die eigene
Sprachbiographie zum Unabdingbaren für die Sache. Man er-
klärt sich zur Kunst. Das heißt zum Anreiz des bewusstgewor-
denen (naturschönen) Phänomens. Eine heikle Frage, was
denn schön ist. Oder sei.

M. L. Ist der *Krimgotische Fächer* unabdingbar an die stimm-
liche Realisation durch den Autor gebunden?

O. P. Auch wenn ich mich in Widersprüche verwickle: Ja.
Deshalb möchte ich lieber, dass die Leute zu den Lesungen

kommen, als dass sie das Buch kaufen. Das hat auch etwas mit Leben und Tod zu tun.

M. L. Die Sprachbiographie hingegen, die im Wissen um die dem Leser / Zuhörer vielleicht verborgen bleibenden multilingualen Bezüge transportiert wird, geht verloren. Sie bedingt eine von einem fremden Interpreten gar nicht zu leistende stimmliche Modulation.

O. P. Aber die Sprachbiographie des anderen Interpreten wird aktiviert! Da können unvorhergesehene Dinge passieren – die Chance und das Risiko gehe ich ja ständig ein. Und im Ohr jedes einzelnen Zuhörers entsteht ja sowieso was anderes. Die Zügel meiner Text- und Klanggebilde sind ganz locker angelegt.

M. L. Der krimgotische Fächer: Nach kurzweiligen Versuchen ist man als Leser eher geneigt, von der Annahme eines kombinatorischen Gerüsts abzusehen.

O. P. Auch beim *Krimgotischen Fächer* ist die Option für eine mögliche Spielregel das Gerüst. Die sogenannte Versuchsanordnung ist die *ars poetica*. Die Barriere der Einsprachigkeit durchbrechen und alles gleichzeitig rauslassen. Diese Grundversuchsanordnung ist die Sache; nicht was dann im Einzelnen passiert, sondern die Tatsache, dass die Spielregel (Einschränkung) »ich« es macht, ist die Sache.
Dieses Aufbrechen, das da passiert ist mit *Der krimgotische Fächer*, hat sich in allen weiterer meiner Bücher in irgendeiner Weise fortgesetzt. Postkrimgotisches gibt es zum Beispiel in den *Wechselbälgen*, die Einsprachigkeit vernachlässigend. Warum nicht etwas ganz Heterogenes hineinbringen, heißt die Frage. Wenn ich es hineinbringe, ist es ja *mir* passiert, also muss es einen Grund haben, auch wenn ich ihn nicht kenne …

Oskar Pastior: Versuchte Rekonstruktion

Handschriftliches Manuskript (undatiert)
aus dem Nachlass Oskar Pastiors
im Deutschen Literaturarchiv Marbach
(Abschrift von Klaus Ramm)
© Oskar Pastior Stiftung Berlin

Jan – August 1992

Versuchte Rekonstruktion

1968 wurde ich in München von den deutschen und amerikanischen Behörden befragt. Ich habe mich »offenbart«, auch zum Komplex Securitate, ich hoffe restlos. Heute ist in meinem Kopf wahrscheinlich einiges davon vergessen oder verdrängt.

Stasi und NKWD haben mich nie verhört; ob sie mich über ihre Leute im Visier hatten, weiß ich nicht.

In meinen Securitate-Akten könnte Aufschluß zu finden sein:

– wann (1964? 65? 66?) ich in Bukarest aus dem Rundfunkgebäude nach den Bürostunden zum ersten Verhör verschleppt wurde (im Auto, unter dem Vorwand, eine »Künstler-Agentur« wolle mir was unterbreiten); echtes Kidnapping

– ob ich ein Protokoll oder eine Erklärung, »Staatsfeindliches aus meinem Tätigkeitsbereich zu melden«, unterschrieben habe;

– wann und wie oft man mich nachher zu Verhör und Berichterstattung zitiert hat;

204

- wer und was dabei zur Sprache kam;
- daß ich nie Geld oder andere Zuwendungen erhalten habe;
- ob meine damalige Ehefrau auf mich angesetzt war und deshalb meine Briefe öffnete;
- wer aus dem Bekanntenkreis (auch unter den Autoren) und von den Vorgesetzten und Kollegen im Rundfunk auf mich angesetzt war;
- welche allgemeinen »Richtlinien« es von offizieller Seite vor meiner Reise 1968 nach Österreich, von der ich nicht zurückkam, gab;
- wer vor dieser Reise für mich »gebürgt« hat;
- wie die nachträgliche Verurteilung zu 2 Jahren Gefängnis »wegen Republikflucht« zustande kam bzw. zusätzlich untermauert wurde;
- warum durch mein Dossier die Ausreiseanträge der Angehörigen in Hermannstadt immer wieder blockiert wurden;
- inwieweit meine in Bukarest gebliebene Frau drangsaliert wurde, ob die von ihr betriebene Scheidung (1972) und ihr Tod (1983) damit zu tun hatten;
- wer nach 1968 nach Deutschland geschickt wurde, um mich zu beobachten, bzw. wer aus dem gleichen Grunde hier meinen Kontakt suchte.

– 2 –

In meinen Securitate-Akten wird nicht zu lesen sein:
- womit ich massiv unter Druck gesetzt und gehalten wurde: die damals schon abgeschlossenen Prozesse gegen rumäniendeutsche Schriftsteller, zu denen man mich nicht hinzugezogen hatte, obwohl man es hätte können (meine »Rußland-Gedichte« – Anschuldigung: »sowjetfeindlich«, trotz Ceauşescus sowjet-kritischem Kurs! – waren höchstwahrscheinlich in Kopien unter den Prozeßakten),
- das grundsätzliche Mißtrauen (Argwohn) innerhalb der deutschen Minderheit, bis in die Familien hinein: jeder

wurde bespitzelt, jeder konnte Spitzel sein, selbst wenn er es nicht wußte (ein weitaus engmaschigeres Netz als innerhalb des Staatsvolkes);
- berufsspezifisch war das Netz noch enger (Intellektuelle – Journalisten und Schriftsteller);
- die angesichts dieser Durchdringung gebotene Vorsicht und Zurückhaltung im Umgang: Selbstzensur jeden Schrittes, wo jeder Schritt belegbar wird; Absteckung und Klärung der »Spitzen« in der eigenen »Überzeugung« (was einem »absolut« gegen den Strich ging – Richtung Faschismus, Nationalsozialismus, Chauvinismus, Irrationalismus); kalkülhaftes Moment gegenüber Personen, die mehr oder weniger offenkundig als Spitzel galten;
- daß mein wachsender Ekel vor dieser Verflechtung und dem anonymen Apparat dahinter meinen Wunsch, damit radikal ein Ende zu machen, indem ich im Westen bliebe, nur beschleunigt hat. Die Bemühungen, Paß und Ausreiseerlaubnis zu erhalten, wurden zur existenziellen Überlebenschance. Schwere Migräneanfälle (die dann schlagartig aufhörten, als ich in Deutschland war);
- die völlige Zerrüttung der ohnehin kaputten Ehe (Vertrauensschwund).

im Gespr. mit E. Konradt am 23. 2. 92 nicht erörtert:
Vielleicht ist der rote Faden, der sich durch meine inneren Motivationen zieht, die Überzeugung (und Ausweglosigkeit), immer wieder und an allem schuldlos schuldig gewesen und geworden zu sein. Dostojewski läßt grüßen, die protestantische Erbsünde läßt grüßen. Alle in Grenzsituationen überlebt Habenden lassen grüßen.
Deportiert als Deutscher – eine Schuldfrage. In 5 Jahren abgebüßt? Das kleine Bündel »Rußlandgedichte«, Mitte der Fünfziger Jahre in Hst. geschrieben (vielleicht 7 Gedichte, ich erinnere den Titel »Ballade vom Badhaus«). In Kopie vor dem

Umzug nach Bukarest einer Kollegin beim Bauunternehmen anvertraut und hinterlassen, in der Überzeugung, daß es gute Texte sind und deshalb »ungefährlich«, ja daß sie durchaus auch »publizierbar« seien. (Völlig vermessener naiver Gedanke: auch Celans »Todesfuge« war gültiges Zeugnis!) Als ich dann in Bukarest – Reiter überm Bodensee, das hauchdünne Eis unter den Füßen – vom Hörensagen vom Prozeß erfuhr und auch der Name der Kollegin fiel, man mich aber, all die albtraumhaften Monate und Jahre über, in trügerischer Ruhe und Ungewißheit ließ, fühlte ich mich dennoch schuldig. Ohnmächtig wehrlos und schuldig. Nur noch im Kopf auszumalen – Informationen gab es ja nie –, ob und in welchem Maße die womöglich bei ihr aufgefundenen paar Gedichte herangezogen wurden zur prästabilierten Urteils-»findung« über Menschen, und nicht über Gedichte, deren Original (als hätte mich das schützen können!) ich in Panik vernichtet hatte. Opfergabe – was wiegt sie?

Mit der Kollegin vom Bau, die seit vielen Jahren in der Bundesrepublik lebt, habe ich, als es sich fügte, auch gesprochen. Es ging, und es ging auch nicht, um eine kühle Rekonstruktion der »Geschehnisse«. Bewältigung hat, wie immer man es dreht, mit willentlicher Gewalt zu tun. Ich bleibe lieber in der vermeintlichen Schuld.

IV. MEMORIA

Collage von Ror Wolf
(Aus: *Raoul Tranchirers Enzyklopädie für unerschrockene Leser*,
Band II)

In seiner »›epideiktische(n)‹ Prunkrede«[1] *Bibliothecae Alexandrinae Icones Symbolicae*[2] zur Verherrlichung der 16 Personifikationen der Freien Künste preist Christoforo Giarda die inventorische Leistung der symbolischen Bilder. Gegenüber dem »wie ein Schatten« gleich wieder verschwindenden verbalen Medium ihrer bloßen Benennung und Beschreibung ermöglichten die symbolischen Bilder überhaupt erst die mentale Repräsentanz der Künste. Mit ihrer inventorischen Leistung stellten die *Icones Symbolicae* in ihrer gestalterischen Prägnanz des Zusammenschlusses von Bild und Name zugleich ihre Memorierbarkeit bereit. Diese »himmlische Methode des Ausdrucks durch symbolische Bilder« habe, so Giarda, »die überaus edle Natur dieser Künste in den Augen und Hirnen aller besser befestigt (…) und die Lieblichkeit ihrer Erscheinung den Studieneifer selbst der Ungeschulten angefacht«. Mit Nachdruck und Begeisterung schlussfolgert Giarda: »Denn, beim Himmel, gibt es etwas, was die Macht dieser wunderbaren Künste überzeugender darstellen und lieblichere Erholung bieten und uns tiefer ergreifen könnte als dieser sehr gelehrte Gebrauch symbolischer Bilder mit ihrer Fülle alter Weisheit?«[3] Giarda sieht die Symbole, dem Selbstverständnis der platonisch beeinflussten christlichen Ikonographie entsprechend, als Manifestationen der Offenbarung, als symbolische Trägermedien göttlicher Vollkommenheiten, wie zum Beispiel »Weisheit, Güte, die alles bewirkende Kraft,

Schönheit, Gerechtigkeit, Würde«,[4] deren »unvollkommener Widerschein« sie sind und in uns »die Sehnsucht nach Vollkommenheit«[5] erwecken. Die Symbole sind Abbilder der göttlichen Dinge, so wie unsere Sinnenwelt ein »unvollkommener Widerschein der Welt der Ideen, der Welt des Geistes« ist.[6] Giarda spricht in diesem Zusammenhang von der »Bibliothek des Universums«,[7] in der Gott uns die Symbole zur Betrachtung präsentiere. Gombrich erkennt hierin eine »Zweiweltentheorie«[8] – und eine solche könnte man auch für die mittels Gedächtnis, Erinnerung und Imagination eigentümlich ineinander verwobene Verbindung von Gegenwart und Vergangenheit veranschlagen, die in Philosophie, Psychologie, Neurowissenschaft und anderen Disziplinen unterschiedliche, z. T. interdisziplinäre Konzepte der Gedächtnisforschung provoziert hat.

Die *ars memorativa*, die topische Mnemotechnik, soll auf den griechischen Sophisten und Sängerdichter Simonides von Keos (ca. 556–468 v. Chr.) zurückgehen, von dem keine schriftlichen Zeugnisse zur Mnemonik überliefert sind. Die Forschung bezieht sich auf drei Quellen, die die Geburt der Mnemonik aus einer Katastrophe überliefern: Ciceros Rhetorik *De oratore*, die anonyme *Rhetorica ad Herennium* (82 v. Chr.) und Quintilians *Institutiones oratoriae* (XI, 2). Cicero gibt der Initialgeschichte eine anekdotische Struktur, die sie zur Fabula macht:

dankbar bin ich dem Simonides aus Keos, der, wie überliefert wird, als Erster die Mnemotechnik öffentlich bekannt gemacht hat. Man erzählt nämlich Folgendes: Als Simonides zu Krannon in Thessalien bei Skopas, einem begüterten Adligen, speiste, habe er das Lied gesungen, welches er auf diesen geschrieben hatte; dieses habe nach Art der Dichter zur Ausschmückung viele Passagen auf Kastor und Pollux enthalten. Da habe Skopas gar schäbig zu Simonides gesagt, er werde ihm nur die Hälfte der Summe, die er mit ihm vereinbart habe, für dieses Lied zahlen; den übrigen Lohn solle er, wenn es ihm beliebe, von seinen Tyndariden fordern, welche er ebenso gepriesen habe. Kurz darauf, wird berichtet, sei dem Simonides mitgeteilt worden, er möge hinauskommen; zwei junge Männer stünden an der Türe, die dringend nach ihm riefen. Er sei aufgestanden und hinausgegangen, habe aber niemanden gesehen. Genau in diesem Augenblick sei das Zimmer, wo Skopas tafelte, zusammengestürzt; bei diesem Einsturz sei dieser selbst mit seinen Verwandten verschüttet worden und umgekommen. Als ihre Angehörigen sie beerdigen wollten und die zerschmetterten Leichen auf keine Weise unterscheiden konnten, soll Simonides aufgrund dessen, dass er sich daran erinnerte, welchen Platz ein jeder von ihnen bei Tisch eingenommen habe, Hinweise für die Bestattung jedes Einzelnen gegeben haben. Durch diesen Vorfall veranlasst, habe er der Überlieferung nach alsdann herausgefunden, dass es vor allem die Anordnung sei, welche dem Gedächtnis Klarheit verschaffe.[9]

Aus dieser situativen Konstellation zieht Cicero Konsequenzen der mentalen Konditionierung im Allgemeinen, durch die in einem solchermaßen geordneten Vorstellungsraum jedem Signifikat ein es repräsentierendes Bild zugeordnet wird. Das Bild wiederum kann, durch die umgekehrte Operation, auch wieder in die substituierten Wörter und Dinge zurückverwandelt werden:

Daher müssten diejenigen, welche diesen Teil ihres Intellekts trainieren, Plätze wählen und das, was sie im Gedächtnis festhalten wollten, sich bildlich vorstellen und an diese Plätze versetzen. So werde die Anordnung der Plätze die Anordnung der Dinge bewahren, die Vorstellung von den

Dingen aber werde die Dinge selbst bezeichnen und wir würden die Plätze statt Wachstafeln, die Abbilder statt der Buchstaben benützen.[10]

Das Gebäude der Tropen ist ikonisch strukturiert und kann über »merkbare Anschaulichkeit« rekonstruiert und immer wieder neu besetzt werden, aber nur, indem die Interrelationen zwischen Signifikat und Signifikant durch die von Cicero beschriebenen gedanklich-bildlichen Operationen fixiert sind.[11] Das in den Zuordnungen tropisch fixierte Gebäude muss sich dabei gegen mindestens drei Kräfte behaupten: gegen die unkontrollierbare Drift der Assoziation, gegen den Stillstand der Zeichen, der »ein Repertoire identischer Texte« erzeugt und gegen die im Prozess der erinnernden Aktualisierung die Zuordnungen verschiebende Umbesetzung. Ein Repertoire identischer Texte zu verhindern steht Kleinschmidt zufolge am »Anfang des darstellerischen Unterfangens (…) das aller kulturgestalterischen Autorschaft auferlegte Ziel, für gleiche Signifikate unterschiedliche Umschreibungen zu finden«.[12] Dies wird über die Differenz von übertragenen und nicht übertragenen Ausdrücken erreicht, also zum Beispiel über die sprachbildende Variabilität der Metapher.

Die Lizenz der Literatur besteht darin, sich zwischen den Polen eindeutiger Signifikation und assoziativer Unschärfe zu bewegen und Mehrdeutigkeit in solchen Grenzen zu erzeugen, dass der hermeneutische Akt der Sinnsetzung nicht selbst wieder willkürlich und unkontrollierbar ist. Einzig ein Text göttlichen Ursprungs kann nur wiederholt, nicht aber variiert werden, was auch Dogma bildende Konsequenzen für seine Auslegung hat.

Metapher und Gedächtnis –
Die Memoriafunktion der Literatur

Cicero betont aber noch einen anderen Aspekt, der ein katachrestisches Funktionsverständnis der Anschauung umschreibt, das Hans Blumenbergs Verständnis der Metapher nahekommt. Insbesondere absolute Metaphern versteht Blumenberg nicht als mythologische »Restbestände«, »Rudimente auf dem Weg ›vom Mythos zum Logos‹«, ihnen eignen nicht bloß vorbegriffliche Qualitäten, sondern sie sind »Grundbestände« philosophischer und wissenschaftlicher Sprache, die mit ihrer selbst epistemologischen Qualität dem Denken aus einer begrifflichen »Verlegenheit« helfen. Sie sind nicht in eine eigentliche Sprache bzw. Begrifflichkeit rückzuübersetzen.[13]

Cicero attestiert Simonides, ein mentales Modell konstituiert zu haben, das die memoriale Funktion sinnlicher Wahrnehmung für das Gedächtnis herausstellt. Sinnliche Wahrnehmung ist hier gerade dann unabdingbar, wenn das begriffliche Vermögen nicht hinreicht, den perzeptiven Sinneseindruck rational zu erfassen:

> Das hat nämlich Simonides – oder wer sonst es herausgefunden hat – klug erkannt, dass man in seiner Vorstellung das am besten nachbilden kann, was durch eine sinnliche Wahrnehmung übermittelt wurde und sich eingeprägt hat, dass aber der schärfste von all unseren Sinnen der Gesichtssinn ist. Daher könne man das, was man durch die Ohren oder in Gedanken aufnimmt, am leichtesten behalten, wenn es auch durch die visuelle Vorstellungskraft im Gedächtnis verankert werde, so dass eine bild- und gestalthafte Vorstellung nicht Sichtbares und der Beurteilung durch den Augenschein Entzogenes so einprägt, dass wir Sachverhalte, die wir durch Denken kaum erfassen könnten, durch die Anschauung gewissermaßen festhalten.[14]

Zur Initiierung, Differenzierung und Steigerung der Merk-
fähigkeit schlägt Cicero wiederum aus der Figurenlehre be-
kannte rhetorische Operationen wie die Inversion von Wör-
tern oder das *pars pro toto* vor, um die Bilder mit den Orten
unverwechselbar zu verkleben.

> Diese Bilder und Gestalten aber brauchen wie alles, was
> Objekt der Anschauung ist, einen Sitz; einen Körper kann
> man nicht ohne einen Ort wahrnehmen. Deshalb muss
> man (…) viele ins Auge fallende, klar abgegrenzte und
> durch mäßige Zwischenräume getrennte Plätze und dazu
> lebhafte, scharf umrissene und charakteristische Bilder be-
> nützen, die einem schnell einfallen und einen starken Ein-
> druck machen können. Die Fähigkeit dazu verleiht zum ei-
> nen die Übung, aus der Gewohnheit wird, zum anderen die
> Kennzeichnung eines Sachverhaltes dadurch, dass man ent-
> weder ähnliche Wörter in den Fällen umkehrt und verän-
> dert oder ihre Bedeutung vom Teil zur Gattung überträgt,
> und weiterhin die Vorstellung des ganzen Gedankens durch
> das Bild eines einzigen Wortes; dabei verfährt man nach der
> Methode und Art eines sehr großen Malers, der durch die
> unterschiedliche Darstellung der Gestalten die Orte unter-
> scheidet.[15]

Cicero unterscheidet zwischen Wort- und Sachgedächtnis.
Hierbei wird deutlich, dass die Wortgestalt, also ihre optische
Valenz, in analoge Bilder transformiert werden soll, und nicht
ihr Bedeutungsgehalt. Wörter werden in der Gedächtniskunst
demnach wie Sachen behandelt. Konjunktionen und ande-
ren funktionalen Wortarten, die nicht mit Sachvorstellun-
gen verknüpft werden können, entsprechen keine Analogien.
Die Transformation von Wörtern in Bilder, um diese wieder
erinnernd in Wörter zu transformieren, ist gegenüber der
mnemotechnischen Verwandlung von Sachen in Bilder ein

Umweg, weshalb sie Cicero als »für uns weniger notwendig«
erachtet:

Aber das Wortgedächtnis, das für uns weniger notwendig
ist, unterscheidet sich durch eine größere Verschiedenheit
der Bilder. Zahlreich sind nämlich die Wörter, die gleich-
sam wie Gelenke die Glieder einer Rede verknüpfen; sie las-
sen sich durch keine Analogie in irgendeiner Gestalt wie-
dergeben und wir müssen uns für sie Bilder vorstellen, die
wir immer benützen können. Das Sachgedächtnis ist das
eigentliche Metier des Redners; bei ihm können wir da-
durch, dass wir einzelne Personen und Sachen gut platziert
haben, Markierungspunkte setzen, um die Gedanken durch
Bilder, die Reihenfolge durch Orte zu erfassen. Es ist auch
nicht wahr, was von faulen Menschen gesagt wird, dass
durch die Fülle der Bilder das Gedächtnis erdrückt und
auch das, was es aus eigener Kraft durch seine natürliche
Veranlagung hätte behalten können, verschüttet werde. Ich
habe nämlich hervorragende Männer mit einem nahezu
göttlichen Gedächtnis kennen gelernt, in Athen Charma-
das, in Kleinasien Metrodor aus Skepsis, der noch leben
soll; beide sagten, sie würden das, was sie sich merken woll-
ten, ebenso wie mit Buchstaben auf einer Wachstafel, mit
Bildern an den Plätzen, die sie bestimmt hätten, festhalten.
Deswegen lässt sich durch diese Übung keine Gedächtnis-
kraft zutage fördern, wenn von Natur aus keine vorhanden
ist; doch kann man sie sicher herauslocken, wenn sie nur
verborgen ist.[16]

Durch Imagination kann Simonides die Bilder (*imagines*) der
von der Katastrophe noch Unversehrten an die Stelle (*loci*) der
entstellten Toten setzen. Die Erinnerung reetabliert die alte
(Tisch-)Ordnung in der Zuordnung von *loci* und *imagines*.
Initiiert wird die rekonstruierende Imagination mit ihrer

Schärfe des inneren Blicks durch Schock und Schmerz, die eine Reproduktion der situativen Konstellation vor dem ›inneren Auge‹ ermöglichen. Der Schock hätte die rekonstruierende Erinnerung auch blockieren können, was die Vermutung naheliegt, dass der Dichter Simonides unabhängig von der Katastrophe über eine visuelle Merkfähigkeit verfügte, die mit einer poetisch-rhetorischen Ordnung einherging.

Dies legt auch Anselm Haverkamp nahe. Ihm zufolge wird in Ciceros Darstellung der Simonides-Fabel die »Herkunft der Mnemotechnik aus dem älteren Totenkult in deren Urszene eingezeichnet«[17]: »Das individuelle Begräbnis der Toten einer entstellenden Katastrophe ist der tiefsinnige Anlaß der mnemotechnischen Übung, die einzig der Dichter mit seiner Routine im Memorieren von Texten zu vollbringen weiß. […] Denn die *memoria*, um die es da geht, ist das Andenken der Toten, das über deren Identifizierung gerettet wird«.[18]

Die von Cicero beschriebene Urszene hat dieses anschauliche Vermögen, das eine nicht mehr der Wahrnehmung zugängliche, raumbildlich substrukturierte Anordnung restituieren konnte, katastrophisch aktiviert und mit ihm den von Aristoteles beschriebenen psycho-physischen Wahrnehmungsschmerz, so wie er in der Wahrnehmung eines jeden zu denken ist: »Einen Schmerz wahrzunehmen heißt (…), sich zugleich vergangener Schmerzen zu erinnern: jede Schmerzwahrnehmung ist auf das Schmerzgedächtnis verwiesen«,[19] schreibt Roland Bogards. Schmerz und Erinnerung setzen sich wechselseitig voraus, denkt man »in der Schmerzwahrnehmung schon eine Erinnerungsdimension mit«[20]. Unter diesen Gesichtspunkten steht die anamnestische Rekonstruktion des Simonides prototypisch für die Memoria(l)funktion der Literatur. Die Memoria(l)funktion der Literatur ist ebenfalls im identifizierenden und Identität bewahrenden Totenandenken begründet.

Dass das rhetorische Gedächtnissystem auch heute noch

kreativ anverwandelt werden kann, und zwar sowohl produktions- als auch rezeptionsästhetisch, hat Klaus Reichert an James Joyces *memoria*, insbesondere in *Porträt* und *Ulysses* auch unter Bezugnahme auf Giodarno Brunos *memoria*-Traktate, nachdrücklich aufgezeigt.[21] Joyce, so Reichert, habe sich im *Porträt* »durchgängig der Gedächtnisoperationen« bedient, »die in Antike und Mittelalter entwickelt wurden«; im *Ulysses* habe er auch größere Ordnungsraster eingeführt, die »Häusern, Straßen, Tierkreiszeichen« korrespondieren.[22]

Erinnerung und Gedächtnis – Wachstafel und Magazin

Die anonyme *Rhetorica ad Herennium* konzipiert die mnemonische Technik anhand der Wachstafelmetaphorik analog zur Buchstaben-Schrift, die Gedächtniskunst ist ein topologisches Aufschreibesystem der Bilder:

> Das künstlich erworbene Sicheinprägen beruht (…) auf Orten und Bildern. Orte nennen wir etwas, was kurz, vollkommen, auffallend entweder von der Natur oder von Hand vollendet wurde, so daß wir es leicht durch das nützliche Sicheinprägen erfassen und behalten können: z. B. ein Gebäude, den Raum zwischen zwei Säulen, einen Winkel, ein Gewölbe und anderes diesen ähnliches. Bilder sind gewisse Formen, Merkmale und Abbilder des Gegenstandes, an den wir uns erinnern wollen (…). Wie also diejenigen, welche die Buchstaben kennen, das, was vorgesprochen wurde, mit ihrer Hilfe niederschreiben und vorlesen können, was sie niedergeschrieben haben, so können ebenso diejenigen, welche die Regeln der Gedächtniskunst gelernt haben, das, was sie gehört haben, an Orte festsetzen und von diesen Orten her aus dem Gedächtnis vortragen. Denn

die Orte sind einer Wachstafel und einem Blatt Papier sehr ähnlich, die Bilder den Buchstaben, die Einteilung und Anordnung der Bilder der Schrift, der Vortrag dem Lesen.[23]

Welchen Ort nun hat das Gedächtnis selbst? Fragen nach dem Ort, der Funktionsweise oder der Struktur des Gedächtnisses haben eine Reihe von konkurrierenden Gedächtnismetaphern hervorgebracht, die als »absolute Metaphern« zu gelten haben, »insofern sie«, so Nicolas Pethes, »das Wissen über ihren Gegenstand ermöglichen und konstituieren und nicht bloß bestehendes Wissen veranschaulichen«.[24] Lokalisiert wurde das Gedächtnis bislang nicht, es ist ein ortloser Ort, der, so opak er auch gedacht wird, die sich entziehende Verborgenheit im versuchten Zugriff auf einen (fliehenden) Strahl in einen Punkt zu konzentrieren scheint. Harald Weinrich hat die Gedächtnismetaphern untersucht und sie in »Magazinmetaphern« und »Wachstafelmetaphern« rubriziert, die zwei Bildfelder konstituieren. Für die Theorien der *memoria* haben sie die Qualität von Denkmodellen. Das Bildfeld »Gedächtnismagazin« habe »seine vollständigste Ausbildung in der rhetorischen Mnemotechnik« gefunden mit ihren Hauptquellen der *Herennius-Rhetorik* (III), Ciceros *De oratore* (II, 350−361) und Quintilians *Institutio Oratoria* (XI, 2).[25]

Als konkurrierendes Modell findet sich die Wachstafelmetapher zuerst bei Platon als Geschenk der Mnemosyne, der Mutter der Musen. Platon lässt Sokrates sagen: »Nimm also zum Zweck unserer Untersuchung an, in unserer Seele befinde sich eine wächserne Tafel, bei dem einen größer, bei dem anderen kleiner, bei dem einen aus reinerem Wachs, bei dem anderen aus schmutzigerem, hier aus härterem, bei anderen wieder aus weicherem, bei einigen auch aus regelrecht passendem (…)«[26] Weinrich zufolge sammeln sich die Magazinmetaphern vornehmlich »um den Pol Gedächtnis«, die Tafelmetaphern »um den Pol Erinnerung«.[27]

Sigmund Freud hat beide Metaphernfelder der unbegrenzten Aufnahme (Magazinmetapher) und der dauerhaften Einschreibung (Tafelmetapher) synthetisiert, indem sich in der Metapher des Wunderblocks beide Bildebenen vereinigen. Freuds Modell lässt sich nun nicht mehr statisch im Sinne eines Gedächtnisspeichers fassen, sondern als sich verändernder Prozess.

Die *memoria* bei Hegel

Giambattista Vico zufolge können »wir uns nichts anderes vorstellen (…) als das, woran wir uns erinnern, und wir erinnern uns immer nur an das, was wir durch Sinneswahrnehmung aufnehmen können«.[28]

Memoria ist Vicos Typologie entsprechend dann »*memoria*, wenn sie die Dinge wiedererinnert; sie ist *fantasia*, wenn sie die Dinge verändert und nachschafft; sie ist *ingenio*, wenn sie den Dingen eine neue Einfassung gibt und sie in eine taugliche, zu errichtende Ordnung bringt«.[29]

Konträr zu Vicos Auffassung eines über Anschauung konfigurierten Gedächtnisses steht Hegels spezielles Magazinmodell, das auch einen kritischen Gegenentwurf zur rhetorischen Mnemonik darstellt. Mit der Metapher des Wegwischens beschreibt Hegel das rhetorische Gedächtnistraining. Indem Hegel die Konstanz »einer Reihe von Bildern« und die Varianz von mit diesen verknüpften Vorstellungen bzw. Sachen hervorhebt, befindet er sich bereits in der Nähe von Freuds Wunderblock-Konzeption: »Nicht nur wird der Geist auf die Folter gesetzt«, kritisiert Hegel die rhetorische Mnemonik, »sich mit verrücktem Zeuge zu plagen, sondern das auf solche Weise Auswendiggelernte ist eben deswegen schnell wieder vergessen, indem ohnehin dasselbe Tableau für das Auswendiglernen jeder anderen Reihe von Vorstellungen gebraucht und daher die vorher daran geknüpften wieder weggewischt werden.«[30]

Hegel entwirft ein Gegenmodell. Die Intelligenz ist Hegel zufolge »nicht nur das Bewußtsein und Dasein, sondern als solche das Subjekt und das *Ansich* ihrer Bestimmungen; in ihr *erinnert*, ist das Bild, nicht mehr existierend, bewußtlos aufbewahrt.« Für Hegel schlafen die Bilder »im Schacht meiner Innerlichkeit« und können »willkürlich« nicht wiederhervorgerufen werden: »Niemand weiß, welche unendliche Menge von Bildern der Vergangenheit« in diesem nächtlichen Schacht »schlummert«.[31]

Wie aber wäre das möglich? Sind diese Bilder bloß Stand-by, schalten sie sich von selbst wieder auf Betrieb? Welche Instanz reaktiviert sie wieder, sind es vergessene Bilder? In letzterem Fall müsste Hegel, so Stephan Otto, »dem freien Denken zugestehen, sogar über das Vergessen und die ›Vergessenheit‹ zu herrschen«.[32] Hegels Semiose liegt die Transformation von anschaulichen Bildern zu gedachten Zeichen zugrunde. Allein die Intelligenz, der Geist, kann Hegel zufolge das Außen angeschauter Dinge in ein Inneres wandeln, eine ›Äußerlichkeit‹ in ein ›Innerliches‹. Unter dieser Operation versteht er die »Erinnerung des Geistes«[33]: »der Geist« setzt »die Anschauung als die *seinige*, durchdringt sie, macht sie zu etwas *Innerlichem, erinnert sich in ihr,* wird sich in ihr *gegenwärtig* – und somit *frei.*«[34] Erinnern und Vergessen sind die beiden fundamentalen Instanzen, die hier kollidieren.

Hegels Denkmodell der Vorrangigkeit der Wörter vor den Bildern und seine Folge der transformierenden Verbannung der *memoria* charakterisiert Stephan Otto folgendermaßen: »›Aufhebung‹ der Erinnerungsbilder in vom vorstellungsfreien Denken gesetzte Zeichen, Ersetzung dieser Bilder durch Wörter und Namen, Übersetzung bildlicher Anschaulichkeit in rein sprachliche Signifikanz.« Dies sei die »sematologische

Binnenstruktur« von Hegels spekulativer Philosophie »eines In-sich-Gehens des Geistes, die von der ›alten‹ *memoria* nurmehr den *Namen* einer ›Er-innerung‹« bewahre.[35]

Der Name ist für Hegel die intelligible Objektivation der Sache. »Der *Name* ist so die *Sache*«, schreibt er, »wie sie im *Reiche der Vorstellung* vorhanden ist und Gültigkeit hat.« Mit dem Namen einer Sache wird die Sache in der Vorstellung in die Existenz zurückgerufen: »Das *reproduzierende* Gedächtnis hat und erkennt im Namen die Sache und mit der Sache den Namen, ohne Anschauung und Bild.« Hegels Vorrangigkeit einer vom Denken beherrschten Wörtlichkeit findet ihre sinnbildliche Manifestation im Löwen, dessen Name anschauungs- und bilderlose Evokation des Geistes sei: »Bei dem Namen Löwe«, so Hegel, »bedürfen wir weder der Anschauung eines solchen Tieres noch auch selbst des Bildes (…). Es ist in Namen, daß wir denken.«[36]

Könnte dies nicht eine grundlegende Eigenschaft von Literatur sein, die Voraussetzung ihres Möglichseins? Und zugleich die Voraussetzung ihres Abirrens, ihres anschauungslosen Freiflugs, der irgendwann doch das Kriterium der Wahrscheinlichkeit wieder auf den Plan ruft, auch in phantastischer Literatur.

Der Schacht der Literatur, in dem Bilder aufbewahrt werden, das Gedächtnis der Literatur, ist die Schrift, die Hegel zufolge »zum Felde des unmittelbaren räumlichen Anschauens«[37] fortgeht. Dieses Feld konfigurieren die Schriftzeichen, die ich unmittelbar räumlich anschaue, indem ich sie ins Feld setze. Schrift fungiert auch heute noch als *memoria* im ciceronischen Doppelsinne des Andenkens der Toten mit all ihren figurierenden und bildgenerierenden Effekten. Das Einprägen, das in Hegels Feststellung aufscheint – wenn »ich also etwas in der Erinnerung *behalten* soll, so muß ich die Anschauung desselben *wiederholt* haben«[38] –, leistet die Schrift als das

223

ausgelagerte Medium der Wiederholung und wiederholten Anschauung. Schrift kann die Konservierung von Erinnerung gewährleisten, indem sie immer wieder durchquert wird. Sie kann allerdings keine Stabilität oder gar Invarianz des Erinnerten garantieren, höchstens eine variierte Wiederholung. Die *Memoria* als aufbewahrendes Gedächtnis ist zu unterscheiden von der Erinnerung, die das Aufbewahrte sich zueigen macht (*reminiscentia*).[39] Im Prozess der Aneignung kann sich schon eine neufigurierende Transformation des Erinnerten vollziehen. Die materiale Präsenz von Handschrift erlaubt darüber hinaus, an der »Texturalität« zum Beispiel psychoenergetische Dispositionen abzulesen.[40]

Die Rhetorik ist erfunden worden, um zu erfinden. Dazu bedurfte sie der analytischen Systematisierung der intrinsischen Regularitäten von Sprache, ihrer Figuren und performativen Leistungen. Der Sicherheitsausschuss der Rhetorik heißt Ordnung. Die Gefahr der Literatur bzw. des Lesens von Literatur heißt Nichtvergessen. Auch für die Erfindungskünste gibt es keinen Ort des Vergessens. Wenn Erfinden ein menschliches Vermögen ist, so können die Methoden der Erfindung verspottet werden oder als überholt gelten. Das menschliche Vermögen des Erfindens wird dann diskursiv umbesetzt. Stefan Rieger bringt diesen Sachverhalt auf den Punkt: »Die Abwertung der *memoria* bei gleichzeitiger Aufwertung des *ingeniums* wäre so die entsprechende Kurzformel, die es erlaubt, die Verhältnisse innerhalb der Literaturgeschichtsschreibung als Psychologie ihrer jeweiligen Vermögen anzugeben.«[41]

Erinnern muss ich mich immer noch selbst. Erinnerung ist die Distanz, die den Abgrund auf Abstand hält. Mein Vorrat an Bildern ist geschrumpft. Oder er war nie sehr groß. Oder meine Vorstellungen werden, kaum dass sie aufkommen, in den Bann zweier Generalvorstellungen gezogen, die sie gänzlich überformen: Die Leere und der Tod.

Schrift und Tod

Edmond Jabès schreibt in *Le petit livre de la subversion hors de soupçon* (*Das kleine unverdächtige Buch der Subversion*): »Die Subversion, das ist die Bewegung der Schrift: die Bewegung des Todes.«[42] Ich habe dieses kleine unverdächtige Buch Anfang der neunziger Jahre gelesen – und war ein wenig erschrocken. Das Buch sprach aus mir. Nur konnte ich es nicht ganz verstehen. Ich erinnerte mich aber, manche der Sätze schon einmal *gefühlt* zu haben. Was ist *gefühlt*? Eine Schlucht zwischen mir und der Außenwelt? Der Postbote zwischen Wahrnehmung und Verstand? »Ein Gefühl sagt mir …« Beides bleibt vage, das Gefühl und sein Sagen. Eines Tages nicht mehr von der Stelle kommen, vom Wort her gedacht, jedes Wort auf die Goldwaage legen. Feinstaub der Bedeutungen. Bereits der Titel des Buches – *Das kleine unverdächtige Buch der Subversion* – ist subversiv. Die Bewegung der Schrift, das Kratzen der handgeführten Feder auf unverdächtigem Papier, das gegenüber dem Geschriebenen so stoisch indifferent ist. Möchte man nicht manchmal das Papier anschreien, was es denn zu sagen habe zu dem, was es soeben erträgt und tragen muss? Das Papier rührt sich nicht, und auch das in Schrift Geschriebene steht still. Die Bewegung der Schrift, die nirgendwohin führt – Dr. Mabuses Schriftwuchern, die ihm eingegebene Schrift und ihre allerdings verheerende Wirkung: ein Wunschtraum. Sollte Schrift nicht heilen können? – ›Ich habe Ihnen hier etwas verschrieben, das wird Sie gesund machen.‹ – Der Schrift verschrieben, der Bewegung des Todes. »Die Subversion, das ist die Bewegung der Schrift: die Bewegung des Todes.« Die Schrift zersetzt, indem sie aus dem, was eins ist, heraustritt. Die Schrift ist Mottenfraß im Gewebe des Lebens, das Text ist. Der Text ist gewebte Fläche, die Schrift der Faden, der sich durch die Fläche bahnt. Hat die Schrift ihr Werk getan, entfliegt sie. Sie wird wiederkehren, als Trojanische Motte. Schrift ist kein Geschenk, sie ist als Wollust getarnte Pein.

Den Tod schreiben, ihm entlangschreiben, nachschreiben. Der Tod ist die Vor-Schrift. Der sich anbahnende Tod des anderen als der eigene Tod. Die schriftliche Okkupation des fremden Todes. Das zunehmende Verschwinden des anderen im Text. Das Leben wird zum Tod, der das Buch ist. Wissend, dass auch der eigene Tod nicht eigen, sondern fremd ist, und dabei ganz und gar gewöhnlich. Der aber als Angst durchlitten werden muss, bis er, bei noch lebendigem Leibe, nicht mehr da ist:

Und plötzlich war ihm klar, daß das, was ihn quälte und nicht aus ihm heraus wollte, auf einmal herausging von zwei Seiten, von zehn Seiten, von allen Seiten. Sie taten ihm leid, er mußte etwas tun, daß sie nicht mehr zu leiden brauchten; er mußte sie retten und sich selbst von dem Leiden retten. »Wie gut und wie einfach!« dachte er. »Und der Schmerz?« fragte er sich. »Wo soll der hin? Ja, wo ist denn der Schmerz?« Und er horchte auf. »Ja, da ist er. Nun meinetwegen.« »Und der Tod? Wo ist der Tod?« Und er suchte seine frühere Todesangst und fand sie nicht. »Wo ist sie? Wo ist der Tod?« Die Angst war nicht mehr da, weil auch der Tod nicht mehr da war. Anstelle des Todes war ein Licht da. »Das ist es also!« sagte er laut. »Welche Freude!« Für ihn vollzog sich das alles in einem Augenblick. Und die Bedeutung dieses Augenblicks wechselte nicht mehr. Für die, welche an seinem Bett standen, dauerte der Todeskampf zwei Stunden. In seiner Brust brodelte es, sein ausgezehrter Körper bebte. Dann wurde das Brodeln und Röcheln immer seltener. »Es ist zu Ende«, sagte jemand über ihm. Er hörte diese Worte und wiederholte sie in seiner Seele. »Der Tod ist zu Ende«, sagte er sich, »er ist nicht mehr.« Er schöpfte Luft, blieb mitten im Atemzug stecken, streckte sich aus und starb.

Die Schlusspassage aus *Der Tod des Iwan Iljitsch* von Leo Nikolajewitsch Tolstoi.[43] Eine voranlaufende Erinnerung, die den Tod als angstbesetzten Prozess des Sterbens fasst. Als existenzielle Grenze ist der Tod auch eine Darstellungs- und Sprachgrenze. »Der Tod ist zu Ende« – ein großartiger Satz, mit dem der Erzähler diese Polstelle des Undarstellbaren geschickt markiert, indem er ihn dem Sterbenden ›in die Seele‹ legt und der Wahrnehmung entzieht. Hier ist ein beobachtender Erzähler am Werk, der noch Einblicke in die Seele hat, ein wahrhaft sehender Erzähler, der seine Figur, Iwan Iljitsch, sterbend über den Tod sprechen lassen kann, als gehörte dieser entgegen Wittgensteins Diktum doch zum Leben: »Der Tod ist kein Ereignis des Lebens. Den Tod erlebt man nicht«, schreibt Ludwig Wittgenstein im *Tractatus logico-philosophicus* (§ 6.4311).

Ist der Tod zu Ende, fängt das Sterben an.
Über Muttersterben

Im Jahre 1993 erkrankte meine Mutter an Krebs. Mein Vater war ihr Teichoskop. Er berichtete von der Krankheitsfront. Die Nachricht von ihrer Krankheit setzte mich zurück, ließ mich fremd werden mir selbst gegenüber, wie auch die eigene Stimme einem fremd werden kann. Ist das Haus oder die Wohnung, aus der man auszieht, leer geräumt, bekommt die Stimme einen anderen Klang, der nicht nur auf den nun entstehenden Hall zurückzuführen ist. Es fehlen die Gegenstände, welche die Stimme wiedererkennen, mit denen die Stimme verklebt war. Die Stimme, die in den leeren Räumen ertönt, ist die befremdliche Stimme eines anderen. Das hört die Stimme. Die Stimme ist die Ausgezogene, sie ist ebenso angstbesetzt wie das Schweigen, das sich noch nicht entschieden hat, sich ins Wort zu fallen.

Die Nachricht von der Krankheit meiner Mutter musste kalt werden. Innerlich baute sich ein leeres Archiv auf mit einer begrifflich neu zu belegenden Registratur – eine Distanz schaffende Bürokratie, die sich zwischen die täglich eintreffenden Neuigkeiten als Metonymien meiner Mutter und mich selbst schob. Ich wurde spürbar zum Aufzeichnungsmedium. Die bürokratische Haltung, die penible Notation der die Krankheit rasternden Parameter wie Monat, Tag und Uhrzeit oder die verlaufskontrollierenden Konzentrationen des Tumormarkers, dessen Zahlenwerte Leben oder Tod zu definieren oder gar über diese zu entscheiden schienen, produzierte verlässlich abkühlende Antikörper. Allein eine bloß informationell aufs vermeintlich Faktische gerichtete Aufmerksamkeit schaffte Distanz, war die räumliche Entfernung zwischen meiner Mutter und mir doch trotz einiger hundert Kilometer, die uns trennten, auf ein imaginäres Beieinander geschrumpft, das sich aber in den selten genug geführten Telefongesprächen als ein räumliches, kommunikatives und von der Empfindung her auch zeitliches Getrenntsein erwies.

Meine Mutter anzurufen bedeutete, eine Hemmschwelle zu überwinden. Was sollte ich sagen? Die Gespräche wurden um ihrer selbst willen geführt, es gab nichts zu sagen. Zu hören war eine Stimme, die schon nicht mehr aus dieser Zeit zu sein schien. Ich hatte den Eindruck, mit den Umständen bürokratisch umgehen zu müssen. Und um es so bürokratisch wie möglich zu formulieren: Es gab zwar keine analogen Erinnerungen, welche die Nachricht der Krankheit und ihre Realität vergleichend hätten katalogisieren und ihr so das Inkommensurable, die Penetranz nehmen können. Immerhin aber gab es mittels dieser kalten Strategie jetzt ein stabiles Gerüst, mit dem ich den Ort der Krankheit, die meine Mutter nun war, einvieren konnte. Das Gerüst wurde zum Gebäude, das Gebäude verschwand.

Die Nachricht arbeitete in mir als Virus, der unkontrolliert sein Programm entfaltete. Die Nachricht *war* meine Mutter. Ich musste mich ihrer bemächtigen, indem ich sie erfand. »Die Appräsentation, die das originaliter Unzugängliche des Anderen gibt, ist verflochten mit einer originalen Präsentation (›seines‹ Körpers als Stück meiner eigenheitlich gegebenen Natur)«, heißt es bei Edmund Husserl.[44] Die unzugängliche Mutter, in ihrer Unzugänglichkeit mein Alter Ego, der ich mir ja selbst unzugänglich war, wurde mir als kranker Körper zum Text. In diesem Text konnte ich mich als »Selbstleser«[45] behaupten; er war die Appräsentation, die mich das Unzugängliche hinzu wahrnehmen ließ. Der analytische Schnitt durch den Textkörper, mit dem Teile des Geschriebenen entfernt, andere Konstellationen erprobt und Arrangements eines neuen Textkörpers variiert wurden, war schon Trauerarbeit.

Das Gehörte, die Stimme meines Vaters, war augenblicklich das Geschriebene, und die Schrift war im selben Augenblick bereits geronnen. Das Schriftbild eines angekündigten Todes, denn dieses Monsterwort hörte ich durch alle abwägenden, eventualisierenden oder beschwichtigenden Modulationen meines Vaters hindurch. Ist nicht der Tod die ursprüngliche Katachrese, der unbenennbare Riss, der durch das Leben geht und sich erst zeigt, wenn etwas verschwindet? Der »tödliche Aufschlag des Augs«. Jacques Derrida, gelesen von Edmond Jabès.[46] Das schreibende Auge, ein Handlanger des Todes.

Die Modulationen, die ein Nichtfestlegen vorgaukelten, lenkten mich nicht mehr ab von der fixierten Vorstellung, mit den Ereignissen Schritt, nämlich Schrift halten zu wollen, ihnen vielleicht sogar, wenn erforderlich, voranzuschreiben. Der entstehende Text war selbst eine Operation, allerdings an einer offenen Wunde, die sich nicht schloss. Die Stimme meines Vaters am Telefon, die aus der Stimme herauszufilternden Notizen, die Telefonschnur, die goldenen Ketten des gallischen Herkules. Bis zum Tod meiner Mutter hörten die Notizen nicht auf. Der aus vielen Sprüngen gewebte Text, die endlich fertiggestellte Ordnung des Abgrunds. Sprünge der Zeit, des Wortsinns, der Vergegenwärtigung. Indem ich mich im Schreibvorgang mit dem Vorgang des Schreibens auseinandersetzte, wurde Schrift zum Mittel der Distanzüberwindung aus gesicherter Entfernung. Die Schrift war bei mir, sie war näher als die in den Körper eindringende und den Körper hoffentlich wieder verlassende Stimme, die sich als Mutters Stimme zunehmend entfernte. Die eigentümliche Vorstellung, die Stimme des anderen wohne für immer im Körper, breite sich dort aus wie ein Myzel, fordere Platz, nehme sich diesen Platz, dränge das Wirtstier schließlich aus sich selbst. Ein imaginierter Verfolgungswahn als Initiierung des Schreibens. Die zunehmende Entfernung von Mutters Stimme hatte weniger damit zu tun, dass sie brüchig wurde, rissig, diskontinuierlich, vielmehr hatte mit dem Textkörper eine Besetzung stattgefunden, die den Körper des Textes, zu der die Stimme gehörte, enteignete. Der Körper wurde verschrieben, um ihn der Krankheit zu entreißen. Schreiben als Bannen. Die Schrift sollte die Stimme des Körpers fixieren wie das Eisenvitriol den Körper des Bergmanns in Johann Peter Hebels Kalendergeschichte *Unverhofftes Wiedersehen*. Über die Schrift sollte die Stimme jederzeit abrufbar sein, so das Initiationsgelöbnis des Mitschreibens. Was aber verstand ich unter Stimme? Die Stimme meiner Mutter war mehr als tönend ausstrahlende Physis, über die in eigentümlicher Leibkoppelung Sprache transportiert wird, sie war indes kein Medium der Kommunikation mehr, die, längst abgebrochen, sich nur noch in ihren bloßen Schemata reproduzierte. Die Stimme füllte metonymisch den ganzen Erinnerungsraum »Mutter« aus. Ich habe meine Mutter nie als Frau wahrgenommen, mit *Muttersterben* gehorchte ich ihr noch einmal als Sohn, der ihre postoperative Aussage, der Krebs werde genau an der Stelle wiederkommen, wo er entfernt worden sei, als Anordnung nahm, sie in einem Text wiederkehren zu lassen, immer genau an derselben Stelle, die sich jedoch nicht immer wieder auf sich selbst abbilden kann, die sich also stets wiederholen muss, wenn auch in Variationen. So ist der Text als Figur eine insistierende Wiederholung im sprachlichen Gewand variierender Fortschreibung. Mit Samuel Beckett: »Das Gleiche nochmal anders.«

Die Körperstimme als Ereignis und Geschehen ist zu komplex, um verlustfrei in einen Textleib übersetzt zu werden. Als ephemeres Phänomen ist sie eben auch nicht statisch, und die Stimme der Mutter war durchaus nicht das schon inwendig gekannte Wiederhören, das sich in der Identitätsbeglaubigung des Zuhörenden erschöpft, wenn es nichts zu sagen gibt; es provozierte, darin bereits Erinnerung, ein Nachhören auf der Suche nach Symptomen, das späteren Gesprächen palimpsestartig voranlief.

Es wäre also naiv, einen solchen Medienwechsel von der Stimme zum Text *als Stimme* für unmittelbar realisierbar halten zu wollen. Und dennoch glaubt Literatur, dies tun zu können. War das Medium Stimme und mit ihm die gewissermaßen entrückte Aura, die meine Mutter umgab, die sie ausmachte, auf direktem Wege also nicht zu bannen, so konnten aber – ganz im Sinne der rhetorischen Topik und Mnemonik – Stellvertreter in Form von Sachen und Örtern die mit meiner Mutter verbundenen diffusen Empfindungen speichern, an denen sich die Erinnerung im Wieder-Holen ständig erneuert. Mit Quintilian unterscheidet die Rhetorik hinsichtlich der Örter zwischen *loci a persona*, die auf die Person bezogen sind, und den *loci a re*, die von der Sache her zu denken sind, wobei sich hier Synergien ergeben können. Die Besuche im Krankenhaus waren gleichzeitig ein Aufsuchen und Einprägen dieser Örter und Sachen, denen während der Telefongespräche auditive Imaginationen korrespondierten, die zur Stimme die Erscheinungsweise und den Zustand des Körpers evozierten.

Die weiße Strickjacke, die Schnabeltasse, die blaue Wolldecke, das Bett im Krankenhaus, das Bett im Haus meiner

Eltern, der silberne Ring, künstlicher Speichel, das ziellose Verharren der Mutter an Orten, zu denen sie sich hingebeben hatte, vielleicht ohne ganz genau sagen zu können, was sie da eigentlich wollte: das Haus, der Garten, die Straße. Standbilder, herausgelöst aus einem Bilderkontinuum, das Leben heißt. Das Gedächtnis als Standfotograf, der Film ohne Regie. Die Stimme ist ein indexikalisches Medium, ein Instrument, das auf Umwelt reagiert und auf Umwelt zeigt, das aus dem Körper heraus- und wieder in ihn hineinstrahlt, ein darüber hinaus keineswegs indifferentes Medium. Denn nicht alle seine Parameter sind so zu kontrollieren, dass der Körper der Stimme, die Person, in jeder Situation und unter allen Umständen die Verfügungsgewalt über die Stimme hätte – die Verfügungsgewalt über die Qualität, die Frequenz, die Intonation, die emotive Färbung etc., und das auch noch gleichzeitig. Gleichwohl kann man in der Wahrnehmung der Stimme des anderen physiognomischen und psychologischen Trugschlüssen aufsitzen, seinen »akustischen Masken« und Verstellungen. Das »Innere abzulesen«[47] aus der Gestalt und den Gestaltungen der Stimme kann ein Kurzschluss sein, das gilt nicht zuletzt für die retroaktive Erinnerung. Die Stimme meiner Mutter in ihrer Zeiträumlichkeit ist mir ein blinder Fleck; ich besitze keine einzige Aufnahme ihrer Stimme, kann mir ihren Klang in der Imagination nicht mehr vergegenwärtigen. Ihre Stimme zu haben – was aber hätte ich dann? Auch die sprechende Stimme schweigt. Es gibt keinen Ersatz für die »Leibkörperlichkeit«[48] der Stimme im ephemeren Hier und Jetzt, deren Flüchtigkeit vom Tod weiß und ihm voranspricht: die Stimme als Figur vor dem Grund des Rauschens, das der Tod ist.

Der vorrangige Sinn *pathischer* Kommunikation besteht darin, »Verbindung aufzunehmen und auch aufrechtzuerhalten: Die Stimme wird zum Kontaktorgan.«[49] Ist die Stimme die »*Spur des Körpers in der Sprache*«[50], so übernimmt diese

Funktion bei abwesender Stimme der Text: *Muttersterben* ist die Spur des Körpers *des Anderen* in der Sprache, wenn auch über den Umweg des Affiziertwerdens und der Reflexion darüber: der sich auflösende Körper, der sich aufbauende Text. *Muttersterben* nimmt Verbindung auf und hält sie aufrecht.

Die Texte *Muttersterben* und *Kein Zusammenhang* sind Supplemente für die fehlende Stimme als Metonymie der Mutter. Sie sind der Wunsch nach einer stillstehenden Anwesenheit einer Abwesenden. Sie müssen nicht mehr gelesen werden. Ungelesen sind sie verhüllt. Könnte es eine Legitimation für ihr Vorhandensein darstellen, dass sie das Resultat einer ›hybriden Stimme‹[51] sind, eines Sprechens des anderen in mir?

»Die Subversion, das ist die Bewegung der Schrift: die Bewegung des Todes.« Die Texte *Muttersterben* und *Kein Zusammenhang* schrieben sich als ein voranlaufendes Nachher, als in der Anwesenheit der Mutter vollzogene Nachträglichkeit, mittels der die nicht vorwegzunehmende Konfrontation mit ihrem Tod eingeübt wurde – so unmöglich das selbstverständlich war und so bürokratisch das auch klingen mag. Die Texte warteten auf den Tod der Mutter als Nachricht und setzten sich über die Schwelle ihres Todes fort in der Erinnerung an den Schmerz des Todes, in einer Erinnerung, die im Schmerz des erwarteten Todes bereits anwesend war. Ein genuin narzisstischer Akt – denn schließlich spricht da jemand mit einem Mal nicht mehr –, der *mich* adressierte, auch wenn ich vielleicht gar nicht gemeint war, wenn es nur *sprach* und nicht *sagte*, wenn die bloße Anwesenheit der Stimme alles Gesagte bevormundete. Der Tod ist die Gewissheit des Schweigens.

Das Schweigen unterbricht hier nicht Kommunikation und hält diese anschlussfähig, als Unhörbares kommt es plötzlich in den Vordergrund und bleibt die entscheidende Figur vor einem zunächst noch diffusen Hintergrund, dessen Ordnung sich in der Mit-Schrift bereits angebahnt hat. Dieses Schweigen ist ganz und gar nicht eingespielt, es hat keinen Ort, es ist nicht verhandelbar, es ist durch Wiederholung nicht zu vergegenwärtigen, da es nicht segmentierbar, sondern kontinuierlich ist und eine Wiederholung nur als Fortsetzung dieses Schweigens gedacht werden kann. Dem Schweigen haften Bilder an, lebende Bilder – solistische *Tableaux vivants* einer Mutter, die regungslos im sogenannten Nähzimmer sitzt und die Frage, was sie da mache, mit Tränen beantwortet. Immerhin: Tränen schweigen nicht. Mutter im Auto, den beigen Mantel um den schwindenden Körper gewickelt. Die Fahrt über schaut sie aus dem Fenster und schweigt. Beim Aussteigen flüstert sie vertrauensvoll: »Vater sieht schlecht aus.« Im Restaurant ein letztes gemeinsames Essen, bevor sie dann bettlägerig wurde. Es schmecke ihr gut, sagt sie. Nachdem sie stundenlang schweigend vor sich hingesessen und nichts angerührt hat. Oder dramatisiere ich jetzt?

Erinnerung ist der Schmerz darüber, dass *ich* mich erinnere

Es ist die Selbstwahrnehmung bei abwesendem Substrat des Erinnerten. Im Moment der Selbstwahrnehmung bin ich selbst abwesend. Das Erinnerte aber, und das kann das Sentimentale der Erinnerung ins Tröstende und vielleicht auch Löschende wenden, erscheint bei reflektierender Betrachtung dessen, *was* es denn ist, was da erinnert wird oder werden will, seltsam diffus. Es scheint nur in der Setzung zu haben zu sein, so wie man, zum Beispiel kurz vor dem Einschlafen, aus einer weißen Wand ein Muster herausliest, ein Gesicht, das schon beim zweiten Blick nicht mehr zu finden ist. Hindert der Verlust am Einschlafen, bildet man sich das Gesicht ein, man projiziert es an die Wand.

Muttersterben und *Kein Zusammenhang*, das sind schmerz-reflektierende und diachron analogisierende Schmerzzufü-gungen – *Muttersterben* in deutlicher Kühle, *Kein Zusammen-hang* lässt Erregung zu. Der Kontrast von Kühle als affektreduzierte Emotion und Affekt als emotive Reaktion bzw. ausdrückliches Ausagieren von Erregungszuständen ist ein Ordnungsprinzip, das in der nachträglichen Bearbeitung der Texte für eine auslagernde Zweiteilung des Stoffes sorgte bzw. erst einen zweiten Text neben der Erzählung *Mutterster-ben* entstehen ließ. Letztere hätte ich ohne diesen zweiten Text, ohne die Affektpoetik von *Kein Zusammenhang*, stofflich-konstruktiv nicht bewältigen können. Die Texte sind ein Echo, das sich emanzipiert hat, ein verzerrtes Echo der Erinnerung und der Phantasie. Und dennoch bleibt ein nicht erwiderter Rest: die in Bildern wandernde, den Schlaf heimsuchende Mutter.

Die Texte fungieren solchermaßen auch als »erinnernde Schmerzreaktivierungen des Gedächtnisses«[52], ohne dass die-ser Prozess in bloßer Wiederholung erstarrt, dafür sind ihre Bilder zu ambivalent und vexierspielhaft. Bedroht sind Text wie Erinnerung allerdings vom Vergessen. Edmond Jabès hat das Wort »Vergessensschimmer« geprägt, ein Schwellenwort zwischen Wahrnehmung und Trugschluss. »Die Bilder ver-dämmern im Unbewußten, doch verlöschen sie nicht: Verges-sensschimmer«[53], sagt er. Den Schimmer entreißt man dem Vergessen und füllt ihn wieder auf. Die Auffüllung bedeutet: Jedes Wahrnehmen und alles Wahrgenommene durchschaue ich als vom Tod grundiert.

Und dann ist da noch etwas anderes, die Rache des Textes an der bedrohenden Störung, an der Anmaßung dieser Nach-richt, die bei lebendiger Einsamkeit meiner Mutter die Welt war. Text und Tod lieferten und liefern sich einen lebenslangen Wettkampf. Der Text teufelt und der Tod tanzt. Der Mutter be-durfte es dabei nur als Initiale, und ihr gelebtes Leben erschien mit einem Mal gelöscht, dieses Stellvertreterleben, dieses nichts mehr wagende, kleinmütige, stets noch in die depressive Zielgerade einmündende Nachkriegsleben, dieses Schema. Der Tod als Schweigen kann etwas Befreiendes haben im Sinne von »Es war ein erfülltes Leben, jetzt aber käme die Zeit bloßer Wiederholung, die dauert; es wird also Zeit«. Als meine Mutter starb, ließ sich ein Freund zu folgender Bemerkung hinreißen: »Das macht nichts, sie hat alles gehabt in ihrem Leben, in dieser Generation war für die Frauen nichts zu holen, da kann man mit 68 sterben. Eine Zugabe, selbst ohne Krankheit, ist künstliche Beatmung.« Die Mutter, das eingestürzte Gebäude, der Text die erinnernde Narbe. Phantomschmerz.

Die Vorstellung, bei lebendigem Leib für immer zu schweigen, auch wenn man sprechen könnte, kann zur Zwangsvorstellung werden. Realisierte sie sich, würde das Schweigen auf kürzestem Wege in die völlige Isolation führen. Und dennoch: »›Schreiben‹, sagte er, ›ist ein gegen das Schweigen gerichteter Akt des Schweigens; der erste positive Akt des Tods gegen den Tod.‹«[54], sagt Edmond Jabès. Ein subversiver Aphorismus, der nicht nur im Kontext von Auschwitz zu denken und deuten ist.

Das Leben vom Tod her denken. Das lustvolle Erinnern als ausweichendes Leben. Vorübergehend leben. Vorläufig sterben. Das lebenslange Ringen um einen Ausdruck hierfür. *Das* heißt *ornatus*. Und entbindet uns ja nicht von der Aufgabe einer ästhetisch spendablen Lösung dieser Aufgabe. Lauter letzte Sätze. Solch einen letzten Satz zu schreiben, dass ein letzter Satz nicht mehr möglich ist.

Erinnerung als Neurose – *Liebeserklärung*

Was sich in *Muttersterben* in Bildsituationen zu stauen und konzentrieren suchte, ein hart geschnittenes Stillleben, dabei nicht gefühllos, fächerte sich in meinem Roman *Liebeserklärung* prozessual aus. *Liebeserklärung* schreibt sich als Prozess in die Fläche ein als rasende Fahrt, die nur kurz an Bildstationen anhält, damit etwas lesbar wird *in statu nascendi*: Trennung, Abschied, Begehren; das Empfinden von Gegenwart als abgeschlossene Vergangenheit, Erleben als schmerzende Erinnerung, erlebter Schmerz als im Erleben zugleich erinnerter Schmerz, was eine doppelte Entfremdung ist: vom akut Erlebten und der im Erleben reaktivierten Erinnerung. Fehlt der Schmerz, muss ich mich nur erinnern. Merkwürdig, wie es uns mehrfach gibt, wie wir parallel laufen und es dennoch schaffen, zumindest sehr oft, uns nicht zu verlaufen.

Liebeserklärung ist ein Paroxysmus. Protagonist des Romans ist die Erinnerung, die alles Erleben überformt: »die Erinnerung ist ein abgelegtes Kleidungsstück, die Liebe in der Erinnerung die einzig glückliche, die Erinnerung selbst ist das Unglückliche, ›die Liebe der Wiederholung ist in Wahrheit die einzige glückliche‹, keine Unruhe der Hoffnung, nicht wahr, ›nicht die beängstigende Abenteuerlichkeit der Entdeckung‹, keine Wehmut der Erinnerung, Seeligkeit des Augenblicks«,[55] heißt es im Zwiegespräch mit Søren Kierkegaards *Die Wiederholung* in *Liebeserklärung* – und:

ich trenne mich vom Raum, ich scheide aus dem Raum, es ist eine Erlösung, hier auszuscheiden, den Raum wieder auszukippen wie eine Kindheitskiste, den Raum umzustülpen, das immer Mitgeschleppte vor Augen zu führen, es ist eine Raumkette, ein Raumsein, abgerissene Höfe, und alleinsein mit der Raumerinnerung, ich erinnere mich an alle Räume deutlich, die ich verlassen habe, immer tauchen wir

von einem gerade verlassenen Raum in einen neu betrete-
nen, scheinbar nie gesehenen ein, (...) das Schreckgespenst
heißt Einheitsraum, Einheitserlebnis, endlose Kette von
Verirrungen scheint das Raumbetreten, wir meinen etwas
außerhalb unserer selbst wahrzunehmen, (...) tatsächlich
nehmen wir nur uns selber wahr, unseren Raumschatten,
unsere Raumkrümmung, eine Stehlampe ist der Mensch,
ein Raumfüller, deshalb ist es unangenehm, den entleerten
Raum zu betreten, hineinzugeraten in diese soeben er-
zeugte Erinnerung, kaum ist der letzte Karton hinaus, stellt
sich die Erinnerung ein, wir machen eine einzige Bemer-
kung, wir äußern ein einziges Wort, und schon ist die
Geschichte beendet, mitten in ihrer Blüte ist mit einem ein-
zigen Wort die Geschichte plötzlich beendet, ein kosmos-
füllendes, keineswegs ein einziges geistreiches Wort, und
ging aus seinem Mund hervor undsoweiter, und streckte
sich mit diesem Wort nieder undsoweiter, ein Wort ist so-
fort auch ein Ohr, (...) man möchte es am liebsten unge-
schehen machen, schon ist es raus, es nistet im Magen, es ist
ein Zwerchfellwort, da jagt es hinaus, und sofort wissen wir,
das war's, wir sind uns sofort im Klaren darüber, das war die
Wahrheit, das war der Knieschaden der so genannten Be-
ziehung, die langsame Vergiftung, schon setzt Erinnerung
ein, ein Karton ist die Erinnerung, eine Schlagartigkeit,
»Manchmal ist noch alles danach, so flüchtig und warm,
weder hier noch dort.«[56]

Raum und Zeit erscheinen hier bedrohlich zusammengescho-
ben, es herrscht eine Unausweichlichkeit, als sei ›Raum‹ eine
undurchdringliche Materie, wo er doch als leerer Raum betre-
ten und als solcher wieder verlassen wird. Diese beiden entge-
gengesetzten Bewegungen des Betretens und Verlassens bil-
den die äußeren Pole der Zeitachse; das Geschehen vollzieht
sich in der Überlagerung von Erlebnis- und Erinnerungs-

raum, wobei Letzterem ein schon neurotisch erwartetes Bedrohungspotential voranläuft, was den leeren Raum so scheinbar undurchdringlich macht. Erinnerung erscheint hier als chronotopischer Klebstoff, der so notwendig ist, wie er Identität und Selbstbehauptung gefährdet. Erinnerung *ist* hier die Neurose.

Das Exil ist der Buchstabe – *Pazifik Exil*

Chronotopische Markierungen dienen auch in meinem Roman *Pazifik Exil* den Künstlern, die vor den Nazis in die Umgebung von Los Angeles geflohen sind, als Zeitgeschichte und Zeiträume überlagernde Koordinaten und imaginäre Projektionsbasen. Diese werden keineswegs als bedrohlich wahrgenommen, vielmehr als höchst willkommener, wenn auch selbst nur imaginärer Ausgleich vielfach erlittener Deprivationen.

Der Komponist Arnold Schönberg sitzt in seinem Sessel – in jenem Sessel, den er in *Pazifik Exil* Thomas Mann geliehen hat und in dem dieser dann, zum Entsetzen Schönbergs, *Doktor Faustus* schreibt. Er imaginiert sich nach Europa in die Heimat zurück und erlebt dabei in Variationen eine Phasenverschiebung von Zeiten und Örtern. Gerade das »Diffuse, Unbestimmbare«[57], das freie Flottieren durch seine eigene Erinnerungsgeschichte, die sich vor dem inneren Auge in ihrer Andersartigkeit wiederholt und mit jeder Wiederholung eine andere wird, dient ihm zur Konsolidierung seiner Identität. Schönberg gibt sich diesen imaginativen Träumereien gerne hin, ohne von ihnen überwältigt zu werden. Das Imaginäre gewinnt ihm so die identitätsstiftenden Chronotopien zurück, die ihm von den Nazis und durch die Flucht enteignet worden sind. »Das Imaginäre dissoziiert Logizität und Historizität des Ich, ohne daß dieses sich dadurch verlöre«, schreibt Erich

239

Kleinschmidt. »Es gewinnt eine Art zweites Ausdrucksregister, ohne das erste der logischen und geschichtlichen Situierungskraft ganz aufzugeben. Was reizt, aber auch Probleme aufwirft, ist die Möglichkeit des Wechsels zwischen beiden.«[58] Den imaginativen Prozess und seine Umstände beschreibt Schönberg in *Pazifik Exil* folgendermaßen:

Ich sitze in meinem Sessel, schließe die Augen. Sitze einfach nur in meinem Sessel. Etwas aber stimmt nicht mit ihm, es ist was verrutscht oder ausgetauscht worden, er riecht anders, lässt mich nicht mehr so bereitwillig in ihm Platz nehmen. Ich könnte in Berlin sitzen, in Paris, Brüssel, in Istanbul, es hätte mich mit diesem Sessel nach Korea verschlagen können, Israel die ferne Hoffnung … sitze ich in diesem Sessel, brauche ich einfach nur die Augen zu schließen, sofort läuft alles ganz genau vor mir ab, ich kann in diesem Sessel mein Leben abrufen, erkenne Gesichter wieder, spüre Hitze und Frost, Schnee fällt, häuft sich auf und schmilzt, ich verirre mich, laufe in Berlin auf dem Kurfürstendamm, besuche die Synagoge in der Oranienburger Straße, dieser Sessel ist Heimat. Eine unantastbare Insel im ringsum sinkenden Meer. Und seit dem fünfundzwanzigsten Oktober neunzehnhundertdreiunddreißig heißt dieses Meer Amerika. Die ganze amerikanische Zeit über habe ich in diesem Sessel sitzen wollen. Er hat die alte Zeit mit herübergebracht. Ich hatte, kaum ging ich in Le Havre von Bord, keinen Augenblick daran gezweifelt, Europa nie wiederzusehen. Israel ist nicht Europa.[59]

Bezeichnenderweise weiß im Roman auch Thomas Mann die zeitenverschiebende und imaginative Intensitäten freisetzende Wirkung dieses Sessels zu schätzen, den er, so Schönberg, nur deshalb von ihm geliehen haben wollte, weil in ihm einmal Richard Wagner gesessen haben soll.[60] Diese auratische Kontamination macht den Sessel zum mythopoetischen Fetisch, der Abwesendes anwesend und Erlebtes als in der Erinnerung neu zu Erlebendes vorstellbar machen kann. Thomas Mann beschreibt Schönberg gegenüber die produktiv-initiatorische Kraft des Sessels als chronotopische Engführung der Welt *im* und *als* Sessel. Selbstprojektion und imaginäre Überschreitung des *bloß* Imaginären bedingen einander. Hier zieht Thomas Mann dann eine klare Grenze, und zwar die Grenze des Imaginären im Medium der Sprache, die – nicht nur für ihn – ein konstitutives Ordnungsmedium ist und bleiben soll und vom Imaginären durchaus bis zur Destruktion bedroht werden könnte. Ein Delirieren des Imaginären gestattet er sich im Roman jedenfalls nicht und würde es, zumindest in Gegenwart anderer, wohl auch zu maskieren wissen. Die Ordnung der Sprache, die den Überschuss des Imaginären eingemeindet, ihn einfangend subordiniert, bewahrt so vor dem Abgrund, der als ein Freisetzen von eruptiven, ungesteuerten Latenzen gerade auch die Grenze zwischen Realem und Imaginärem einreißen würde. Das wiederum markiert – bei allem Selbstbewusstsein, das sich in Schrift und Stimme, grammatisch, stilistisch und prosodisch repräsentiert – den melancholischen Einschlag der Romanfigur Thomas Mann, der auch aus dem Verbot resultiert, das Imaginäre aus der Sprache zu entbinden, damit sich nichts *in*, wohl aber *durch* die Sprache mitteile.[61] Ein Verbot, an dem Thomas Mann in seiner Literatur mindestens gekratzt hat.

Als Arnold Schönberg ihn eines Nachmittags in Pacific Palisades besucht, so will es der Roman *Pazifik Exil*, hält Thomas Mann eine kleine Rede, mit der er die Bedeutung, die der Sessel für ihn hat, kundtut. Diese Rede hat wohl keinen anderen Zweck, als Arnold Schönberg davon zu überzeugen, dass es moralisch verwerflich sei, ihm den Sessel wieder wegzunehmen, da sich darin nun seine, Thomas Manns, Welt abspiele, die Welt seiner Romane und Imaginationen.

Mit diesem Sessel bin ich gar nicht weg von Deutschland, kaum sitze ich in diesem Sessel, bin ich wieder zu Hause, dann stelle ich mir das ganze Zimmer hier vor, als sei es in München, und ich könnte gerade mal eben in den Schellingsalon, zwar war ich ganz selten im Schellingsalon, jetzt aber, kaum sitze ich hier in Ihrem Sessel, stelle ich mir vor, es sei wieder einmal an der Zeit, in den Schellingsalon zu gehen. In München war ich in jungen Jahren ein Phantom, eine Legende, aber ein Phantom. Hier bin ich deutlich erkennbar. Ist es nicht immer so, werter Schönberg, es genügt ein einziger Gegenstand, und wir sind wie zu Hause, und mit der Zeit ist dieses wie zu Hause tatsächlich zu Hause, wir sitzen in einem Raum, mit diesem geliebten Gegenstand, und es gibt kein Außerhalb mehr, alles ist innerhalb, dann gehen wir wie aus Versehen vor die Tür, wir erkennen nicht sofort die Frauenkirche, die Feldherrnhalle, auch die Autos und Menschen sind uns nicht sofort vertraut, in Amerika erinnern wir uns an Amerika, während wir Deutschland im Kopf haben, in den Fingerspitzen, wir werden mitunter nervös, wollen schlagartig die vertraute deutsche Umgebung in die amerikanische Gegend hineinsehen, es wäre doch das Schönste, werter Schönberg, wir könnten mit unseren Augen die inneren Bilder nach außen strahlen, und schon sähen wir die Oktoberfestwiese, den Nockherberg, den Ammersee. Wie ginge das aus? Könnten wir tatsächlich schwimmen gehen im See? Das Starkbier anstechen? Die Maß übertreiben auf dem Oktoberfest? Könnten wir in der Frauenkirche eine Kerze anzünden für die Verstorbenen? Und die Nachrichten aus der Heimat reißen ja nicht ab, Tausendjähriges Reich heißt nicht ewiges Leben.[62]

Schikaniert von Erfolglosigkeit, entwickelt Schönberg im Exil einen subtilen Verfolgungswahn. Der an Thomas Mann verliehene Sessel verfolgt ihn zunächst *in absentia* als das zentrale

Medium seiner Welterfahrung und Kontaktaufnahme mit der Vergangenheit, das ihm für längere Zeit entzogen ist. Nach seiner Rückgabe mutmaßt Schönberg, Thomas Mann habe ihn ramponiert, kann er doch nun nicht mehr umstandslos in ihm Platz nehmen, ohne das Sitzen überall im und am Sessel zu bemerken. Die Welt hat sich also gegen Schönberg verändert, aber nicht im Rahmen einer über Einzelschicksale erhabenen Metamorphose der Zeitläufte, sondern als teleologischer Prozess ausgerechnet gegen ihn.

Gegen das System der feindlichen Kräfte, unter denen die Diebe seiner ingeniösen Quellcodes besonders perfide seien, will Schönberg im »anderen Zimmer« ein enttarnendes System von zwingender Logik entwickeln. Dieses sich zunehmend dematerialisierende System gipfelt im realisierenden Selbstvollzug von Vorstellungen, was Reales und Imaginäres, Wahrnehmung und Denken ununterscheidbar macht: Zur Realisierung von schöpferischen und allgemein illokutionären Akten genügt ihr Gedachtwerden. Versteht man Denken solchermaßen als Handeln, so ist in letzter Konsequenz für Schönberg auch ein Nichtdenken bereits als Handeln denkbar, was er damit begründet, dass alles Schönberg sei. Exil heißt hier das allmähliche Verschwinden im Rückzug auf ein imaginäres Irgendwo.

Durchs geöffnete Fenster hatte Schönberg eines Morgens einen Raben beobachtet, der sich ihm näherte. Der Rabe stolzierte über den Kies und schien Schönberg ohne Unterlass zu beobachten. Wie gebannt stand Schönberg am Fenster, erschrocken über diesen einzelnen Raben, der geradewegs auf ihn zu marschierte. Schau mal, Gertrud, sagte er, der Rabe ist mir unheimlich, er kommt mich holen. Gertrud stellte sich zu ihm ans Fenster, der Rabe flog sofort davon. Schönberg war davon überzeugt, Hitler hätte den Raben geschickt. Es ist wieder schlimm, schrieb Gertrud noch am selben Tag dem Eisler. Überall Gefahr, überall ein Zeichen. Eisler rief sofort an, er habe schon mit Brecht darüber gesprochen, Schönberg habe das Exil in den Wahn getrieben, die dauernde Geldnot und die doch fehlende Anerkennung habe sich bei ihm in die Überzeugung verkehrt, ausspioniert zu werden. Eisler erinnere sich genau, er sei mit ihm öfters bei ihnen im Garten spazieren gegangen, jedes Mal habe Schönberg ihm, wenn auch in Variationen, erklärt, dass er jetzt endlich so weit sei, zu erkennen, dass es eine internationale Konspiration von Autografenjägern gebe. Diese Autografenjäger würden die Dienstmädchen bestechen, damit sie in den Häusern der größten Denker unserer Zeit sich eine Stellung suchten, um dort die Manuskripte zu stehlen. Schönberg sei nicht von der fixen Idee abzubringen gewesen, so Eisler, dass es sich hierbei um einen internationalen Ring handele. Und er sei deshalb nicht umfassend anerkannt als das, was er sei, nämlich ein geistiger Erneuerer der Musik, weil außerdem seine Methoden ausspioniert würden, er wisse aber nicht genau, von wem, er gehe davon aus, dass die Amerikaner insgeheim mit den Nazis kooperierten. Schönberg sei nicht müde geworden zu wiederholen, was genau da vor sich gehe. Eisler erinnere sich an eine Version besonders. Kaum habe er, so Schönberg, eine Note niedergeschrieben, sei sie auch schon kopiert. Er, Schönberg, mache sich Sorgen, dass sein Notenpapier präpariert worden sei, deshalb habe er nur noch weißes unliniertes Papier in Verwendung, auf das er selber die Notenlinien ziehe. Dann sei er dazu übergegangen, gar keine Noten mehr zu schreiben, sondern die Musik im Kopf zu behalten. Die dazu erforderliche Konzentration habe ihn aber zunehmend überfordert, sodass er mit der Zeit sich gar nichts mehr merken könne – und wolle. Dies wiederum habe ihn auf den Gedanken gebracht, von seiner Musik als der vollendeten zu sprechen, sie könne nur gedacht, nicht aber gehört werden, das heißt, sie könne eigentlich gar nicht gedacht, sondern nur gehört werden, was er selber zunächst auch nicht verstanden hätte. Denken ist schon Beschränkung, habe er daraufhin gesagt. Hören ist Einbildung, und wir hören immer etwas anderes, und das sei alles seine Musik. Das habe er so bewerkstelligen müssen. Wenn alles, was gehört werden könne, seine Musik sei, wenn also alles Hörbare ausschließlich Schönberg sei, dann habe es gar keinen Sinn, etwas zu kopieren, denn auch das Kopierte sei ja unmissverständlich Schönberg, nur eine Kopie eben, was ja jeder höre. Auch diesen auf die Spitze getriebenen Sachverhalt sei Schönberg nicht müde geworden auszuschmücken. Er fühle sich also verfolgt, und dieser Verfolgungswahn okkupiere langsam, aber sicher jeden nur erdenklichen Seinsbereich. So meine Schönberg, um ein weiteres Beispiel zu geben, Stimmen und Gesichter aus Wien wahrzunehmen, die er nur mit Mühe der Vergangenheit zuordnen könne. Etwas reiße ihn hinunter, habe er mehrfach betont. Wien sei überhaupt sehr präsent im Denken Schönbergs. Er stelle zwanghafte Vergleiche an zwischen Dingen, die er aus Wien kenne, denen er aber auch in Brentwood begegnet sei. Jede Kleinigkeit fordere ihn zu einem Vergleich heraus, und dieses Vergleichen gipfle schließlich in einem Wettbewerb zwischen Österreich und Kalifornien. Das kalifornische Licht sei sehr von Vorteil, resümiere er dann, Wien brauche noch Jahrzehnte, um seinen braunen Himmel wieder loszuwerden. Und plötzlich, ganz unvermutet, habe er während des Spaziergangs lichte Momente, da sei er wie ausgewechselt, in solchen Momenten spreche Schönberg zum Beispiel über die Unverschämtheiten der Exilanten hier, die größte Ansprüche stellten, sich unablässig beschwerten, nie mit etwas zufrieden seien, sich allesamt für den Messias hielten, aber kein Dankeswort wäre über ihre Lippen gekommen, immer nur Stänkerei, und gegen sich selbst am meisten. Kaum habe er die unermessliche Vielfalt Amerikas gelobt und dass die Zukunft der Welt Amerika heiße, verfalle er sogleich wieder in eine Art Zungenrede und fordere, in Deutschland und Österreich müsse die Monarchie wieder eingeführt werden. Diese seine Vorstellungen, die er bald systematisieren wolle, habe er im so genannten anderen Zimmer entwickelt, wollte aber auf Rückfragen nicht sagen, wo und was denn dieses andere Zimmer sei. Zu der Zeit sei Schönberg noch stabiler auf den Beinen gewesen. Es würde ihn, so Eisler, nicht wundernehmen, wenn sich Schönberg eines Tages von Schönberg selbst verfolgt fühle, darauf laufe es hinaus. Sollte dies allerdings der Fall sein, habe die Kraft ausraubende, alles besetzende Paranoia ihn bereits gezwungen, seine Identität aufzugeben. Brecht habe auf seine, Eislers, Schilderungen nur gemeint, Schönberg sei eben eine sehr spezielle Mischung aus Genie und Verdrehtheit.

Gertrud schließt das Fenster. Sofort ist der Moment in eine andere Zeit versetzt. Als sei das da draußen nur Kulisse, eine zufällig gemachte Filmaufnahme ohne Ton, ein Umschalten, das nicht mehr rückgängig gemacht werden kann. Das ist es noch nicht ganz, denkt Gertrud, das Beunruhigende an der zerstörten Atmosphäre ist noch etwas anderes. Es passt nicht mehr überein. Mit dem Schließen des Fensters steht Schönberg für das Draußen, denkt Gertrud. Das Draußen hat seine Unschuld verloren. Der Kiesweg ist derselbe Kiesweg, es stehen noch dieselben Bäume da, derselbe Schatten fällt. Ich schließe das Fenster, denkt Gertrud, und draußen wird endgültig, die Nebelkrähe hüpft über den Kies wie ein Zitat. Ich komme der Sache schon näher. Wir sind schon nicht mehr hier, das ist es. Der Blick aus dem Fenster ist schon Erinnerung, das Schließen des Fensters die Geste des Abschieds. Als würden die Farben weichen, die Krähe im nächsten Moment tot umfallen. In Zeitraffer verschwindet das Haus.[63]

Herzkrank ans Bett gefesselt, dient die äußere Hülle einer Sauerstoffflasche dem Dichter Franz Werfel als Projektionsfläche einer Laterna magica, die ihm jeden Wunsch des Imaginären von den Augen abliest und nicht nur das zeigt, was er, bedingt durch Ähnlichkeiten, sieht, sondern auch das, was er kraft innerer Vorstellungen sehen will. Die starre Bannung seines Blicks auf die Flasche und die daraus resultierende Fixierung seines Körpers über die Sinneswahrnehmung wird kompensiert durch die permanente Metamorphorisierung des Wahrnehmungsangebotes, in das er verbildlichend eingreifen kann. Freiheit reduziert sich auf das weder von innen noch von außen restlos zu kontrollierende Zulassen von Figurationen, deren Realitätsgehalt von Werfel im Sinne eines Wiedererkennens ausdrücklich begrüßt wird. Der Blick auf die Flasche ermöglicht ihm ein Auswandern in ein Kopfkino der Standbilder:

Die Sauerstoffflasche neben seinem Bett steht kahl und fremd. Die Flasche ist meine Boje hier im Zimmer, mein Baum auf hoher See, sie ist meine Lunge, meine eiserne Lunge, wenn ich im Bett liege, steht sie da wie aus einer fremden Welt, ein Raumschiff, ich war mit der Zeit ganz auf sie fixiert wie jetzt auf den Apfel, die Kratzer im Lack haben gemäldeartige Qualitäten angenommen, Gesichter zeichneten sich ab, ein ganzes Panorama tat sich auf, Klassenkameraden, nie mehr wiedergesehene Freunde versammelten sich, eines Morgens, kurz nach dem Aufwachen, konnte ich die Eltern erblicken, denkt Werfel, und das alles ist jetzt in die Flasche geschrieben, auf die ich Tag für Tag, als ich das Bett nicht verlassen konnte, gebannt starren musste, ich lag ganz starr, wagte nicht, mich zu rühren.

Werfel dreht sich einmal um sich selbst, Holz, Stein, Eisen, Luft, die Welt ist wunderlich, alles ist zurechtgebogen, flachgelegt, hingestellt, ausgetrocknet, was eben uns verfolgte, wir wollen nichts mehr davon wissen. Tapsende Schritte übers Holz. Das Herz. Dann eben zurück. An der Sauerstoffflasche angehalten. Das Stück beschaut. Wie viele Male hat man es aufgefüllt. War es jemals leer? Ist jemand gestorben? Wie verhält man sich im Angesicht eines Sterbenden? Immer wenn ich die Sauerstoffflasche kreuze, habe ich mein ganzes Leben vor Augen, denkt Werfel. Aufzuckende Momentaufnahmen, bittersüßes Abschiednehmen. Lebenserinnerungen sind immer Erinnerungen anderer, denkt er. »Es stört ihn, dass immer Erinnerungen da sind.« Wo hat er das nochmal gelesen? Ich erinnere mich immer an das Leben von anderen, an mein eigenes Leben erinnere ich mich immer als ein anderes. Die Jugend, der unansehnliche Vorheizer der Hölle. Eine Hölle aber, in der nun die Menschheit brät. Merkwürdig, denkt Werfel, ich fühle meinen Körper nach vorne verschwinden, er wuchtet sich ganz ans äußere Ende, wo er dann aussetzt, ich weiß, ich wusste schon vor vierzig, vor fünfundfünfzig Jahren, dass ich sterben muss, ich bin aber nie damit einverstanden gewesen. Wir leben nur geradeaus und schleppen alles immer gleichzeitig mit uns herum. Das ist eine viel zu große Last. Bis unsere Maschine kaputt ist. Das Denken hinterlässt immer kleine Krater. Aus allem wollen wir ein Museum machen. Wir könnten uns seelenruhig in einem Krater einrichten, aber nein, wir springen in Marschstiefeln aus ihm heraus, wir eilen nach vorne, nach nirgendwo.[64]

Das Gedicht fungiert bei Bertolt Brecht als Kurzschrift des Lebens, als Epitaph und Totenklage zur erinnernden Bewältigung des Todes seiner wichtigsten Mitarbeiterin und Co-Autorin, der Schriftstellerin und Schauspielerin Margarete Steffin. In *Pazifik Exil* schreibt Brecht diese Gedichte um den 14. Juni 1941 an Bord der *Annie Johnson* auf der Flucht von Wladiwostok nach San Pedro.[65] Die sukzessive Entstehung der

Gedichte verdankt sich im Roman der Intention, in unterschiedlichen Gedichttypen der Bedeutung Margarete Steffins und ihres Todes – vor allem für Brecht – zu gedenken, den Schmerz darüber in Schrift einzuschreiben. Es entsteht ein whiskeybeförderter Dreischritt der Gedichte, vom kühlen Telegrammstil, der eher einer öffentlichen Verlautbarung oder, wie es im Roman heißt, einer »Todesanzeige« gleicht, über die janusköpfige Doppelbesetzung Steffins auf beiden Seiten des sozialen Gefüges bis zum emotional bekennenden und dennoch austarierten Liebesgedicht. Bei allem emotionalen Bekenntnis steigert das Liebesgedicht die Bedeutung des Todes der Beklagten in der selbstbezogenen Verlustanzeige Brechts, schließlich hat er ja mit der »kleinen Lehrerin« ein Arbeitstier verloren, dessen Abwesenheit ihm die Werkstattsprache verschlagen hat – immerhin aber nicht die Sprache dieses Gedichts:[66]

IM NEUNTEN JAHRE DER FLUCHT VOR HITLER

Erschöpft von den Reisen
Der Kälte und dem Hunger des winterlichen Finnland
Und dem Warten auf den Paß in einen andern Kontinent
Starb unsere Genossin Steffin
In der roten Stadt Moskau.

MEIN GENERAL IST GEFALLEN

Mein Soldat ist gefallen

Mein Schüler ist weggegangen
Mein Lehrer ist weggegangen

Mein Pfleger ist weg
Mein Pflegling ist weg

Seit du gestorben bist, kleine Lehrerin
Gehe ich blicklos herum, ruhelos
In einer grauen Welt staunend
Ohne Beschäftigung wie ein Entlassener.

Verboten
Ist mir der Zutritt zur Werkstatt, wie
Allen Fremden.

Die Straßen sehe ich und die Anlagen
Nunmehr zu ungewohnten Tageszeiten, so
Kenne ich sie kaum wieder.

Heim
Kann ich nicht gehen: ich schäme mich
Daß ich entlassen bin und
Im Unglück.

Edmond Jabès sagt, es gebe keine unschuldige Erinnerung: »In einer jeden Erinnerung ist das Vergessen die totgeborene Erinnerung, die das Gedächtnis betrübt.«[67] So gibt es, wenn es sie gibt, eine Erinnerung, die nicht aufhört, sich zu erinnern – eine Erinnerung, die im Strom des Erinnerns auch Einschlüsse mit sich reißt als Fremdkörper, die nicht fremd bleiben sollten. Oder heißt der Satz von Edmond Jabès ganz einfach nur: Wehret dem Vergessen, denn das Vergessen wird erinnert werden als totes Erinnern, das jede Unschuld befleckt? Das Gedächtnis ist trübe wie verunreinigtes Wasser, und Erinnern ist eine Form von Sedimentierung.

Im Zeichen der Schoah schreibt Jabès: »Für uns ist das Nichts ewiger Ort des Exils; das Exil Des Orts.«[68] Auschwitz hat sich in die Worte eingeschrieben, die imprägnierten Worte haben ihre Unschuld verloren, ihr Schatten schreibt sich immer mit. Was aber ist Der Ort? Der Ort der Wörter? Der Ort als Topos, der im Zeichen der Schoah neu belegt werden muss? Das »Nichts« als nicht zu besetzender, nicht zu vernichtender Nicht-Ort – und damit als noch einzig denkbarer Ort, der nicht von Auschwitz kontaminiert ist? *Der* Ort als der Tod? Das Nichts – wissend, dass hier nichts mehr genommen, nichts mehr vernichtet werden kann. Ein Exil für *Den* Ort. Das Exil ist der Buchstabe, das Wort – das alte als das neue.

Gedächtnisort Sprache

Vergangenes und Imaginäres erlangt, vereinfacht gesagt, über die Sprache als ein allgemein zugänglicher Gedächtnisort eine virtuelle Präsenz, die das Reale kontaminiert und ihm einen hybriden Zug verleiht.[69] Wer vermag die Anteile zu scheiden und die potentielle Osmose von Realem und Imaginärem analytisch wieder rückgängig zu machen? Was als Sisyphusarbeit erscheinen mag, hat in der Psychologie durchaus eine funktionale Bewandtnis. Das Reale als Hybrid findet in der Literatur seine Entsprechung als Emanation des Imaginären, dem das Fiktive gewissermaßen die Tür geöffnet hat. Für Gilles Deleuze ist das Imaginäre »nicht das Irreale, sondern die Nicht-Unterscheidbarkeit von Realem und Irrealem«.[70]

Die »prinzipiell unendliche Freiheit der Sinngebung« des Imaginären und seine offene Topologie kann von Wahrnehmung und Denken, als deren »Zwitterposition« das Imaginäre gilt, in den Dienst genommen werden, wie auch das Imaginäre mit seiner diffusen Unentschiedenheit »zwischen Gegenstands- und Ausdruckswelt« und seiner letztlich unkontrollierbaren, das heißt unvorhersag- und unvorhersehbaren Überschüssigkeit Wahrnehmung und Denken fessellos entgrenzen und das Subjekt somit in seinen konstitutiven Ordnungshabitualisierungen bedrohen kann. Eine solche Bedrohung wäre fundamental. Literatur spielt mit den Ausreizungen des Imaginären wie mit einem wilden Tier, das sie in jedem Fall zu domestizieren glaubt. Bildet das Imaginäre im Alltag oft den vermuteten und auch gefürchteten Hintergrund des Realen, der zwar der Wahrnehmung verborgen bleibt, aber vom Subjekt als wirkendes Prinzip unterstellt wird, so lockt Literatur diesen Hintergrund nach vorne. Sie ködert ihn, sie inszeniert ihn als das, was er enttäuschenderweise oftmals nur ist: als Neurose. Das Imaginäre kann erinnernd nicht als solches reproduziert und repräsentiert werden. In der bewussten Reproduktion wird es bereits interpretiert und erfährt Modifikationen. Es mag als Imagination dadurch verschwinden, als Reiz hinterlässt es jedoch Spuren, die danach drängen, signifikant materialisiert zu werden. Literatur arbeitet mit solchen Festschreibungen – eine zu den flirrenden, nicht zum Stillstand zu bringenden »Vorstellungsketten« des Imaginären paradoxe Bewegung –, die im Akt der Lektüre wieder entbunden werden.

Die *memoria* als rhetorische Disziplin und vierte Station der rhetorischen Redeorganisation kannte den Begriff des Imaginären nicht. Die verfestigte Ordnung der Symbole ist der Konterpart des Imaginären. Allerdings kann das Imaginäre die symbolische Ordnung unterwandern und neu besetzen. Dies zeigt sich: spätestens in der Lektüre. Der Vorgang des Lesens ist der einer permanenten Unruhe, die nur durch den Austritt aus der Lektüre unterbrochen werden kann.

Fiktional das Imaginäre zu reproduzieren als kreatives Stimulans und Basis textgenerierender Kontinuität ist dennoch ein unabdingbares ökonomisches Prinzip der Literatur. Aus der Erfahrung, das Unbestimmte, Diffuse, Unentschiedene des Imaginären verlieren zu können, weil seine bildprojektive Intensität mit der Zeit schwindet, resultiert ein anderes, komplementäres Prinzip. Das Prinzip, den Anschub der Imagination *in statu nascendi* zu nutzen. Ist das Imaginäre das Abweichende, das nur indirekt über das Fiktionale als gestaltende Kraft diszipliniert werden und dem sich die Performanz des Fiktionalen hingeben kann, so scheint doch der Prozess des Textgenerierens auf ein Vermögen angewiesen zu sein, das bereits in der antiken Rhetorik eine zentrale Funktion besaß: das Gedächtnis.

Ausblick und Abgrund

Raoul Tranchirer, bereits erwähnter bewährter Erzähler und Alter Ego von Ror Wolf in vielen seiner Bücher, so auch in *Raoul Tranchirers Notizen aus dem zerschnetzelten Leben*, erhebt für Momente den Anschein, Ausblicke auf einen Ort zu gewähren, den man mit dem Wort ›Abgrund‹ nur unzureichend bezeichnen würde. ›Abgrund‹ ist ein Topos für einen Unort, der in seiner Unergründlichkeit das Wort Lügen straft: Ein Grund ist nicht in Sicht, also kann von ihm auch keine Rede sein. Über Ausblick und Abgrund erzählt Raoul Tranchirer:[71]

> **Ausblick**. Nichts unterbricht jetzt die Stille dieser schweigsamen Welt. Ich weiß nicht, ob der Vergleich mit dem Meer vernünftig ist. Den Eindruck, den dieser Ausblick auf mich macht, besser wiederzugeben, ist mir aus Mangel an ähnlichen Eindrücken unmöglich. Zu dem Genuss dieses unvergleichlichen Ausblicks kommt nun auch noch die große Befriedigung, in die schluckende Tiefe sehen zu können, in den Abgrund. Allerdings lassen die herrschenden Temperaturen nicht die übermächtigen Gefühle zu, die einen Zuschauer an einem anderen wärmeren Standort unweigerlich ergreifen würden. Ich kann nur betonen: Während bei diesem Ausblick der größere Teil meines Körpers frei in der

Luft schwebt, fallen die Menschen lautlos an mir vorbei. Ihre Bärte sind gefroren, und ihre Hosen knacken. Solche Situationen über der bodenlosen Tiefe sind eben so und verlangen ein großes Maß an Kaltblütigkeit. Das Meer ist übrigens leer.

Die Eismassen treiben nach Osten. Leider nehmen die Menschen davon keine Notiz, sondern kehren um, ohne die Küste gesehen zu haben. Ich dagegen habe die Küste gesehen. Nein, ich sah nichts. Ich sah gar nichts.

Evokation und Revokation. Ein »Mangel an ähnlichen Eindrücken« lässt auf eine Amnesie oder gar einen völligen Gedächtnisverlust schließen oder auf das generelle Fehlen von Erinnerung und Memorierbarkeit. Derjenige, der hier berichtend mit dem größeren Teil seines Körpers »über der bodenlosen Tiefe« schwebt, leidet nicht an der »Unlöschbarkeit der Zeichen«, er erleidet nicht das »semiotische Unglück des Mnemonisten«[72], wie Alexander R. Lurija dies psychopathographisch an Venjamin Solomonovic Šereševskij aufgezeigt hat. Der kulinarische Ausblick in die postapokalyptisch anmutende Welt und der nicht als bedrohlich empfundene, vielmehr beglückende Anblick der Tiefe, die sich unter ihm auftut, haben dem Erzähler zwar nicht die Sprache verschlagen. Sie haben ihn aber zumindest für die Zeitspanne des Berichts der Fähigkeit beraubt, die von ihm als neu und unvergleichlich beschriebenen Sinneswahrnehmungen in sein Erfahrungs- und Wissensarchiv einzugliedern bzw. auf bestehende Bewusstseinsinhalte vergleichend zurückzugreifen. Die Kälte sei es schließlich, die übermächtige Gefühle nicht zulasse – und so findet das rhetorische Unvermögen, die auratische Epiphanie des Abgrunds in den angemessenen *ornatus* zu kleiden, jenseits von Gedächtnis-Spekulationen dann doch noch eine rationale Erklärung: Wenn der Körper kalt ist, können Emotionen nicht heiß sein. Gefrorenes Blut erzeugt Kaltblütigkeit –

und kaltblütig muss der Berichtende auch im übertragenen Sinne sein, um das Phänomen der an ihm vorbeifallenden Menschen mit den gefrorenen Bärten nicht nur zu ertragen, sondern auch als logische Konsequenz hinnehmen zu können. Die Rettung des Menschen liegt eben in der Annahme eines mechanischen Weltbilds. Da ist es nur eine Frage der Zeit, bis auch der Berichtende sich den fallenden Menschen anschließt und niemand mehr den Bericht wird fortsetzen können. Was aber wäre die zu einem Standbild gefrorene Welt ohne die fortgesetzten Berichte eines ihrer größten Erzähler, der so stabil auf den Schwellen von mechanischer und phantastischer Weltbegreifung balancieren kann, was wäre sie ohne die Bewusstseinserweiterungen Ror Wolfs?

Der Text bzw. seine chronotopische Organisation aber ist trügerisch. Er lässt viele Fragen zu und offen, die den Text, der doch zunächst so überschaubar, so eingängig schien, sich entziehen lassen. Spätestens, wenn man nach dem Ort des Erzählers fragt, muss man misstrauisch werden: Wie kann jemand mit dem größeren Teil seines Körpers »frei in der Luft« schweben? Ein Fallschirmspringer ist dieser Erzähler, während er »jetzt« berichtet, jedenfalls nicht. Oder wenn doch, zu welchem Zweck? Er würde ja auch in die Tiefe sinken, wenn auch langsamer. Haben sich die Fallschirme der anderen nicht geöffnet? Der »größere Teil meines Körpers« – was mag das sein? Die Beine? Der Rumpf? Ausdrücklich »schwebt« »der größere Teil« des Körpers »frei in der Luft«. Setzen wir voraus, der »größere Teil« gehört noch zum restlichen Körper, ist also von diesem nicht getrennt, dann müsste da doch noch ein anderer im Spiel sein, der den Erzähler vor dem Absturz in die »schluckende Tiefe« des »Abgrund(s)« bewahrt, indem er zum Beispiel seine Füße festhält. Ist der, der »ich« sagt, überhaupt der Erzähler? Wer spricht? Wer sieht? Ist der Sprechende möglicherweise nicht der Sehende? Welche Instanz schwebt über ihm? Der Duden definiert »schweben« als »sich in der Luft, im

Wasser o. Ä. im Gleichgewicht halten, ohne zu Boden zu sinken«. Sollte sich der Berichtende »schwebend irgendwohin bewegen«, was der Duden als Definitionsvariante von »schweben« vorsieht, hängt vielleicht der »größere Teil« seines Körpers aus einem Flugzeug heraus. Was spricht gegen diese Option? Der Eingangssatz: »Nichts unterbricht jetzt die Stille dieser schweigsamen Welt.« Eben auch ein Flugzeug nicht. Wenn ein Verfahren »schwebt«, ist es laut Duden noch »unentschieden«, »noch nicht abgeschlossen«, es ist noch »im Gange«. In der Tat ist hier etwas in der Schwebe, etwas scheint sich anzukündigen, die Szenerie balanciert gleichsam auf der Schwelle. Wie angedeutet: eine für Ror Wolf paradigmatische Erzählsituation.

Und noch zwei merkwürdige Widersprüche tun sich auf – oder sind das bei aller Klarheit des Ausdrucks nur Ungenauigkeiten, die das Gesagte verdunkeln und obskur machen? Wenn die Menschen »lautlos« am Beobachtenden vorbeifallen, wie kann er dann hören, dass ihre Hosen »knacken«? Was bedeutet das Knacken? Empfängt er eine Botschaft? Ein Radiogerät kann knacken, wenn der Sender nicht trennscharf eingestellt ist. Knackende Morsezeichen. Und weiter: Wenn das Meer, wie behauptet, »leer« ist, wie können dann die Eismassen nach Osten treiben? Es ist wohl eine Frage, was »leer« meint. Enthält es keine Fische mehr? Schwimmt oder treibt kein Mensch in ihm? Ist nirgends ein Schiff zu sehen? Eis enthält es ja immerhin, und das gleich in Massen. Ist das Meer leer, und treiben die Eismassen gleichzeitig gar nicht im Meer, sondern anderswo? Aber wo? Wenn die Menschen von den treibenden Eismassen keine Notiz nehmen – oder worauf bezieht sich »davon«, auf die gesamte beschriebene Szenerie und Situation? –, dann können dies wohl kaum die herabfallenden Menschen mit den gefrorenen Bärten und den knackenden Hosen sein. Oder doch? Dann wären sie weich gelandet und sofort wieder umgekehrt. Die Tiefe könnte dann aber gar nicht so »bodenlos« tief gewesen sein. Umkehren würde ja bedeuten, sie kehrten mitten im freien Fall um oder stiegen wieder auf, ein Fall von maritimer Levitation. Wie jedoch ist es dann möglich, dass sie die Küste nicht gesehen haben? Sind sie vielleicht blind? Alles ist möglich bei Ror Wolf. Machen wir hier mal einen Punkt und kehren zum Ganzen zurück. Wenn man mit den Einzelteilen nicht weiterkommt, sollte man sich ab und an wieder um das Ganze kümmern. Das kann gelingen, indem man gehörigen Abstand nimmt.

Zentrales Themenwort des kurzen Prosastückes ist nicht das Lemma *Ausblick*, sondern der »Abgrund«, dem der Begriff der »Tiefe« assistiert. Beide Wörter zeichnen sich durch lexikalisch-homonyme Ambiguität aus: Der »Abgrund« einer Schlucht und die unabsehbare »Tiefe«, die den Abgrund dimensioniert, werden hier ebenso evoziert, wie sich innerlich ein Abgrund auftun kann, und man der Wolf'schen Miniatur allein schon, weil sie für so viele Rückfragen anschlussfähig ist, Tiefe zugestehen muss. »Bodenlos« ist dann nicht nur die Tiefe, die sich dem Blick entzieht, sondern auch der interpretierende Kommentar der vom Berichtenden in die Welt gesetzten – neben die Welt gesetzten – Konfiguration. Der Kommentar will dort einen Grund setzen, wo eben aus gutem Grund der Boden dafür fehlt. Deshalb die Grundsatzfrage: Befindet sich der berichtende Betrachter in der Natur oder vor der Kunst? Naturbild versus Kunstbild. Ein Vorschlag zur Güte: Es handelt sich beim *Ausblick* um eine Bildbeschreibung. Beschrieben wird möglicherweise eine Collage, und zwar mit den Mitteln der Collage. Disparates und Diskontinuierliches wird zusammengefügt und bildet einen gegenseitigen Kontext. Die Collage kreiert einen spezifischen Chronotopos der Gleichzeitigkeit des Ungleichen. Sie kombiniert diachron getrennte Zeiträume zu einer eigenen Weltordnung, in deren Synchronizität naturwissenschaftliche Gesetze außer Kraft gesetzt sind. Als latentes Erzählprinzip verschleiert es Diskontinuitäten in der Übergangslosigkeit. Die Einheit der Erzählinstanz, die Einheit des Ichs, kann eine vom Leser oder Zuhörer bloß assoziierte sein. Die Zeitordnung des Vorher und Nachher kann permutiert worden sein, was simultan stattfand, kann in eine sukzessive Folge zerlegt worden sein. Der erste Satz war vielleicht der letzte. Die Collage macht's möglich.

Der Betrachter als Beobachter in Ror Wolfs Collagentext *Ausblick* personifiziert seinen Blick und ist so mitten im Geschehen situiert. Zu fragen bliebe: Dichtet die Beschreibung dem Bild spekulativ Dinge und Vorgänge an, die gar nicht zu sehen sind? Schließlich ist der Berichterstatter als Beobachter ersten Grades nicht gleichzeitig Beobachter zweiten Grades, der nämlich wir, die Leser, sind. Wir, die wir den Berichterstatter als ersten Beobachter auch nur sehen, weil er das behauptet. Bild und Beschreibung haben logischerweise eine Lizenz, Logik außer Kraft zu setzen. Wolfs Ekphrasis eignet – möglicherweise analog zum abwesenden Bild bzw. zur abwesenden Collage – eine emblematische Struktur mit leerer Sentenz, sie ist also ein Bild im beschriebenen Bild. Das klassische Emblem als Text-Bild-Gattung ist dreiteilig. Es besteht aus der *Inscriptio* (Motto, Lemma), der *Pictura* (Icon, Bild) und der *Subscriptio* (oft als Epigramm). Die hier verhandelte *Inscriptio* lautet *Ausblick*. Die *Pictura* in Form der Bildbeschreibung (Ekphrasis), die das Versprechen der *Inscriptio* einlöst, umfasst den gesamten folgenden Text bis auf die Zeilen »Ich dagegen habe die Küste gesehen. Nein, ich sah nichts. Ich sah gar nichts«. Eine so denk- wie merkwürdige Conclusio ist diese *Subscriptio*. Markiert sie doch zunächst emphatisch und im Duktus antikisierend – »ich dagegen« – die Differenz zwischen dem, der »ich« sagt, und den anderen, so wird diese Differenz augenblicklich wieder gelöscht und mit ihr progredient auch das ganze Bild. Zunächst wird, pars pro toto, die Küste bzw. ihr Anblick gelöscht, und als sei das nicht genug, löscht der letzte

Satz, *toto pro pars*, alles – was auch immer das (gewesen) sein mag.

Mehr noch: wenn dieses so ungreifbare »ich«, das von sich behauptet, einen Körper zu haben, nichts weiter als eine grammatische Funktion des Beobachtens und Beschreibens ist, löscht es sich mit den beiden letzten Sätzen selbst, was wiederum als – grammatischer – Selbstmord gedeutet werden kann. Somit bleibt nur der Abgrund, der ebenfalls nur behauptete.

Bis zu den letzten Sätzen hat der Berichtende nicht viel von sich preisgegeben. Er war sich zwar unsicher, ob der im Übrigen nur in Aussicht gestellte und gar nicht ausgesprochene »Vergleich mit dem Meer« statthaft ist – dieser scheinbar gewöhnliche, dabei aber gewagte Topos wirkt immerhin so stark, dass der Berichtende fortan den Vergleich im Rahmen des Bildes für die Realität nimmt. Seine Diktion war bis jetzt gegenüber der Luftigkeit der Szenerie geradezu standfest. Nun aber lockt ihn irgendetwas aus der Reserve, drängt ihn gleichzeitig in die Defensive – oder wie ist es zu erklären, dass er sich genötigt fühlt, die Verneinung mit Nachdruck zu steigern? So, als werde er verhört und bestreite alle Mutmaßungen und gegen ihn erhobenen Vorwürfe, die er mittels adjektivischer Steigerung absoluter Negation von »nichts« zu »gar nichts« auszuhebeln glaubt. Er hat – das zu unterstellen, muss er sich gefallen lassen – etwas gesehen, was ihn den Bericht abrupt beenden lässt. Aber was? Ist der Berichtende in diesem Augenblick im Fallen begriffen? Den Horror Vacui kann er nicht gesehen, er kann ihn höchstens gespürt, geahnt haben. Und die Leere?

Fehlt die *Pictura*, das Bild, spricht man von einem »nackten Emblem«. Das wesentliche Bild verschweigt der Erzähler also. »Nichts unterbricht jetzt die Stille dieser schweigsamen Welt.«

Die Polstelle des Abgrunds; das gar nicht verzweifelte, gar nicht vergrübelte Umtanzen der Sprachlosigkeit; das aufgeräumte Erzählen des Randes, der den Abgrund einfasst, ohne ihn sichtbar machen zu können – Ror Wolfs Texturen zeigen Wege auf, den Mangel der Darstellbarkeit existentieller Grenzerfahrungen zu kompensieren, indem sie Sinnfiguren des Taumels und der Stabilität in extremer Schieflage erzeugen. Das macht sie so attraktiv. Sie können doppelt gelesen werden, ganz wörtlich und ganz allegorisch. Das, was Ror Wolf unter weitgehender Ausblendung des akustischen Mediums ins optisch und sensuell wahrgenommene Bild des Abgrunds fasst, muss letztlich blind und unausgesprochen bleiben, weil der Abgrund ansonsten den Betrachter in sich verschlucken würde. Seine Ahnung soll allerdings eine »große Befriedigung« verschaffen. Diesen Abgrund der Selbsterkenntnis lässt Samuel Beckett in *Krapps's last tape* mittels der Erinnerungsmaschine des Tonbands zwischen Stimme und Ohr entstehen. Der Weg zwischen Stimme und Ohr kann sehr lang sein; er kann genügen, in der Dissoziation von Sprechendem und Hörendem die Welt zu entzweien: Der sich im Sprechen Vernehmende vernimmt sich nicht als der Sprechende, sondern als ein anderer; die Rückkopplung ist unterbrochen.

Es ist die über das Medium des Wortes bedingte Distanz, die wir zu den dargestellten Ereignissen haben, die uns den Abgrund ertragen lässt in der Annahme, uns selber auf gesichertem Gelände zu befinden. Eine Annahme, der wir uns immer wieder vergewissern müssen. Wir hören von ferne rufen. Literatur selbst schafft dieses Distanzierungsmoment der »Selbst-Entlastung«[73] von existenzieller Angst, indem sie das Unbegreifliche und Änigmatische erzählbar macht und ihm einen Namen gibt. Solchermaßen ist Literatur ein mythopoetisches Verfahren, das Furcht und Schrecken *per distans* in Genuss wandeln kann.

Sprechen von Angesicht zu Angesicht zielt darauf, Distanz zu überwinden. Die Stimme steht im Zentrum der letzten Vorlesung: *Actio*. – *Actio* wird zum Programm, das verspreche ich.

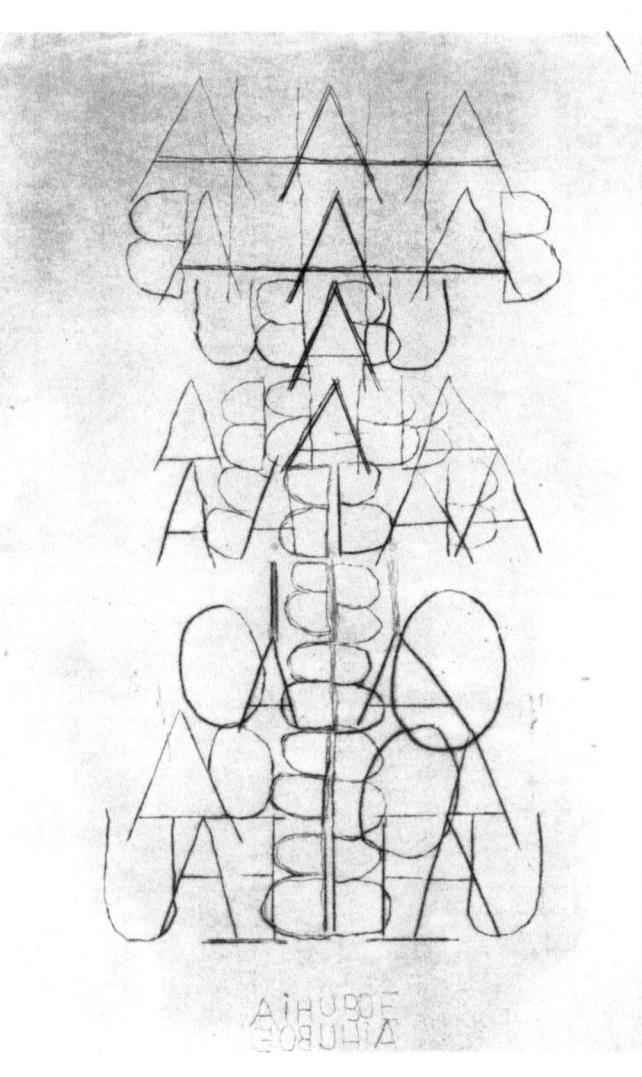

Radierung von Franz Mon

V. ACTIO

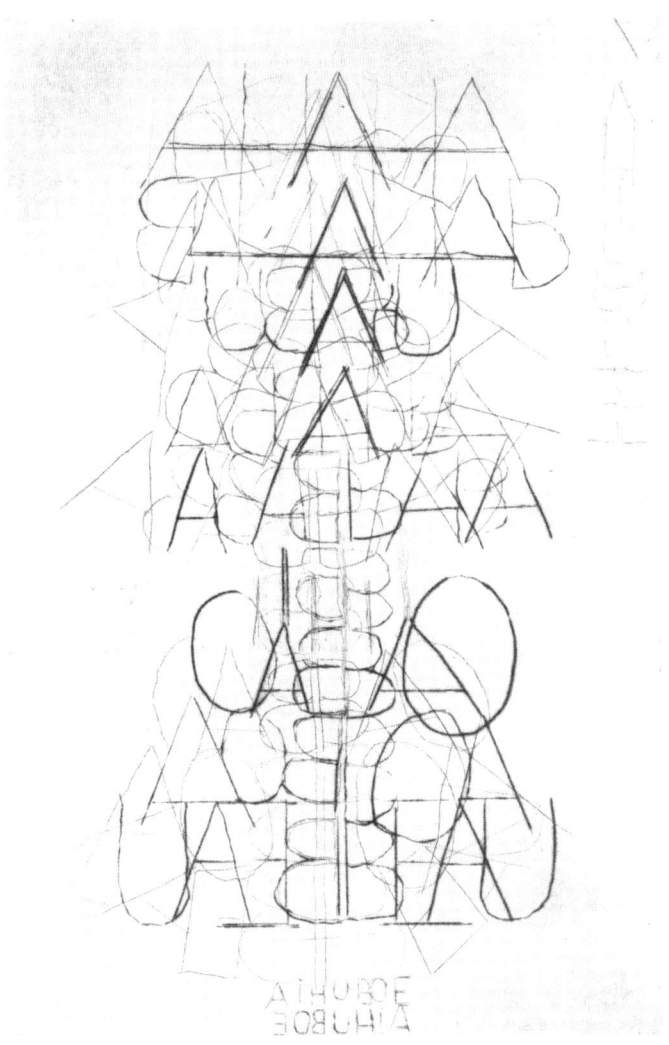

Radierung von Franz Mon

Das Kind zieht das Pferd verzückt in seine Festung. Das Kind sitzt auf dem Pferd und gibt ihm Befehle. Das Pferd gehorcht nicht. In der Vorstellung des Kindes gehorcht das Pferd aber sehr wohl. Das Pferd kann alles. Und weil es alles kann, kann das Kind noch viel mehr. Das Kind kann dem Pferd zum Beispiel das Sprechen beibringen. Dafür hat das Kind das Pferd zerlegt. Im Bauch des Pferdes sitzt die Schrift. Die Schrift schmeckt bitter. Ein munteres Pferd verlässt die Festung. Mit dem Kind spielt die Schrift. Sie wird dem Kind Einlass gewähren. In die Schrift. Später träumt das Kind vom munteren Pferd. Die Schrift träumt vom Kind. Von irgendeinem. Das Kind lallt die Schrift. Später wird die Schrift die Stimme kochen. Die Schrift wird der Stimme alles sagen. Die Stimme ist aber mehr als alles Sagen. Die Stimme kann nicht geschrieben werden. Sie ist ein anderer Text.

Um geschrieben zu werden, müssten alle Reduktionen und »Tilgungsoperationen« rückgängig gemacht und somit erfassbar werden, denen laut Christian Stetter »der Begriff der Stimme in der Absicht unterworfen wurde, aus ihm das Material für die Konstruktion der Phonologie zu gewinnen«.[1] Eines Tages vernimmt das Kind Raoul Hausmann und François Dufrêne und Ladislav Novák und Bob Cobbing und Carlfriedrich Claus und Diamanda Galás und Franz Mon. Da kommt das Pferd zurück.

Die Stimme in den antiken Rhetoriken

Als erste lateinische Rhetorik hat die *Rhetorica ad Herennium* einen Systematisierungsversuch der Stimme im Verwendungszusammenhang der Rede unternommen und hierbei auch Überlegungen zur Mimik und Gestik mit einbezogen. Sie verfährt beschreibend, indem sie den *Gebrauch* der Stimme, die der Schrift in der Wirkungsabsicht der Rede subordiniert ist, differenziert. Sie sieht hingegen die Stimme nicht als Differenz der Schrift, und sie differenziert das Medium Stimme in seiner Phänomenologie nicht. Die *Rhetorica ad Herennium* spricht von der »Geschmeidigkeit der Stimme«, die in den »ruhigen Gesprächston, die leidenschaftliche Rede und den steigernden Ton«[2] einzuteilen sei. Der Gesprächston sei einzuteilen in »die würdige Darstellung, die Schilderung, die Darlegung, die scherzhafte Darstellung«. Bei der »würdige(n) Darstellung« soll man »mit voller Kehle mit möglichst gedämpfter und verhaltener Stimme« sprechen. Die Schilderung verlange eine dürftige Stimme, häufige Pausen und Absätze. Einer Darlegung entsprechen Abwechslungen der Stimmlage, die Stimme passt sich mimetisch dem dargelegten Geschehen an. Der scherzhaften Darstellung entspricht der »ruhige Gesprächston«, dessen leichtes »Schwingen«, »verbunden mit einer geringen Andeutung eines Lächelns, (...) die Stimme sanft vom ernsten Gesprächston zu einem feinen Scherz lenken« muss. Die leidenschaftliche Rede kennt dagegen zwei Formen: den »ununterbrochenen Vortrag und den abgehackten Vortrag«. Wird beim ununterbrochenen Vortrag die Rede »in schreiendem Ton« beschleunigt, so ist der abgehackte Vortrag von »einzelnen, kurzen Pausen in schrillem, kreischendem Ton« durchsetzt. Beim ununterbrochenen Vortrag müssen die Worte »rasch mit vollem Ton« zu Ende geführt werden, »damit mit der wandelbaren Kraft der Rede unser Stimmaufwand Schritt halten kann«. Der abgehackte Vortrag ist gekennzeichnet durch möglichst klare Ausrufe »aus tiefster Kehle«, die mit ebenso langen Pausen alternieren. Das wurde in Deutschland insbesondere zwischen 1933 und 1945 beherzigt. Die Ausrufe waren klar bei verbellter Stimme. Der steigernde Ton wiederum hat die Funktion, den Zuhörer zu einem »Zornesausbruch« anzufeuern oder ihn zu einer »Wehklage« zu bewegen. Der steigernde Ton erfordert eine schneidende Fistelstimme, gemäßigt vollen Ton, gleichbleibenden Klang, häufige Veränderungen, größte Beschleunigung. Das Wehklagen erfolgt »mit verhaltener Stimme, wechselndem Klang, häufigen Pausen, langen Absätzen, großen Stimmveränderungen«.[3]

Sprechen von Angesicht zu Angesicht zielt darauf, Distanz zu überwinden. Quintilian spricht in diesem Zusammenhang von »körperlicher Beredsamkeit«, von »Stimme und Bewegung«[4], und hält den Vortrag für wichtiger als die Beredsamkeit und Klugheit der Argumente, wenn es um die Überzeugung des Publikums oder des Richters geht.

Zur Stimmpflege ist eine feste körperliche Konstitution nützlich. Außerdem: »Spaziergänge, Salben, Enthaltung vom Geschlechtsverkehr und der Genuß leicht verdaulicher Speisen, also eine einfache Lebensführung«, sagt Quintilian.[5] Geschlechtsverkehr macht die Stimme heiser oder zerreißt sie gar. Enthalte dich beim Geschlechtsverkehr der Stimme, könnte hier eine Empfehlung lauten. Damit der Atem »möglichst lang ausreicht«, empfiehlt Quintilian, es dem Demosthenes gleichzutun, der, »während er bergauf ging, hintereinander so viele Verse, wie er nur konnte«, aufgesagt habe.[6]

Der passende Vortrag, sagt Quintilian, sei der, »der sich dem, wovon wir sprechen, anpaßt«.[7] Manchmal aber sprechen wir von nichts. Und manchmal wissen wir selbst nicht genau, wovon oder was wir sprechen. Und manchmal handelt die Stimme den Prinzipien der Angemessenheit zuwider, die Quintilian für die Rede wie zum Beispiel den Gerichtsvortrag aufstellt: der Atem ist außer Kontrolle; es wird etwas Unverständliches gemurmelt; die Modulation und Tonhöhe der Stimme lässt eher an den Gesang als an ein Sprechen denken; die Periodisierung der Sätze ist ungleichförmig und den Gedanken, sofern solche vorhanden, gegenläufig; die Sprechgeschwindigkeit ist in beiden Extremen der Verlangsamung wie der Beschleunigung jenseits der Kommunikabilität und somit der Verstehbarkeit des Gesagten.[8] Die performative Stimme wertet die rhetorischen Ideale der stimmlichen, mimischen und gestischen Angemessenheit, das die Stimme begleitende Gebärdenspiel sowie das Alphabet der Körperhaltung oft um. Die Stimme hat sich eine eigene Textur erschaffen, die Stimme *ist* der Text.

Und dennoch soll die Rede »gewinnend, überzeugend und erregend«[9] sein. Und dennoch? Rede und Stimme können auseinandertreten. Die Rede ist dann Sprache und Schrift – was aber ist dann die Stimme? Das Nichtkontrollierbare, Nichtbeschreibbare, das Nichtartikulierte[10] – wie es im Extremen in der Geschichte der Lautpoesie mehr oder weniger fröhliche bis todtraurige Urständ feiert.

Stimme und Mimesis.
Die Mimesis der Stimme

Eine Rede halten. Mit Körper und Stimme. Die »Gestaltung der Stimme und die Haltung des Körpers«.[11] Die Rede als Text und Ereignis. Stimme und Gebärden. Körperrhetorik. *Pronuntiatio* und *actio*. *Vox* und *corpus*. Verbale und nonverbale Kommunikation. »Hoc est corpus meum«, sagt die Stimme. Hokuspokus – die Verdammnis der Rhetorik. Die Gebärden und Gesten sollen unterstützend zeigen, was die Stimme sagt. Auch hier also das Postulat der Angemessenheit und des Maßhaltens. Ein Selbstzweck der Stimme, der Gesten und Gebärden wird ebenso als Untugend gebrandmarkt wie der Fehler der Übertreibung. Eine Autonomisierung des körperlichen Verhaltens wird von den auf Mimesis begründeten rhetorischen Prinzipien der *actio* und *pronuntiatio* kategorisch ausgeschlossen. Der Redner hat zwar sehr wahrscheinlich eine schauspielerische Ausbildung seiner Stimme absolviert, was ihren Modulationsfähigkeiten zugutekommt, er soll in und mit der Rede aber nicht schauspielern, was schon die *Rhetorica ad Herennium* betonte.[12] Der Körper soll kein pantomimisches Supplement der Rede sein. Die Körpersprache, so Karl-Heinz Göttert, »tritt nicht in den Dienst der *Wort*verständlichkeit, sondern der *Sinn*verständlichkeit«.[13]

Was den rhetorischen Prinzipien der *actio* und *pronuntiatio* fremd ist, kann sich ästhetisch autonomisieren, hat die Kunst sich erst einmal von den rhetorisch basierten Normpoetiken verabschiedet. Ist Mimesis nicht nur ein ästhetischer, sondern auch und vor allem ein anthropologischer Grundbegriff, der sich keinesfalls auf den Begriff der *imitatio* verengen lässt, so wäre der Begriff des Antimimetischen, wie er zum Beispiel für experimentelle Kunst und Literatur reklamiert wird, nur vor dem Hintergrund der Mimesis zu denken als eine Unterbrechung des Konnexes von Zeichen und Bezeichnetem. Selbst antimimetische Verweigerungen sprachlicher Abbildfunktionen erschöpfen sich zumeist nicht in selbstreferentieller Autonomie, ihnen haften referentielle Reste an, die vom Leser bzw. Zuschauer rekontextualisiert werden können. Für die Stimme gilt Entsprechendes, denkt man hier zum Beispiel an ihren Einsatz in Lautpoesie und experimenteller Musik, der nicht ohne den Begriff der Geste zu denken ist. Letzterer ist wiederum an den Körperbegriff gekoppelt: Manchmal kann der Körper, während er spricht, eben gar nicht anders, als sich so zu verhalten, wie die Stimme ihn führt. Den Körper spricht es, er ist das dehnbare Gefäß der Stimme.

Dass Sprache und Mimesis nicht so ohne weiteres auseinanderdividiert werden können, machen Jean Piaget und Walter Benjamin deutlich. Piaget sieht den Ursprung der Sprache in der Mimesis.[14] Für Benjamin ist die Sprache die »höchste Stufe des mimetischen Verhaltens und das vollkommenste Archiv der unsinnlichen Ähnlichkeit«.[15] Der mimetische Spracherwerb der Stimme. Das Kind, das Pferd.

Die Stimme als indexikalischer Zeiger und soziale Spur, das stellt schon die *Rhetorica ad Herennium* heraus, ist das wirkmächtige Argument. Sie – und nicht die Schrift – ist entscheidend bzw. bewegt den Hörer zur Entscheidung. Und dennoch, die Stimme steht in den antiken Rhetoriken ganz im Dienste der Schrift, die ihr vorausgeht, der sie dient, indem sie etwas *sagt*, was die Schrift ihr vorsagt. Die Stimme ist das Versprechen des Gesagten – in doppelter Bedeutung des Wortes.

Die Phänomenalität der Stimme jenseits des *Sagens* wird davon nicht tangiert, sie wird geradezu ausgeblendet. Wirkungsorientiert ist die Stimme im Hinblick auf die Schrift und nicht im Hinblick auf ihre eigene Materialität, die von der des Körpers nicht zu trennen ist, wenn es hier auch Intermedialitäten zwischen Stimme und Körper, Interferenzen und gegenseitige Störungen geben kann.[16] Lautpoesie kehrt die vielsagenden nonverbal-paralinguistischen Signale der Stimme hervor wie zum Beispiel Schnalzen, Räuspern, Husten, Schluchzen, Wimmern, Stöhnen, Lachen, Lallen, Hecheln, Gurgeln, Kreischen – stimmliche Effekte, die der schieren Information verbaler Vermittlung geradezu hinderlich sein können, und das höchst informativ. Lautpoesie kehrt den Grund vor die Figur und macht die stimmlichen Qualitäten und Eigenschaften erfahrbar in einem Maße, dass nicht immer entschieden werden kann, ob ein stimmliches Merkmal zum Lautbestand einer Sprache gehört oder zu den individuellen Merkmalen eines Sprechers.

Stimme und Schmerz.
Verstimmung und Stimme

Schmerz kann sich in die Stimme einschreiben, Schmerz, der die Stimme ganz einnimmt, sie ganz besetzt und das semantische Zeichen entsetzt.

Mit der Behinderung der Stimme an ihrer ›freien‹ Entfaltung durch den Körper hat Antonin Artaud zum Beispiel in *Pour en finir avec le jugement de Dieu* experimentiert, indem er ihr physische Widerstände entgegensetzte – Repräsentanten der Macht und der Gewalt, der sich Artaud ausgesetzt sah. Die Stimme wird so zu einem zweiten Text, der parallel zur Spur der Schrift in ihr läuft und diese Spur auch auslöschen kann. Wer Artauds Stimme einmal gehört hat, wird sie nicht vergessen. Die Stimme ist Artauds Rache am physischen, psychischen und auch metaphysischen Schmerz, die sich in das Gedächtnis von jedem einpflanzt, der sie hört. Mit Macht wehrt sich Artauds Stimme gegen die sie unterwandernde Macht, indem sie die selbstauferlegte Unterdrückung überwindet. Diese Selbstüberwindung macht ihren performativen Kern aus, dessen sich selbst überschreiten wollender Exzess das Gesagte, die Gesellschaftskritik, überschießt. Vielleicht machte auch dieser Aspekt die Aufzeichnungsmedien Rundfunk und Schallplatte für Artaud so interessant. Wurde Artauds Sprech-Schrei-Stück, zwischen dem 22. und 29. November 1947 im französischen Rundfunk in Paris produziert, aufgrund seines Textes oder der Stimme Artauds nicht ausgestrahlt? Die Stimme war Antonin Artauds Not- und Gegenwehr. Er formte sie zu seinem eigenen Ritual, seinem eigenen Kosmos, seiner eigenen letzten Bastion – die natürlich von der Macht gestürmt werden musste.

Die Stimme, die Rede. Das Hören, die Widerrede. Das Gegenhören, die Korrektur. Das Aufhören. Die Rede, die Stimme. Schon bei viel geringeren Anlässen als dem Artaud'schen Totaleinsatz wie zum Beispiel gesellschaftlich sanktionierten Redehabitualisierungen kann es der Stimme die Stimme verschlagen. Schon die bloße Vorstellung des Sich-selbst-Hörens bereitet Schauer der Peinlichkeit: »das Ganze – das Ganze ist so ein unentwirrbarer Knäuel von Mißverständnissen. Ah, diese chronischen Mißverständnisse!«[17], sagt der schwierige Hans Karl Bühl in Hugo von Hofmannsthals »Lustspiel in drei Akten« *Der Schwierige.*

Auf Einladung eines gewissen Poldo Altenwyl, seines zukünftigen Schwiegervaters, soll Hans Karl auf einer Herrenhaussitzung eine Rede »über Völkerversöhnung und über das Zusammenleben der Nationen« halten, wie er sich gegenüber seinem Freund Hechingen mokiert. Dafür aber sei er der denkbar Ungeeignetste. »Ich, ein Mensch«, so Hans Karl zu Hechingen, »der durchdrungen ist von einer Sache auf der Welt: daß es unmöglich ist, den Mund aufzumachen, ohne die heillosesten Konfusionen anzurichten!«[18]

Die heillosesten Konfusionen sind in der Tat sehr leicht gestiftet. Man denke nur an eine SMS, die, in die Welt entlassen, nicht mehr rückgängig zu machen ist. Sie fliegt im Raum, und niemand weiß genau, wo sie sich gerade befindet, bis sie im adressierten Handy landet. Eine Mail, aus Versehen ausgerechnet an denjenigen geschickt, über den man sich in indiskreter, in völlig taktloser Art und Weise gegenüber dem eigentlichen Adressaten der Nachricht auslässt. Wörter, einmal gesagt, so sinngemäß Franz Kafka, können nicht mehr zurückgenommen werden, sie sind in der Welt. Ein falsch verstandenes Wort bleibt oft nachhaltig in Erinnerung. Hans Karl macht diese leidvolle Erfahrung mit dem Medium Telefon, das anstelle von Verständigung bloß Missverständnisse distribuiert, sei es durch akustische Dysfunktion, durch daraus resultierende, zum Teil sinnentstellende Variationen des zuvor Gesagten oder durch wörtlich genommene Phrasen, die Hans Karl ein Gräuel sind. Reden wir, um uns zu versichern, dass wir noch nicht tot sind? Reden wir, um die permanenten Missverständnisse zu korrigieren, deren Vorhandensein permanent zu unterstellen als *conditio sine qua non* der Kommunikation bereits genügt, sie nicht mehr eigens zu thematisieren.

»Sie können mich natürlich nicht verstehen, ich versteh' mich selbst viel schlechter, wenn ich red', als wenn ich still bin«[19], beichtet Hans Karl in Karl-Valentin-Manier seiner Helene. Was versteht Hans Karl hier unter Verstehen? Hat er es auf den Ohren, erkennt er hörend seine Stimme nicht? Bedeutet die eigene Stimme zu hören bereits eine Spaltung, eine Unterbrechung des Selbst? Und ist die Stimme dem Verstehen immer vorgängig und Hans Karl kommt ihr aber, sich selbst verstehen wollend, nicht nach?

Nähmen wir diese bemerkenswerte Bemerkung zur Maxime: »ich versteh' mich selbst viel schlechter, wenn ich red', als wenn ich still bin« und zögen die Konsequenzen – kein menschliches Wort würde mehr vernommen werden. Stellen Sie sich vor, wir würden dann nicht mehr mündlich, sondern nur noch schriftlich kommunizieren. An der Handschrift lassen sich unter Umständen – und mit gutem Willen – Ungereimtheiten zwischen Mitteilung und Ausdruck ablesen, im Verbund mit der Körpersprache ist die Stimme ein indexikalisches Medium, das den Betrug des Hörers erschwert. In diesem Sinne ist die Stimme immer zunächst Behauptung.

Würde über kurz oder lang die Briefkultur eine Resurrektion erfahren? Deren Ablösung durch das Telefon führt in *Der Schwierige* bei manchen Figuren zu liminalen Übergangserfahrungen. Briefe zu schreiben kann man pflegen gegen die Atemnot der Zeit – wie das Nassrasieren, das zumindest eine

Verzögerung darstellt, indem es nicht en passant erledigt wird, sondern als Haupt- und Staatsaktion. Briefe zu schreiben würde aber einen Fakt nicht aus der Welt schaffen, den des Missverständnisses, das brieflich umso schwerer wirkt, weil der Kommunikationsweg des Briefeschreibens mehr Leidenszeit in Anspruch nimmt als die Kommunikation von Angesicht zu Angesicht oder per analogem oder digitalem Kurzschluss. Allerdings kann das Briefeschreiben immer noch ein bevorzugtes Medium der Verschiebung und Verhüllung des Ersehnten, auch der ersehnten Distanzierung über die räumliche Distanz der Briefpartner hinaus sein. Rilke habitualisierte das Briefeschreiben in seiner symbolischen Funktion einer Präsenz *in absentia* mit virtuoser Mimikry. Die Einfühlung in den anderen beherrschte er mit allen rhetorischen Finessen, in einem Brief konnte er die Antwort auf seinen Brief bereits mitschreiben. Der Brief war Rilkes Stimme, Gerichts- und Totenrede. Im Brief als Spiegelstadium in Permanenz, als Medium der latenten, verschleierten oder manifesten Selbstreflexion und Selbstoffenbarung konnte Rilke alle Redeparteien zugleich vertreten. Die Indezenz dieser latenten Doppel- als Monoadressierung seiner Briefe – an den anderen als sich selbst, den es über dieses Verhältnis zu täuschen galt – mag Rilke von vornherein bewusst gewesen sein. Vielleicht ist hierin die gesteigerte Rhetorizität seiner Briefe als gegensteuerndes Moment begründet.

Stimme und Schweigen

Eine Alternative zum Reden ist das Schweigen, das vielberedt sein kann. Die Rhetorik kennt verschiedene Formen des Schweigens, Verschweigens oder Verstummens. Die Aposiopese als rhetorische Figur meint das abrupte Innehalten in der

Rede oder den Redeabbruch, der sehr unterschiedlich motiviert sein kann, zum Beispiel zur Verhüllung von Affekten.[20]

»Jedes Reden wiederholt das Schweigen.«[21] Schweigen ist Reden mit anderen Mitteln, kann Schweigen doch nicht anders verstanden werden als eine Form von Kommunikation, auch oder gerade, wenn es demonstrativ nicht als solche aufgenommen werden möchte. Kommunikation ist Differenz, Unterscheidung zwischen dem, was der Mitteilung für wert befunden wird und was nicht. Gleichwohl muss eine solche bewusste Differenz intentional nicht jede Mitteilung hinreichend begründen, kann doch das Nicht-Mitteilte die eigentliche Mitteilung sein.

Ob Schweigen das Resultat totaler Negation oder bloße Indifferenz ist, ist manchmal nicht zu entscheiden. Im Falle des Prinzen Wilhelm von Homburg – der aus anderen Gründen umfiel als Prinz Friedrich von Homburg, den die Ohnmacht packt und der zuweilen unter Desorientiertheit leidet – ist Schweigen auch mittels der Zutat maliziös-süffisanten Lächelns als beredte Gebärde zu deuten. Nur hat der darüber zunehmend empörte Moderator Rainer Günzler am 21. Juni 1969 im *Aktuellen Sportstudio* die Antworten des Boxers Norbert Grupe, der sich in den USA Prinz Wilhelm von Homburg nannte, um nicht durch falsche Aussprache verwechselt bzw. bereits im Namen verunglimpft zu werden, leider nicht als solche wahrgenommen. Grupe teilte sich jedenfalls mit. Seine vielsagende Vermittlung einer Nullinformation hat ikonische Aura. Was hätte er auf die rhetorischen Fertigteilfragen dieses Autofachmanns auch erwidern sollen, dessen Stimme den ganzen Idiosynkratiker verriet, der von vornherein so gegen den Boxer eingestellt war, dass es noch heute aus dem Bildschirm riecht? Dass Grupe noch im Verlassen des Studios für das Gespräch dankte, das Werbung für den Boxsport gewesen sei, ist eine schöne Pointe, die Boxen und Sprechen gleichermaßen als ritualisierte Kommunikationsformen ausweist.

Friederike Mayröcker schweigt schreibend. Und voller Anrufungen. Friederike Mayröcker schreibt das vollendetste Schweigen deutscher Sprache.

Karl Valentin schweigt im phraseologischen Vollrausch:

Hochgeehrte Versammlung!
Es freut mich ungemein, daß Sie, wie Sie, wenn Ihnen das sozusagen irgend jemand beispielsweise, oder daß Sie gewußt hätten, widrigenfalls ohne direkt, oder besser gesagt inwiefern, nachdem naturgemäß es ganz gleichwertig erscheint, ob so oder so, im Falle es könnte oder es ist, wie erklärlicher Weise in Anbetracht oder vielmehr warum es so gekommen sein kann oder muß, so ist kurz gesagt kein Beweis vorhanden, daß es selbstverständlich erscheint, ohne jedoch darauf zurückzukommen, in welcher Zeit ein oder mehrere in unabsehbarer Weise sich selbst ab und zu zur Erleichterung beitragen werden, ohnedem es ja wie unmöglich erscheint in bis jetzt noch nie, in dieser Art wiederzugebender Weise, ein einigermaßen in sich selbst, angrenzend der Verhältnisse, die Sie wie Sie, ob Sie gegen sie oder für sie nutzbringend in sich selbst von vorne als gänzlich ausgeschlossen erachtet werden wird, und daß ohnehin einer ferngehaltenen Verschlimmerung ein, oder ein in irgend einen einigermaßen einzig verschwiegen ist.
Dennoch treten eine insgesamt wie sich zeigende, weniger oder einschließlich von unabsehbarer Weite sich kreuzende Meinungsverschiedenheiten die in unbestimmt einschneidende Zirkulationshemmungen auftretenden Gesichtspunkte auf. Gegebenenfalls erscheinen also nie wiederkehrende Emanzipationen, welche einer dringenden Abhilfe, insofern gegenüber zu stehen erscheinen wenn beiderseits die interessenlose Resignation widerspenstiger Auftritte seitens der Gedankenhalluzination beiderlei Ge-

schlechtes sich in mehrheitigen Gesinnungsvibrationen durch Kontrapunkte in nichts verwandeln, und eine parteilose, hochprozentige Stimmungsmehrheit vorläufig zu Tage treten wird.

Gerade die machtlose Erscheinungsmöglichkeit ob und wie, jetzt oder später, ist die Grundessenz der lageveränderten Zeitpunkte, welche keinerlei maßgebende eventuelle Aktualitäten in sich bringt und der zeitweiligen Vernichtung von Privatexistenzen zugrunde liegt, obwohl Europa nie Anteil daran genommen hat.

Ich beschließe die heutige Versammlung und heiße Sie zum Schluße herzlich willkommen und begrüße Sie

Hochachtungsvollst

     im Namen sämtlicher Zuhörer,

      habe die Ehre!

In seiner *Unpolitischen Rede* stellt Karl Valentin das Rauschen der Sprache aus[22] – und manche Rede besteht eben nur aus Hintergrundrauschen, an dem sich höchstens der Redner selbst berauscht und sich in ungeahnte Höhen der rhetorischen Niederung begibt. Reden kann so zu einem motorischen Selbstlauf, zu einer Gymnastik der Artikulationsorgane werden, und der Redner stellt erschrocken fest, dass er immerfort redet, die Zuhörer sind erschrocken, dass sie nichts verstehen – ganz wie die Bewohner Amsterdams in einer von Johann Peter Hebel 1809 im *Rheinländischen Hausfreund* veröffentlichten Kalendergeschichte, die auf die Fragen des jungen Handwerksburschen aus der deutschen Provinz (Tuttlingen) immer nur »Kannitverstan« antworten. Der Handwerksbursche ist zufrieden mit der immergleichen Antwort, weiß er doch nun, dass das kostbare Gebäude und das große Schiff, nach deren Besitzer er fragte, dem Herrn Kannitverstan gehören. Als dieser dann auch noch verstirbt, trauert er um den Unbekannten gleich mit:

Armer Kannitverstan, rief er aus, was hast du nun von allem deinem Reichtum? Was ich einst von meiner Armut auch bekomme: ein Totenkleid und ein Leintuch, und von allen deinen schönen Blumen vielleicht einen Rosmarin auf die kalte Brust, oder eine Raute. Mit diesem Gedanken begleitete er die Leiche als wenn er dazu gehörte, bis ans Grab, sah den vermeinten Herrn Kannitverstan hinabsenken in seine Ruhestätte, und ward von der holländischen Leichenpredigt, von der er kein Wort verstand, mehr gerührt als von mancher deutschen, auf die er nicht acht gab.[23]

Dem Handwerksburschen ist der Tod des Herrn Kannitverstan schließlich ein Trost, dass nämlich vor dem Tod alle gleich sind. Muss es da nicht ein Trost sein, dass auch vor dem Nichtverstehen alle gleich sind? Was dem Deutschen Spanisch, kommt dem Spanier Chinesisch und dem Engländer seit Shakespeare Griechisch vor.

»In keiner Sprache kann man sich so schwer verständigen wie in der Sprache«, wusste Karl Kraus.[24]

Im Vergleich zu Hugo von Hofmannsthals *Schwierigem* Hans Karl Bühl ergreift Karl Valentins Karl Valentin die Flucht nach vorn: Er hält die Rede, wer auch immer ihn dazu befähigt, befugt und beauftragt hat. In ihr macht er – bereits ihren Titel gilt es zu hinterfragen – intrinsisch bewusst, was Adorno aus einer letztlich immer noch humanistischen Idealvorstellung heraus gesellschaftstheoretisch und ideologiekritisch einklagt, dass nämlich am Anfang wirklich das Wort ist, dessen »Strenge und Reinheit« es zu bewahren gelte, denn die Verrohung der Sprache ist die Verrohung der Welt. Dieser Aspekt ist der Ernst am Spaß bei Karl Valentin, der durch seine Komik gerade dann durchschimmert, wenn man es nicht erwartet – und seine Komik macht bewusst, »an welcher Art Grenzen Sprache überhaupt verläuft: semantische, phonetische, akustische, rhythmische, rhetorische« (Franz Mon). Und gegen diese Grenzen anzurennen, gegen die Endlichkeit definitorischer Explizitheit, den sprachlichen Vereinbarungscharakter, die sprachliche Unbestimmtheit, lässt jedwede rhetorische Angemessenheit bei Valentin vermissen und macht im Verbund mit der schadenfreudigen Ausnutzung der vielfältigen kommunikativen Dysfunktionen von Sprache einen Teil seiner Komik aus.

Indem Karl Valentin in seiner *Unpolitischen Rede* nur mit Formeln und Schemata einer die Zuhörer gewogen stimmenden Rhetorik operiert, einer verheißungsvoll ins Leere laufenden *captatio benevolentiae* in Permanenz, reduziert er sie auf ihre rituelle und gestische Funktion: Es ist der Sinn einer Rede, gehalten zu werden, auch wenn sie keinen Gehalt hat. Hier nichtet, um mit Martin Heidegger zu sprechen, das Nichts gewaltig. Mitunter entdeckt man aber in Valentins Rede recht gallige Formulierungen, die das Gegenteil heraufbeschwören sollen:

Leiden Sie also nicht unter »interessenlose(r) Resignation widerspenstiger Auftritte seitens der Gedankenhalluzination beiderlei Geschlechtes« und lassen Sie eine »machtlose Erscheinungsmöglichkeit ob und wie, jetzt oder später« gar nicht erst aufkommen. Seien Sie vielmehr davon überzeugt, dass

wenn das jetzt ich nicht sage, sagt das ich ein anderer. ein anderer ich als sagt sagt das wenn das ich nicht sage sage ich jetzt als ein anderer ich das sagt.

sagt ich das? sagt ich das ich sagt? ein ich ein anderer wenn das jetzt nicht ich. ich das sagt ich das wenn ich nicht wenn. wenn ich nicht wenn-wenn. sagt jetzt sagt-sagt. sagt jetzt. und sonst? ein tief ein war der donner der bewölkung. der bewölkung donner war ein tief der grund. ein ausdruck ein ein tiefgrund-
     tiefgrund-
        tiefgrund.

einander ich vorhergesagt für morgen. für ich das sagt für ich für morgen. war ein tief der grund ein ich das sagt ich das. ein ich das sagt ich das ich sagt. ein ich das sagt ein ich nicht ohne grund.

und sonst? und sonst-sonst und? ein keimfrei kühlschrank. ein ein ein ein ein ein. nein ei ein kühlschrank der ist keimfrei ohne ei. sagt ich ei ein ich ein ei? ein ei gefrierpunkt. oder anders oder rum voll zeit genug. genug voll zeit ein beispiel um ein beispiel zu ein beispiel ich als sagt als ich als sagt als zeit als sagt als zeit als sagt als als als sagt als alt.

Daheim und anderswo

Manche Leute haben vielleicht deshalb eine so monotone Stimme, deren Ausdruckslosigkeit zuweilen zur Überprüfung zwingt, ob da überhaupt ein Mensch spricht, weil diese Monotonie sie vergessen macht, dass sie es sind, die gerade sprechen. Die auditive Rückkopplungsschleife der Selbstwahrnehmung dient ihnen nur dazu, zu überprüfen, ob es nicht genauso gut ein anderer sein könnte, der da gerade spricht. Diese Form erhoffter Austauschbarkeit ist Seelenheil.

Die Stimme ist ihnen ein lästiges Übel, lieber würden sie keinen Gebrauch von ihr machen. Diese Leute halten es mit dem *Schwierigen* Hugo von Hofmannsthals, der bereits das Öffnen des Mundes zum Zweck des artikulierten Ausgliederns von Sprachlauten als Indezenz brandmarkt: »Aber alles, was man ausspricht, ist indezent. Das simple Faktum, daß man etwas ausspricht, ist indezent. Und wenn man es genau nimmt, [...] aber die Menschen nehmen eben nichts auf der Welt genau, liegt doch geradezu etwas Unverschämtes darin, daß man sich heranwagt, gewisse Dinge überhaupt zu erleben.«[25]

Erlebtes mitzuteilen ist ein kulturell kodifizierter Zwang. Vielleicht sprechen wir auch nur deshalb so umständlich lange, weil wir wissen, dass wir redend nicht das erhaschen können, was Lacan als das Signifikat des Begehrens bezeichnete. Die Mitteilung verschiebt das Begehrte von Signifikant zu Signifikant, verhüllt und verklärt es.

Erlebtes zu transformieren in der vermeintlichen Annahme, es zu kommunizieren, welche psychologischen Intentionen auch immer dieses Sprechen auslösen, dieses Aussprechen, als leuchte in ihm Erlebtes gleichsam als Wiedergänger auf, dieses Nicht-für-sich-behalten-Können, ist ein ununterbrochenes ES SPRICHT, ES REDET. In jeder U-Bahn, in jeder Tram, jedem Zug, jedem Café sitzen diese Redemaschinen, die eine Sequenz erbrochener Rede segmentieren durch ein geseufztes »jedenfalls«, dem eine neue Fuhre folgt. Dem Erbrechen ist egal, was erbrochen wird. Es dient allein dem Beweis, noch nicht tot zu sein.

Dagegen: *Alles aus*zusprechen. Ein Wunschtraum? Ein Alptraum. Könnte man alles aussprechen, man könnte nichts mehr sagen. Aussprechen und Aussprache gingen unter im unkoordinierten phonetischen Theater des Simultanen.

Ende gut. Zu meinen Sprechakten.

»Dezent« bedeutet laut *Kluge*: zurückhaltend, gedämpft. Entlehnt aus dem lateinischen *decens*, dem Partizip Präsens von lateinisch *decere* (sich ziemen, wohl anstehen, zieren).[26] »Indezent«, als Lemma im *Kluge* nicht vermerkt, bedeutet dem Duden zufolge »nicht taktvoll, nicht feinfühlig« und hat die Synonyme »indiskret, pietätlos, taktlos, ungehörig, unsensibel«. Das trifft es. »Aber alles, was man ausspricht, ist indezent.« Im Vergleich zu seinen Synonymen ist das Wort »indezent« geradezu dezent. Es hat Etikette. Indem Hans Karl Bühl dieses Urteil fällt, es ausspricht, möchte er als Sprechender mit dem gesprochenen, dem attestierten Sachverhalt nicht in Widerspruch geraten; er möchte, indem er die Indezenz alles Ausgesprochenen indiziert, nicht selber indezent sein. Nach dieser Rede müsste Hans Karl für immer schweigen. Und in der Tat: Das sogenannte Lustspiel ist hier ausgerechnet mit der dreizehnten Szene des dritten Aktes für Hans Karl zu Ende, die vierzehnte Szene ist ein kurzer Abgesang.

›Indezent‹. Das war schon immer mein Gefühl. Ich hatte nur dieses Wort nie dafür. Peinlich wäre zu wenig gesagt, indezent ist wunderbar. Das Wort ist so gewählt, dass es straft, indem man es ausspricht. Indezent. Eines Tages, gestern, vor zehn Jahren, wachte ich auf und war zerträumt beschämt. So beschämt, dass ich weinte. Ich bereute alles, was ich je gesagt hatte. Wie habe ich mich bloß so ausstellen können? Indezent. Alles war mir peinlich. Glaubte ich mir, dass mir alles peinlich war? Ich konnte mir nicht glauben, dass ich mir glaubte. Tränen sind jedoch an sich. Wie kleinbürgerlich.

Der Indezenz anderer zu lauschen, ihr beizuwohnen, kann hingegen von einigem Reiz sein. Unsere Peinlichkeiten führen Stellvertreterkriege. Was machte man zum Beispiel, wenn in einem vollbesetzten Zug der Deutschen Bundesbahn, als es noch Raucherabteile gab, man selber aber dem Nichtrauchen zuneigte und folglich in einem Nichtraucherabteil saß, genau in diesem Abteil eine Horde volltrunkener Fußballfans – sagen wir von Borussia Dortmund, was durchaus mit Sympathie zur Kenntnis genommen wurde –, wenn diese Fans also im Nichtraucherabteil rauchten und alle bis auf diese Fans und man selbst bereits die Flucht ergriffen hatten, der schwächliche Schaffner sich außerstande sah, einzugreifen, den Fans sogar noch voraneilende Sympathie entgegenbrachte? Das Abteil zu wechseln hätte einen Stehplatz im Gang bedeutet. Zögern.

Die Stehplätze waren bald vergeben. Was also tun? Ich nutzte die Gelegenheit zur Mitschrift der durcheinander fliegenden Stimmen, um sie in Schrift einzufangen wie Fliegen im Fliegenfänger, sie mit klebender Schrift zu strafen. Bereits im flüchtigen Notieren verschwammen die Grenzen zwischen Mitschrift und Erfindung. Die Zuordnung der Stimmen, ihre Segregation, war für den Protokollanten nicht trennscharf gewährleistet, das Aufschnappen von Redefragmenten, die in der Wahrnehmungshierarchie besonders salient, das heißt anschlussfähig waren, stiftete sofort dazu an, die entgangenen, bereits von anderen Redebeiträgen durchschossenen Fragmente zu komplettieren oder Satzfragmente von zwei Sprechern, weil es sich eben so anbot und es einen überraschenden, wenn auch keineswegs intendierten Sinn ergab, zu einem vollständigen Satz zu komplettieren. Rede folgt auf Widerrede, die halbdokumentarische Mitschrift ist intonatorisch und im Verteilen der Sätze auf einzelne Figuren jedes Mal neu und spontan zu besetzen. So können aus den Dortmundern Voreifler oder Rheinländer werden. Über den fixierten Text wird der Text der Stimme geblendet, ohne die der Text keinen Text hat. Der Text des Textes ist die Stimme. Das haben die Dortmunder nun davon.

daheim und anderswo
ein stenographischer block

ich sag dir eins, da hängt irgend was anderes da hinter. da spielt geld da viel mit. das ist wie mit boxerns, da gibt es regeln. was willste da machen. wenn du da zu tiefe beine hast, kannst du ohne strümpfe nur bus fahren. biste mal auto gefahren? oder um zehn uhr da abgefahren? zum beispiel mit dem bus geht da gar nichts. aber mein fuß hat deinen berührt. sonst lassen wir dir hier drinnen! als wenn das so dinger wären, die da hängen. aber als wir hier reingekommen

waren, haben wir gerochen, aber wie. na klar, das ist kein
thema. wenn wir zeit haben, fahrn mer. die hatten da ja
körbe mit, da lag das auch drin. du hast vielleicht eine be-
trachtung: mein leben hab ich das noch nicht gehört. ja
und? mal was anderes. heute ist freitag, was haben wir da
gelassen. du kannst aber auch pech haben, transsibirische
eisenbahn, und die ist eingeschneit. ich hab die mütze ver-
gessen, und hatte dann nen sonnenstich. aber gewaltigen.
ich kauf mir dann ne mütze zu schwimmen. wir kucken
zum schluß, letzter tag von vier tagen. das ergibt sich doch.
letztes mal habt ihr das doch auch mitgenommen. aber so
teure geschenke gibt es diesmal nicht. kaufste jedem so en
tischschürzchen und dann hat es sich. jetzt kommt augs-
burg, und da möcht ich nich in seine haut stecken. auch
wenn die warm wird, da kriegste se genau aneinander. der
ist richtig neidisch, glaubste datt? du machst mich ganz
konfus. was mach ich? glaubste das alles, was hier drinsteht?
ach, der prinz, haste den schonmal gesehn? was ist da schö-
nes dran an dem kerl. he? was ist da schönes dran? aber <u>der</u>
ist schön. alles bekloppte. kannste mal umblättern, ich
komm da schlecht dran. kuck mal, da stehen immer nur die
frauen nackt. ein nackter mann wär doch auch mal was
schönes, immer nur die weiber. das muß so sein. und was
willste machen? ja, bügeln. ansonsten was neues kaufen. ja
und? laß doch jedem das seine. haste was besonderes ent-
deckt? ja wo solln mer denn noch hin, ist doch bald acht.
zieht immer jacke an, soll wohl immer geheimnisvoll sein.
geht nicht weiter, bleibt immer da stehn. hat zwar keine
dachkammer, aber nimm doch mal den aschenbecher. was
wollte ich denn? wo gehst du denn hin? rauchen? ich nehm
auch eine und dann will ich das auch vollstinken hier. ist
raucherabteil. so? ist noch besser! dann haste schon alles.
wer wollte das haben? genug gegessen! ist ja auch lange zeit,
kartoffeln mit soße und'n bißchen tomatensalat. dafür kein

284

mittagessen. jetzt brauchste nich, ist doch schön, wenn einer da mal schlafen kann. aber weißte, wenn so ne verrückte gegend wie bei uns, wenn de da nach dortmund fährst, ist doch ne tolle sache, oder nich. im sommer, wenn die da so in urlaub fahren, ja da war ich einmal. was denn? willste was haben? ich hab auch welche. ne, ich kann da mit dem auto hin. auch erfrischungstücher sind dann manchmal wichtig, aber wenn de die toilette dann vergessen hast, da sagt er mir, die kannste auch später nehmen. ne, auch so mein ich, vorhin sind wir eingestiegen und jetzt fahrn mir schon rückwärts. ja und flugzeug, wenn die da mal in urlaub fliegen, die nehmen ja kein flugzeug und auch hotel haben die nicht. möchtest du kein zimmer? ja, das haben die ja nicht. ich möchte lieber, wenn vorher alles fest ist. ja, wenn de erst mal liegst! so um elf uhr liegen wir. in so 'nem kleinen bett. ganz normale urlaubszeit. ich hatte auch mal so einen. da haben die alles geschickt. ja, frühstück hamm wir da gekriecht und abends abendessen. und am anderen morgen frühstück. ist ja auch was. isst ja immer noch ein unterschied. halbe stunde noch. jetzt fährt er wieder los. ruckzuck sind wir dabei. ruckzuck sind wir im zuch drin. ja, aber trotzdem, was willste da machen die ganze zeit. alles sone sache. auch schwer für die. alles schwere arbeit. fundbüro abgeben. geht auch. spanien ist kein problem. ne, ist kein problem. andere völker anderer ausdruck. die meckerten nur über meine … ich hab mir das gekocht. das war aber … mein gott, solln mer noch'n schluck nehmen? trink mal, kannste die flasche wegschmeißen. ne, hierlassen. ist doch dasselbe. geht doch nicht, ist zuviel drin. dann steck'se wieder ein. so, bis nachher, ich mach mal die augen zu. hier, die tasse haste vergessen. so, sonst ist alles leer. tuste alles in den sack rein. ist ja noch zeit. viertelstunde noch. muß alles seine richtigkeit haben. hammer nichts vergessen? wo se uns da ein essen serviert haben mit senf. mußt mimm bus fahren, zwei stationen. ich glaub, noch näher als bei euch. in spanien, da wo ... wenn wir noch hinter hof fahren. ein tagesmarsch, da biste da. ja. dann da aussteigen, sizilien geflogen, ja. ja mit der bahn wär ich nich' gefahren. achso. da war alles da. wieder schön so frisch gemacht. hat die helga dir erzählt? simme dann ... waren mer da. ich will nicht hinunter bei dem sauwetter. hätten die kinder ja einen besuchen können. sind alle gestorben. sind ja auch nicht mehr die jüngsten. mußte mal so sehen. ja, alle, bis auf den jüngsten. der schwiegervater vom dingsda, hat nix gegessen, nur getrunken. guckmal. alle früh gestorben. hat sich totgesoffen, mit sechsundsechzig. ihr habt ja glück gehabt. was willste? eisenbahnzeitung. ich bin jetzt sechsundsechzig. dann fährste da so im kreis rum. kommste an den strand, verkaufe die dir ja alles. ja, alles. auch 18 karat? aber ein dicker freund von mir war ja in spanien. hat da so münzen gekauft. so braune. kannste alles. SA-dolche. marinedolche. ja alles. wenn de dir datt überlegst, ist ja auch 'ne lange fahrt nach ... wenn de dann von münchen nach rom fährst. ruckzuck ist der weg. das interessiert den doch gar nicht. die franzosen haben ja noch 'nen schnelleren. wenn der mal aus den gleisen fliegt, da holste keinen mehr raus, da ist feierabend. wieder ein bahnhof. jetzt zieht der schon die bremsen an, passemal auf. ja, senf.

Das Kind fragt. Der Erwachsene fürchtet sich. Das Kind hört nicht auf zu fragen. Der Erwachsene denkt, lass es nur fragen, wenn es erwachsen ist, hört es auf zu fragen. Das Kind ist jetzt erwachsen. Es ist kein Ende des Fragens. Das zeigt sich. Es muss weitergefragt werden. Das Fragen ist ein Welt- als Textgenerator. Die Frage reißt alles mit. Die Stimme fragt. Die Befragung nimmt kein Ende. Fragen ohne erkennbaren Anlass, ohne Kontext, sind Stichwaffen. Wer fragt, antwortet nicht. Wer fragt, regiert. Fragen teilt die Welt ein, schneidet in die

Welt, trifft Unterscheidungen. Im unendlichen Fragen nicht mehr gefragt zu werden bedeutet Tod. Der Fragende fragt einfach weiter, er weiß, dass der Befragte keine Antwort hat. Die fragende Hinwendung aber droht zu töten. Plötzlich Leichen überall. Und der Fragende? Der Fragende ist die Stimme. Bis sie bricht.

ende gut, frage.
kleines solo für einen fragesteller

kann ich irgendetwas für dich tun.
kann ich etwas für dich tun.
kann ich was für dich tun.
kann ich was tun.
kann ich was.
kann ich.
kann ich für dich ich mein für dich.
kann ich mein für dich was.
kann ich da was tun.
kann ich was tun mein ich da für dich so gehts nicht.

kann ich irgendetwas anderes für dich tun.
kann ich irgendetwas anderes ich mein was dir spaß macht.
kann ich ich meine kann ich dir mal eine frage stellen die dir spaß macht.
kann ich mal eine frage für dich stellen die so richtig spaß macht.
oder soll ich das lieber nicht tun.
oder soll ich lieber ich meine soll ich.
oder soll es nicht sein.
oder ist es das schon gewesen.
oder wars das schon.
oder was.
oder was denn.
was ist denn.
was ist denn eigentlich los hier.
was ist denn eigentlich los hier mit.
was ist denn eigentlich hiermit los.

was ist denn das hier für ein saustall.
so gehts aber wirklich nicht.
so macht das keinen spaß hier.
was liegen denn da für leichen rum.
das stinkt ja zum himmel.
das ist ja eine hausgemachte sauerei.
das ist ja eine verwitterung.
das ist ja offenbar eine zumutung.
was liegen denn da für verwilderte leichen rum.
was liegen die da denn rum wenn ich mal fragen darf.
die gehören doch nicht da so rum. die gehören doch in den abfall.
die sind doch tot wenn ich mal fragen darf.
das sind doch leichen wenn ich mal fragen darf.
das sind doch nicht wir wenn ich mal fragen darf.
das sind doch andere wenn ich mal fragen darf.
das sind doch anderer leuts leichen wenn ich mal fragen darf.
die gehören doch verboten hier.
die gehören doch in anderer leuts abfall.
die gehören doch in die wüste.
das ist doch keine welt hier.
das ist doch eine verdrehung.
eine täuschung.
eine maske.
eine miete.
das ist doch eine falsche behauptungstatsache.
das sind doch keine menschenkinder.
das sind doch andere leut.
die sollen mal abhauen hier.
das ist doch kein heimspiel hier.
das ist doch wohl ein witz wenn ich mal fragen kann.
das verjährt sich doch oder
das hört doch mal auf wann oder
das ergibt sich doch wohl selber oder
da muß man doch nicht lange fragen oder
das hört doch alles auf.
das geht aber auch gar nichts.
da kann man nichts mehr ansehen.

288

das ist ja bedauernlich.
das ist ja zeitverwendung.
ja wortlos
jawohl
ja

wenn ich mal fragen darf.

wenn ich mal fragen darf.

wenn ich mal

»Früher war die Zukunft auch besser«, wusste schon Karl Valentin.[27] Früher, als man jung war, konnte man noch halluzinieren, ohne gleich an eine Psychose zu denken. Das Imaginäre stattete einem häufiger einen Besuch ab. Wie es früher war, war Krieg. Ich weiß nicht, wovon ich rede, wenn ich Krieg sage. Krieg ist überall. Ich kenne Krieg vom Hörensagen. Früher war auch das Hörensagen besser. Selbst früher ist nicht mehr wie früher. Noch einmal alles mit der Stimme Revue passieren lassen. Dieses noch einmal für immer. Die Stimme erzählt mehr als Worte. Deshalb höre ich beim Sprechen meiner Sprechakte nicht wieder, was ich schon kenne, vielmehr höre ich ein sich modifizierendes Lautband, das aufleuchten soll, in die Luft schneiden, das alle Erinnerung an die eigene Stimme abschütteln soll. Das Sprechstück *wie es früher war* soll immer neu ein Ereignis sein, die Stimme soll im Kneten der Laute dem Verbund der Laute neue Prägnanzen abgewinnen. Die Varianz der Stimme soll über der Konstanz des Textes tanzen.

wie es früher war

es ist nichts mehr so wie früher so. ist nichts mehr so so wie
früher ist so nichts mehr wie früher so ist. so ist so. so ist wie
so. ist es nichts mehr ist ist. ist es nichts mehr ist früher ist.
ist es nichts mehr. früher ist so ist früher wie ist es ist es.
istesso?
früher ja früher so. istesses sowieso. sowietau. sowietautist-
esso. so wie früher tistes. so wie früher tistesschau. so wie
so – wie früher so – wie wie so wie – wie tristress. aha wie
tristress. wie tristressschau. ist ist früher früher? früher frü-
her ist früher. ist früher ein kessel. ist früher ein garn. ist frü-
her ein gaumen.
ist früher ein nichts mehr ja ein mehr so ein nichts mehr ein
so einein wie früher nichts mehr einein frühestens. istes-
sesso? istessessowieso.
sowietau?
sowietautrist?
sowietau?
sowietrau?
sowietrautau?
sowietrausotausowie?
ein wirklich ein kessel ein garn ein gaumen?
ein wirklich schand ein. wie früher schade. wie früher
schandschade. wie früher schadenschand. schandenschand.
schandenschandschadenschau – wie es so wie früher scha-
det früht es wie es schadet. wie es schandet. wie es schadet
wie es schadet so. wie es wie es. wie sie wie – siewiesie. wie
siewiesie von angesicht. ist es nichts mehr so als stünde es
da. als stünde es da gestundet. gestundet stünde wie früher
gestundet. kessel garn gaumen. gestundet schau stünde wie
früher gestundet steht es da als steht es da wie sie. wie frü-
her. stunde. wie früher da steht sie da. kessel gaumen garn.
wie frühestens steht sie da. steht sie früher da steht da. kaum

früher nicht. kaum weiter nicht kaum früher nichts. und so weit in der ferne, und doch so nah. weither kaum früher kaum nicht führ her nicht da nicht für. garn. steht da steht so wie tristesso wie steht da sowietausowiewieso. sowie-man. so wie kessel wie gaumen wie garn. so wie kesselleicht.
fleicht.
freicht.
frücht.
frürt.
früht.
und so nah in der ferne, und doch so weit. soweitfern so-nah. in der ferne nah in der weite. in der fernte naht und doch so dochsowie. doch wie so wie früher. doch wie so wie früher die woch. wie früherwochte. so fern so nah so nah. so nah und nah so früh so leicht. und so weiter deine ferne deine frühe und weither so deine nichts.
wie es früher war so weit so fern so nah. wie es kessel und gaumen und garn. und frühlich. es war wie früher war es früher wie es war. und so weit in der feine, und noch so dah. und so fern in der weite und insoweit der ferne. denn frei undsoweiter und nah und doch so in der tiefe. und doch aha in der früh in tief aha in so in nichts dein aha frü aha weiter schadet früh so nah aha gebraucht.
und ist nicht auch gebrauch. ist nicht auch gebrauchtauch. ist nicht auch gebrauchtauchnichtauchgebrauch. ge-brauchtgebrauch. auch. auch frist. auch frücht.
frürt.
früht.
weit.
früh.
trau.
stund.
tau.
als.

so.
kaum.
wie.
leicht.
weicht.
feicht.
beicht.
weiter.
früher.
freit.
früher.
inso.
weiter weiter weiter weiter weiter.

Dann fing die Arbeit an. Kunststofffabrik, Papierfabrik, Duschkabinenfabrik. Macht den Akkord kaputt, bevor er euch kaputt macht. Lieber Arbeit haben als leben. Im Sprechakt *kein zeit* hat die Stimme anders zu arbeiten als im rasenden *wie es früher war*. Die artikulatorische Mimesis richtet sich aus nach der Taktung von Stanzmaschinen.

kein zeit *(2 sprecher / »verbaler stechschritt«)*

1 haben Sie ernstlich gearbeitet was? haben Sie ernstlich gewesen sind? getrunken und geraucht? die zunge in pelz gestückt? ernstlich was? haben Sie haben was? ernstlich die zunge in pelz gestückt? die aufgestanden mund hinaus mund hinaus? abend gesagt. na was, abend gesagt. haben Sie foto was. o ja, versprechen Sie bitte mir. o entschuldigung. o verzeihen Sie. fragen Sie was jetzt. ja, haben wir blumen. haben wir tag gehabt. tag gehabt. tag, bitte zweifellos. ja schön, wie wunderschön. gearbeitet, selbstverständlich was. butterbrot dabei gehabt. eine freude, ja was? akut gewesen. maschine akut gewesen. ei, haben wir schöne frühe gehabt. augen auf, frühe dagewesen. marschierstiefel, ach ja, marschierstiefel. akute marschierstiefel, marschierstiefelmaschinen, sogar. jetzt mal was erholen so, reicht jetzt.

mal wieder arbeiten was. schon schön. das ist schon schön in mar-
schierstiefel. die hat man lebenlang. lebenlang marschierstiefeln. bis
aus ist. aber aber. weinen kein mensch. aus ist kein mensch. bett lie-
gen, sonne gucken. sonne guckt auch. sonne sagt: so, jetzt genug ge-
legen, jetzt arbeiten. arbeiten ist auch so was. bis finster schuften. da
haben wir was. na na, kein schön wort sagen schuften für arbeit sa-
gen. gern arbeit. augen auf sonne sehn, das heißt gern arbeit. wecker
macht schellen. augen auf, genug gelegen. füße in marschierstiefel.

2 kein zeit

1 füße reinstecken und schnüren

2 kein zeit

1 augen noch müd? ohren hören was. hören rattern eieruhr. o das ist
hart. ohren schon hellwach, augen schon müd. ohren schmerzt. was
tun? was tun augen? nachinnensinnen. was hören augen und nicht
wahr haben ohren wollen? ach so. lieber nochmal ohren haben für
augen. gut. hast du jetzt zwei paar ohren. was siehst du? hast du au-
gen verloren bei arbeit? nicht schlimm! schönes paar marschierstie-
fel dafür. kannst du immer marschieren. schönes paar marschier-
stiefel, ein paar ersatzohren! ohren ist besser als augen. besser sagen
was ohren als schmerzen was augen.
selbstverständlich.
selbstverständlich habe ich das gesagt. ausgericht. jawohl. können
wir feierabend machen.

2 so was erlebt auch. so was erlebt auch kein mensch. kein mensch
alle tage.

1 was hast denn erlebt?

2 och, maschine auf, reinschmeißen, maschine immer noch auf.

1 wie blöd. o wie blöd. böse maschine!

2 ja, ich steh auch rum und weiß nicht, können nix machen.

1 schlimm schlimm. frage ist, was tun.

2 ich immer noch nix machen. steh da rum wie blöd. wie blöde ma-
schine.

1 bös bös. erfreulich spannend!

2 ja, und maschine hat maul auf, ich drücken und drücken, maschine
hat material schon inne fresse, ich mit fuß wippen, dann bricht
feuer aus.

1 ach so, ach kenn ich ja.
2 bricht feuer erst mal aus, kannste nur noch löschen.
1 dickes ding. habt ihr aber was zu löschen gehabt.
2 war schwer zu löschen, war im urwald.
1 blödverkaufen, was!
2 war dickes urwaldfeuer, kannst nix machen.
1 problematisch, weiß schon, problematisch.
2 niemand weiß, wo der liegt.
1 haste kein zeit für. mensch, kenn ich
2 sagste, hier ist feueranfang, haste mittagspause.   1   mensch,
   hat aber maschine maul auf, mit urwald   kenn ich
   inne fresse. packste erstmal butterbrot aus,   .
   machste zähne auseinander, schiebste stullen rein.   .
   hastet butterbrot weg, kannste nur noch kopfschütteln.   .
   hastet schütteln satt, kriegstet zittern.   .
   fängste an zu schweißen, brennt der   .
   urwald immer noch.   .

1 haben Sie ernstlich gearbeitet was. haben Sie ernstlich gewesen sind. ernstlich was. haben Sie haben was. haben Sie ernstlich o ja. reihn raus. haben Sie rein raus. selbstverständlich was. o ja. rein raus. haben Sie rein raus. selbstverständlich was. o ja. reihn raus. haben Sie rein raus. selbstverständlich was.

2 jetzt sind wir zu weit gegangen.
1 der urwald ist schuld.
2 urwald war quatsch.
1 urwald ist sowieso falsch.
2 da steht kein baum mehr.
1 da sitzen wir drauf.
2 sitzen wir drauf und quatschen.
1 kannste vergessen.
2 kannst vergessen auch und quatschen.
1 so, und quatschen.
2 ja haben wir quatschen auch und auch vergessen.
1 o wie schön. haben wir quatschen und vergessen. haben wir beides auch.

2 haben wir haben wir.

1 ja, wird zeit. wird zeit auch dafür.

2 wird zeit für marschierstiefeln.

1 kein zeit mehr.

2 nein

1 ja

Anfang der Neunziger. Eine scheinbar unbeschwerte Zeit, solche dahergelaufenen Dialoge zu schreiben. Erinnerung an die Fabrikarbeit Mitte der Achtziger mit ihrer neurotischen Angst vor Krankheiten und dem vermeintlichen Stimmenhören. Das spielte sich im Kopf ab. Einem Arbeiter in einer Kunststofffabrik zerriss ein Hochdruckstrahler, dessen Schlauch platzte und unkontrollierbar vor ihm in der Luft tanzte, mit seinem kochendem Wasser die Haut. Das sind die »bei arbeit« verlorenen Augen. Der Mann wollte weiterarbeiten. Fabrikarbeit ist paramilitärisch. Man rückt in die Fabrik ein mit Marschierstiefeln. Wer klagt, kriegt gekündigt. Die wenigstens wissen, was sie da überhaupt herstellen. Urwald.

Von Zeit zu Zeit sollte man Inventur machen. Es werden sich Dinge finden, die nicht so einfach zu benennen sind. Es wird einem schließlich wenig gehören, fast nichts. Ein paar Wörter, vielleicht. Und selbst die paar Wörter besitzt man nicht. Die Stimme stottert die Wörter, stückt sie als Nähmaschine aneinander, als könnten die Wörter in der Wiederholung der Raum selbst sein, den sie stotternd füllen. Der Stimme scheint dabei etwas zu entschlüpfen, was sie gar nicht weiß, was sie nicht kennt und infolge dessen auch nicht kontrollieren kann. Die Stimme dreht die gekneteten Wörter hin in Richtung einer Hinrichtung.

klartext zum beispiel antrag

der schrank gehört mir nicht. *klartext*: gehört mir nicht
schrank schrank gehört mir schrank gehört mir nicht zim-
mer wohnstatt antrag. plausibelantrag antrag antrag alarm-
weste weste antrag. alarmweste gehört mir oder gehört mir
nicht kittel anzug finale gehört mir oder entzug gehört mir
nicht gehört mir oder entzug. zum beispiel *mein* schrank
gehört mir oder gehört mir nicht zum beispiel entzifferter
schrank mein schrank oder nicht. zum beispiel zum bei-
spiel anklageschrift gehört mir oder knast. zum beispiel
zum beispiel gehört mir oder hörnt mich. oder gnadenwort
»der stein im wüstensand«. zum beispiel bastia: gelandet ge-
gessen gegessen gefressen eingetauscht zum beispiel fisch
gegen mark und zum beispiel kartoffelkretin gegen mark.
zum beispiel übergeben gehört mir oder gehört mir nicht
oder chimäre kino kartoffelchips. abfallende linie. stim-
mung, verstimmte. inventur. vermeidung. moment. *klar-
text*: lautensack. auch binder oder weste. auch sockenbrand
auch wams. auch gehrock vatermörder. schwalbenschwanz
wäschesack. weißewestewäschesack korbgeflecht. vater-
mörder korbgeflecht. votermerder karbgeflöcht: flöchtig,
ja: *pallaksch*. käme, käme: pallaksch. schrank zum beispiel
alle diese sachen. bunte sachen weiße sachen. alle diese sa-
chen kochen machen. eile elle dase sachen kachen machen.
eile elle kachen mochen kochen machen. eile kachen wun-
derweiß. aha. eile kuchen wanderweiß. pallaksch. öle kei-
chen wonderwuß. wie bitte? wie pallaksch bitte. wie brühe
bitte. aha. braune brühe weißgebrüht. bröne brahe wußge-
breit. schrankgebrüht. wie breihe, batte, wie breihe: wöße-
weistewuschesick. vielmals, bitte, vielmals. o desto o voter
o korb, die schrünk geheit mer nacht geheit mer nacht. *klar-
text*: geheit mer nacht. klor, deis ast klor, geheit mer nacht.
zum beispiel schwarzer schwalbenschwanz. zum beispiel

übergeben. wie das da so hängt so. wör dann? sohängtso. *antrag* gnadenwort. klartext: schrank. klartext: brühe. zum beispiel wäsche in den antragsack antragsack. zum beispiel schlingenkopf. aha. zum beispiel fadennackt. zum beispiel schlingenkopf aha und fadennackt aha. wie aha das da zusammengeht. wie das da so pallaksch so flöchtig. und schallet merder o merder. und schallet eile keichen wände wußgebreit. und schallet eile elle krachen hängen machen. so hängt jetzt. so hängt jetzt so. so hängt jetzt so so rum. so zuzu. wie pallaksch wie bitte. wie korbgeflecht. wie votermerder wie merder. aha. heißt das was zum beispiel heißt das nichts so sagt das was zum beispiel sagt das wasnichts. zum beispiel aber sowas: keimt hinein und brallt: das heißt nichts dreck den kehrt den dreck jetzt weg. oho, deis ast klartext deis ast antipallaksch. deis ast klor so klor so schrank so breihe, so antrag so wiß, so beispiel so nacht. deis ast votermerder so schlingenkopf. so abgehänkt so weg. klartext zum beispiel antrag in eile krachen, batte, in eile. hier man sieht zu was man tut zu haben. zu was man tut zu haben. zu was man tut zu haben.

IT'S YOUR TURN oder **EINFACH GENUG**

1   kann man   das kann man das   nicht einfacher sagen?
2   denn was?
1   das nicht   das kann man das nicht   einfacher nicht sagen?
2   einfacher denn was nicht denn einfacher?
1   erlaubung! ich will erklären. das hier ist wort. so. und das hier ist mund. mund auf und sachen rein. mund zu und sachen verpacken. maul auf und: aha, verstehe!
2   erlaubung auch! das ist zu schwere sachen. das ist hammer für blödmann.
1   stattgegeben. das trifft nagel auf den kopf. das ist verstehen jeder.
2   ja jeder, aber nicht alle alles.

1 nicht restlos alle alles. sehr wichtig! sehr wichtig nicht restlos alle alles vollkommen. nicht vollkommen alle restlos nichts. was auch für sachen!

2 können Sie buch schreiben wegen.

1 zweifellos ein dickes buch schreiben drüber von rechts wegen.

2 dickes buch schreiben und zufrieden sein.

1 zufrieden einkaufen können.

2 dickes buch heißt dicke leistung. dickes lob dafür kriegen. rote wangen.

1 erfolg haben und überschnappen.

2 sehr richtig das jetzt. überschnappen und in die klappse kommen.

1 brillant. in die klappse kommen und buch an den kopf kriegen auch noch.

2 buch schreiben drüber, erfolg haben, in die klappse kommen und buch an den kopf kriegen auch noch.

1 [*accelerando*] das versteht aber wirklich jeder wirklich. ja das ist gut das ist gut weil jeder wirklich das versteht o ja das ist wirklich gut sehr gut das ist nur zu gut weil das ja restlos ja jeder vollkommen verstehen kann weil das ja auch absolut richtig ist und jeder das ja sehr sehr gut zu gut nur wirklich schon immer von von von vornherein, klar das ist es das ist ganz einfach so ein erfolg haben so und so ein dickes buch geschrieben so und das ist dafür davon das heißt kriegen das ist das kann das wiederholen das versteht aber wirklich aber so aber aha ja so und was das was nicht meckern ganz klar ganz klare quittung a-aha quittung was auch einfacher geht einfacher geht ist klar ja ist klar so klare sachen so klare so so jawohl ja quittung verstehe verstehen sich auch von selber aha so klar so ganz klar so unbedingt so klar so folgerichtig so ja was dinger mensch was sachen was machen was auch kein (*ritardando*) was nicht zum heißen rund um geht rund geht und jetzt nochmal: (*so schnell wie möglich*) riß die metallgitter menge nieder knüppel bewarf zahnpasta bestritten berichte gesamte hauptgeschäftsstraße reicht ja ja ja jetzt reicht regelrecht zu tun hätten zu tun hätten ja zu tun hätten reicht ganz klar so ganz so so reicht so ein harter und anderen harten gegenständen durch wie und ausgeraubt stunden ausgeschrittene aufgebrochen zahnpasta ja reicht jetzt reicht bis übermorgen.

2 das reicht reicht wirklich dicke. dafür kein buch mehr schreiben müssen. dafür kommen in die klappse umsonst. dafür kommen in klappse total schon jetzt.

1 haben wir also schönes thema. haben wir also schöne diskussion gehabt. haben wir schönes thema schönere diskussion gehabt. haben wir frage gehabt. haben wir gefragt: kann man das nicht einfacher sagen. habenwirhattensollensein!

2 denn was? denn was denn habenwirhattensollensein?

1 denn habenwirhattensollen einfacher sein.

2 war stark genug auch kompliziert. auch kompliziert hattenwirhaben einfacher sein.

1 sowieso. sowieso einfach genug. da haben wir zu tun.

2 könnte es gewesen sein fast. könnte gewesen sein schlimm fast einfach genug. einfach genug zu tun.

1 schlimm fast einfach genug fragen.

2 einfach genug zahnpasta. haben gesagt. haben wir gehört.

1 einfach genug liebe. haben gemacht. haben wir gehört.

2 so einfach nicht. so einfach nicht quälen.

1 ---

2 maulaffenfeil. so einfach nicht. so einfach maul   so jetzt   so halten so einfach nicht.

1 geht rund um. geht rund und jetzt nochmal: (*so schnell wie möglich*) riß die metallgitter menge nieder knüppel bewarf zahnpasta bestritten berichte gesamte hauptgeschäftsstraße reicht

2 du partner du, ich gespräch! du aber maulhänger!

1 du mauke!

2 du mauerblümchen! du einfach!

1 du mauerspeis! du auch einfach!

2 o wir gelangen in beschimpfungsschwung.

1 o wir unausstehlich. o wir gelangen.

2 o wir gebildet. wir gebildet uns einfach ein.

1 das ist einfach. das ist einfach aus. das ist einfach aus der luft.

2 das ist hören bis augen weg. das ist zahnpasta.

1 das ist zahnpasta jawohl und kneifen.

2 und –

1 und –

Und was sagt der Präsident in Georg Büchners Lustspiel *Leonce und Lena*? Er sagt »gravitätisch langsam«: »Eure Majestät, vielleicht ist es so, vielleicht ist es aber auch nicht so.« Und darauf antwortet der ganze Staatsrat im Chor: »Ja, vielleicht ist es so, vielleicht ist es aber auch nicht so.«[28] Der Münchner Komponist Josef Anton Riedl hat früh erkannt, dass der Satz »vielleicht ist es so, vielleicht ist es aber auch nicht so« eine Fundamentalerkenntnis der abendländischen Philosophiegeschichte ist, der so leicht keine zweite an die Seite gestellt werden kann. Diese Besonderheit hat Riedl dadurch gewürdigt, dass er den Satz seit den fünfziger Jahren in zahlreichen Lautgedichten und Lautkompositionen auf jede nur denkbare Weise zwischen Sprechen und Schweigen variiert hat. Riedl hat den Satz auseinandergenommen und seine Buchstaben bzw. Laute, rhythmisch und dynamisch strukturiert, zu neuen Konstellationen für einen oder mehrere Sprecher wieder zusammen gruppiert. Eine Variante hat er dabei nicht realisiert: die Anagrammierung des ganzen Satzes. Der folgende Sprechakt, der wie alle Stücke meinem Band *Ende gut. Sprechakte* entnommen ist, ist Zeile für Zeile ein Anagramm dieses Satzes:

»vielleicht ist es so, vielleicht ist es aber auch nicht so.«
Variationen einer These von Georg Büchner
unter Auslassung der von Josef Anton Riedl erprobten Möglichkeiten

vielleicht ist es so, vielleicht ist es aber auch so nicht.
vielleicht. so ist es. vielleicht. aber ist es auch? so nicht.
vielleicht. ist es so? vielleicht. ist es aber auch so nicht.
vielleicht ist es. so! vielleicht ist es. aber. auch. nicht. so.
vielleicht. ist es so, vielleicht. istesaberauch nicht so.

vielleicht ist es so, vielleicht ist es aber auch nicht so.

vielleicht, vielleicht! so ist es, aber auch so ist es nicht.
vielleicht-vielleicht! so ist es auch nicht, aber so ist es.

leicht, soviel ist es, ist es aber vielleicht auch nicht.   so
leichtes ist so viel, aber vielleicht eist auch so nichts.
vieles eist so leicht, aber vielleicht ist auch so nichts.

so. vielleicht ist es viel, aber auch so ist es nicht leicht.

soso, aber ist es vielleicht auch vielleicht? ist es nicht?

so ist es viel, so ist es leicht, vielleicht aber auch nicht.

so leicht ist es nicht! vielvielleicht ist es aber auch so.

ist es auch viel so, leicht so, aber leicht ist es nicht viel.

aber es ist so. auch vielleicht ist vieles nicht so leicht.

ist es vielleicht auch bar so, vielen ist seicht so leicht.
vielleicht ist es so, vielleicht ist es aber so auch nicht.

so es auch nicht ist, vielleicht, ist es aber vielleicht so:
so es aber vielleicht so ist, ist »vielleicht« auch nicht »es«.
so es aber vielleicht so ist, ist es auch nicht »vielleicht«.

seit leichtes so viel ist, vielleicht aber auch so nichts,
ist es nicht so leicht, aber auch so ist es vielleicht viel.

aber es ist so. auch vielleicht ist viel nicht so leicht.   es
ist aber so es. vielleicht ist es auch nicht so vielleicht.

301

so es aber vielleicht nicht ist, ist es vielleicht auch so.
auch so ist es, nicht viel, aber es ist vielleicht leicht. so!
so viel, so leicht; ist es, ist es vielleicht aber auch nicht.
es ist soviel licht. vielleicht eist es aber auch nicht so.

leicht ist es viel so, aber auch viel ist es nicht so leicht.

ja, das war aber schwer was.

ja, das war aber schwer was. das war auch schwer. und
schwer war das und untröstlich. schwer wie das war und
untröstlich. wie das war und schwer und untröstlich. das
war die ganze zeit so. und es war die ganze zeit schwer. und
die ganze zeit war es untröstlich. und die ganze zeit und
schwer und untröstlich. es war schwer als es anfing und
schwer war es. wie es auch schwer war und untröstlich. die
ganze zeit. die ganze zeit schwer und untröstlich. wie es
auch zuende ging schwer und zuende ging schwer und un-
tröstlich. genauso war es. genauso schwer, bis es wieder an-
fing und so war es untröstlich. so war es untröstlich als es
wieder anfing. so war es. und so war es laut und leise. und
das fing an. das fing schwer an. fing schwer an. fing langsam
an. daß es aufhörte. daß es untröstlich war. das fing an als es
schon schwer war. schon schwer genauso. genauso war es.
so war es untröstlich. so war es als es untröstlich war. als es
zuende ging war es untröstlich. es war als es zuende ging als
war es untröstlich. als war es untröstlich. bis es wieder an-
fing und bis es zuende ging. bis es wie es war. wie es war als
es anfing. und das war schwer was. ja, es war schwer. das war
auch schwer. und schwer war das und untröstlich.

Echolalie? Lieber schweigen, als das Schicksal der Echo zu
teilen.
Die Zurückfaltung der Stimme in einen imaginären, nicht

auszudenkenden Raum, das Zurückhalten der Stimme als Speicherung von Energie. Nichts mehr sagen – und zugleich alles sagen. Eins sein, ungeteilt. Alles scheint möglich zu sein. Die Selbstwahrnehmung der Stimme, die meinen Körper zu verlassen scheint, die vor mir steht für Ohrenblicke; wo geht sie hin, die gesagte Stimme, kehrt sie zu mir zurück, ist sie immer nur in mir, und ist es bereits ein Zweisein, wenn sie tönend aus mir entlassen wird? Verliert derjenige, der spricht, das Leben, weil er spricht? Verliert sich im Sprechen die Stimme? Die Stimme scheint eine kostbare Ressource zu sein, folgt man Raoul Tranchirers *Stimmenzerstörung* betitelte Notiz *aus dem zerschnetzelten Leben.*

Ror Wolf

Stimmenzerstörung. In den letzten Jahren sind immer mehr Fälle von Stimmenzerstörung bekanntgeworden. Ich verweise auf Nagelschmitz. Nagelschmitz behauptet, etwas gesagt zu haben. Ramm widerspricht. Er, Ramm, habe nichts gehört, also habe Nagelschmitz nichts gesagt. Auch Schelzhofer, sagt Ramm, habe nichts gesagt, obwohl Schelzhofer behauptet, etwas gesagt zu haben. Das Gleiche gelte für Masal und Lemm, sagt Ramm, und das seien, sagt Ramm, eindeutige Beispiele für das, was wir unter dem Stichwort *Stimmenzerstörung* gerade zusammenfassen. – Derartige Fälle von Stimmenzerstörung, wie man sie oft im Gaumen findet, verlangen größte Ruhe und Schweigsamkeit. Wir weisen an dieser Stelle darauf hin, daß selbst die schlimmsten Fälle der Stimmenzerstörung durch enorme Kraft der Worte gerettet werden können, und zwar durch die Kraft der nichtgesprochenen Worte.

Ramm ist also die Kolportageinstanz. Auf seinen Schultern transportiert er keine Bücher, sondern etwas viel Schwerwiegenderes: Fama, Gerüchte. Was weiß Ramm wirklich? Was sagt der Erzähler? Er »verweist«. Der Verweis kann ein Tadel sein mit angehängter Disziplinarmaßnahme, hier dient er der Entlastung mittels Delegierung an den Zeugen. Ramm ist der einzige Zeuge – und das nur, weil der Erzähler, namentlich Raoul Tranchirer, nur diesen Zeugen benennt. Er ruft ihn ja nicht auf, das käme ihm möglicherweise ungelegen, der Zeuge könnte sich in seiner Aussage verselbständigen. Das Verfahren ist also höchst einseitig: Im Brustton der Bürokratie kommt der Fall Nagelschmitz mit den angehängten Sekundärfällen Schelzhofer, Masal und Lemm zur Verhandlung, ohne dass die Benamten selbst oder über Verteidiger das Wort ergreifen könnten, was ja kein Beweis ihrer Stummheit bzw. zerstörten Stimmen ist.

Der Erzähler verschanzt sich hinter Ramm. Von Ramm zum Bock ist es nicht weit. Dann ist Raoul Tranchirer möglicherweise der Gärtner, der die Gerüchte hegt und pflegt.

Nagelschmitz, Schelzhofer, Masal und Lemm haben also nichts gesagt, sagt Ramm, der damit eindeutig etwas gesagt hat, dass nämlich Nagelschmitz, Schelzhofer, Masal und Lemm nichts gesagt haben, auch wenn sie der festen Überzeugung sind, etwas gesagt zu haben.

Noch ist Ramm zumindest kein Opfer der »Stimmenzerstörung«, und Raoul Tranchirer, als der sich auf Zeugen wie Ramm berufende Chronist der Stimmenzerstörung, folgt hier höchstens einer inneren Stimme, dies alles aufzuschreiben. Laut geben, das hat Raoul Tranchirer scheinbar gar nicht nötig, das kann er anderen überlassen. Vielleicht ist er selber stumm und beruft sich auf die Ohren von Ramm, den es gar nicht gibt, es sei denn, er heißt Klaus.

Ob eine Krankheit die Stimmen zerstört, die von einem sich schnell verbreitenden Virus übertragen wird, oder ob die

Stimmenzerstörung ansteckend ist, wird nicht verhandelt, es zählt allein die Tatsache, dass Stimmen zerstört werden und dass die Stimmenzerstörung oft im Gaumen zu finden sei. Auf welcher Diagnose basiert dieser Befund? Die Formulierung, sie sei im Gaumen – und nicht in der Glottis – zu *finden*, evoziert die Vorstellung, es handele sich um ein in der Mundhöhle hockendes kleines Wesen, das dort sein Unwesen treibt und sich von Worten ernährt. Den Worten, und zwar den nichtgesprochenen, scheint eine Entelechie innezuwohnen, eine metaphysische Kraft, dieses Wesen auszuhungern. Die in Aussicht gestellte Rettung der Stimme erfolgt um den Preis ihres Schweigens, die Stimme ist eine stumme Stimme. Aber es hätte schlimmer kommen können – man denke an das Schicksal der Echo, deren Stimme in der zwanghaft wiederholenden Rede ruiniert ist, die als Rede nicht mehr gilt. Kann die schweigende Stimme noch als *Stimme* gedacht werden, die *jederzeit* sprechen kann, hat Echo eigentlich keine Stimme mehr, sie ist zum zitierenden Automaten geworden.[29]

Die nichtgesprochenen Worte können immerhin gedacht werden, die stumme Stimme kann als eine sprechende gedacht werden, in der Imagination kann die Stimme einen Sturm entfachen. Die laute Stimme kann Gott herbeirufen, das laute Lesen der Thora vermag »Gott anzuhangen bzw. sich mit ihm zu vereinigen«[30], ja, es gibt sogar die Vorstellung, dass das lesende Rufen der Thora, wie es sich in der Wurzel *qr'* mit ihren Bedeutungen rufen und lesen manifestiert, Gott zuweilen herabzuziehen vermöge,[31] und man weiß es nicht erst seit der *Blechtrommel*, zu welchen Zerstörungen die Stimme fähig ist. Hier aber wird die Stimme selbst zerstört. Die Verlautbarung der Stimme ist die Gegenstimme, ihr Tod. Sind die gesprochenen Worte das Schlimmste, so kommen den nichtgesprochenen Worten heilende Kräfte zu. Die nicht tönende Stimme steht so metonymisch für die Selbstheilung von Körper und Geist. Ein denkwürdiger Chiasmus, den Raoul Tranchirer da in die Welt gesetzt hat: sprechend sterben – schweigend leben. Sprechend verausgaben wir uns, schweigend sind wir ganz bei uns. Aber wer weiß, ob Raoul Tranchirer nicht selber spricht, ob seine Mitteilung nicht eine mündliche ist. Der illokutionäre Akt des Verweisens und Hinweisens im präsentischen Modus lässt auf gesprochene Sprache schließen; genausogut aber könnte es sich um eine gutachterliche Stellungnahme mit juristischer Formelsprache handeln. Die Kraft der nichtgesprochenen Worte ist jedenfalls keine geringe, und so ist das Buch der Stimme Tuch. Was habe ich mit diesem Satz sagen wollen? Ich habe es vergessen. Ich könnte mich also geirrt haben. Irren ist ein Kinderspiel.

ein kleines kinderspiel

1 entspricht es der wahrheit, daß wir uns geirrt haben?
2 o, nicht ohnbedingt.
1 selbstverständlich nicht. zählen wir also auf, was wir noch haben.
2 also, hier ist einmal eine lutschstange. schon zur gänze weggelutscht.
1 ich habe hier neben mir einen schoppen wein. vollständig ausgesoffen mitsamt glas.
2 eine tüte spaß in tüten hätte ich noch zu bieten. für jungen. leer.
1 sehr lehrreich! als stuhl hätte ich noch anzubieten ein wörterbuch auf französisch, aber das ist ja kein stuhl, das hat ja keine beine mehr.
2 jetzt bitte keine übererregung: als klingelbeutel all dieser nützlichen dinge schlage ich vor diesen alten hut.

1 und ich das hochgericht   (*schnell aufeinanderfolgend*)
2 und ich das hauptgericht   .
1 und ich das leibgericht   .
2 und ich meine seele   .

1 da finden wir nichts mehr wieder. nichts mehr wie es früher war. nichts mehr genau so.

2 nichts mehr genau so aber anders.
1 genau so aber anders, aber anders nicht.
2 aber moderner
1 aber fassungsloser
2 ja natürlich, aber mehr
1 na logisch mehr, aber mehr auch nicht
2 ist ja klar, hier war ja schon früher nichts los
1 früher war hier gar nichts los
2 jetzt haben wir wenigstens mal darüber gespracht.
1 haben wir wenigstens den mund geöffnet und geschließt.
2 reschpeckt reschpeckt!

1 du kannst den mund besser schließen
2 du kannst den mund auch besser schließen
1 beide können wir den mund nicht sehr gut öffnen.
2 das hat man heute so, das ist modern.
1 wir haben eine gut moderne luft geatmet.
2 früher war die luft moderner.
1 früher war die welt der zeit und dem traum nach unendlicher.
2 früher hat man einen schweren quatsch gedacht.
1 früher gab es noch richtige kerzen.
2 es war ein schönes damals.
1 damals hat es ja auch noch keine krankheiten gegeben.
2 das sind ja so fortschrittliche erfindungen.
1 und dann kamen die irrenärzte, und dann kamen die irren.
2 ist es eigentlich egal, ob wir das sagen.
1 mal nachdenken. der kritische philosoph wird hierüber in armut und und ruhe versetzt.
2 der rest der welt schert sich darum einen feuchten kehrricht.
1 den rest der welt kümmert das einen dreck.

2 waren wir bislang bissig genug?
1 wir haben bestimmt noch eine kleinigkeit vergessen.
2 ich kann beim besten willen nichts mehr finden. ich wüßte nicht, was noch fehlen könnte.

1   wir waren brutal gut.
2   wir waren ham-mer-mäßig.
1   wir haben alles zermalmt.
2   es ist nichts mehr übrig.
1   wir werden in den himmel kommen.
2   wir werden frei sein.

Einen Mitschnitt der 5. Poetikvorlesung finden Sie unter
www.FrankfurterPoetikvorlesungen.de

Nachweise

Prolog. Die Dame Rhetorica

1 Zur divergenten Ikonographie der Rhetorik siehe Renate Hilde-
brandt-Günther: Antike Rhetorik und deutsche literarische Theo-
rie im 17. Jahrhundert, Marburg: Elwert 1966 und Heinrich F.
Plett: Rhetorik der Affekte. Englische Wirkungsästhetik im Zeit-
alter der Renaissance, Tübingen: Niemeyer 1975. Ist u. a. bei Georg
Philipp Harsdörffer die Rhetorik als Figur mit Waffen und Helm
dargestellt, so erscheint bei Johann Klaj dieses Bild auf die Dicht-
kunst gewendet. Vgl. Plett: Rhetorik der Affekte, S. 35 und Hilde-
brandt-Günther: Antike Rhetorik und deutsche literarische Theo-
rie im 17. Jahrhundert, S. 44.
2 Cristoforo Giarda: Bibliothecae Alexandrinae Icones Symbolicae,
Mailand 1628, o.P. (zwischen S. 76 und 77). Giarda verschweigt den
Namen des Künstlers, der die Stiche entworfen hat. Laut
Ernst H. Gombrich »war er kein sehr großer Meister. Vielleicht hat
der Stifter, C. Bossi, das Programm für diese Figuren selbst ent-
worfen«. (Das symbolische Bild. Zur Kunst der Renaissance II,
Stuttgart: Klett-Cotta 1986, S. 275, Anm. 4). Der Katalog der Digi-
tal Gallery der New York Public Library hingegen schreibt den
Stich dem italienischen Maler und Kupferstecher Cesare Bassano
(1595–1649) zu (Digital Image ID 1990093).
3 Stephan Brakensiek: Rhetorikikonographie, in: Gert Ueding
(Hrsg.): Rhetorik. Begriff – Geschichte – Internationalität, Tübin-
gen: Niemeyer 2005, S. 300–307, hier S. 304.
4 Novalis: Die Christenheit oder Europa, in: Schriften. Die Werke
Friedrich von Hardenbergs, Band 3: Das philosophische Werk II,
hrsg. von Richard Samuel in Zusammenarbeit mit Hans-Joachim
Mähl und Gerhard Schulz. Stuttgart: Kohlhammer 1968, S. 518.

5   Heinrich F. Plett: Rhetorik der Affekte, S. 169.

6   Die Rhetorik wird bei Reisch »von 13 Männern begleitet, die zum Teil durch Beischriften identifiziert werden. Hinter ihrem Thron sieht man Justinian, der für die Leges steht, darunter links und rechts Aristoteles und Seneca als Vertreter und höchste Autoritäten der Philosophia naturalis und moralis. Unterhalb von diesen erkennt man Vergil und Sallust, die für Poesie und Historie stehen, und nach deren Büchern die Rhetorik greift. Vorn sitzt Cicero an einem Tisch, vor ihm Milo, den er gegenüber dem römischen Senat und Volk verteidigte.« (Frank Büttner: Die Illustrationen der *Margarita Philosophica* des Gregor Reisch. Zur Typologie der Illustration in gedruckten enzyklopädischen Werken der Frühen Neuzeit, in: Frank Büttner, Markus Friedrich und Helmut Zedelmaier (Hrsg.): Sammeln, Ordnen, Veranschaulichen. Zur Wissenskompilatorik in der Frühen Neuzeit, Münster: Lit Verlag 2003, S. 269–300, hier S. 276f.).

7   Wolfgang Iser: Das Fiktive und das Imaginäre. Perspektiven literarischer Anthropologie, Frankfurt a. M.: Suhrkamp 1991, S. 380.

8   Ebd., S. 314. Zur Geschichte des Imaginären siehe S. 292–411, insbesondere S. 314–316. Für die Fiktion stellt Iser fest: »Da ihr Gebrauch ein ständig wechselnder war, wurde sie ein je Verschiedenes, wenn man sie mit ihrer Verwendung identifizierte. Denn im Gebrauch bezeugt sich nur ihre Funktion, nicht aber ihre Gründung.« (S. 282f.).

9   Bertolt Brecht: Mutter Courage und ihre Kinder, in: Werke. Große kommentierte Berliner und Frankfurter Ausgabe, hrsg. von Werner Hecht, Jan Knopf, Werner Mittenzwei und Klaus-Detlef Müller, Band 6: Stücke 6, Berlin u. a.: Aufbau / Frankfurt a. M.: Suhrkamp 1989, S. 48.

10 Ludwig Julius Friedrich Höpfner: Deutsche Encyclopädie oder Allgemeines Real-Wörterbuch aller Künste und Wissenschaften von einer Gesellschaft Gelehrten. Vierter Band, Frankfurt a. M.: Varrentrapp Sohn und Wenner 1780, S. 736.

11 Wolfgang Iser: Das Fiktive und das Imaginäre, S. 315.

12 Marcus Fabius Quintilianus: Ausbildung des Redners. Zwölf Bücher, hrsg. und übers. von Helmut Rahn, Darmstadt: Wissenschaftliche Buchgesellschaft ⁵2011, S. 230–243 (II, 15).

13 Ebd., S. 228 f. (II, 14, 5).

14 Ebd., S. 260 f. (II, 17, 37).

15 Ebd., S. 228 f. (II, 14, 5).

16 Aristoteles: Rhetorik, übers. von Franz Günter Sieveke, München: Fink [5]1995; Cicero: Über den Redner, hrsg. und übers. von Theodor Nüßlein, Düsseldorf: Artemis & Winkler 2007; Rhetorica ad Herennium, hrsg. und übers. von Theodor Nüßlein, Düsseldorf: Artemis & Winkler [2]1998.

I. Inventio

1 Gonsalv K. Mainberger: Jäger und Sammler. Vom Buchwissen zum Nichtwissen um sich selbst, in: Stefan Metzger und Wolfgang Rapp (Hrsg.): homo inveniens. Heuristik und Anthropologie am Modell der Rhetorik, Tübingen: Narr 2003, S. 59–75, hier S. 62.

2 Friedrich Nietzsche: Rhetorik. Darstellung der antiken Rhetorik; Vorlesung Sommer 1874, in: Gesammelte Werke (Musarion-Ausgabe), 5. Band: Vorlesungen 1972–1876, München 1922, S. 285–319, hier S. 298.

3 Friedrich Schiller: Über Bürgers Gedichte (1791), in: Sämtliche Werke, Band 5, München: Hanser [3]1962, S. 970–992.

4 Karl Valentin: Brief aus Bad Aibling, in: Sämtliche Werke in acht Bänden, Band 1: Monologe und Soloszenen, hrsg. von Helmut Bachmaier und Dieter Wöhrle, München: Piper 1992, S. 99 f., hier S. 100.

5 Bertolt Brecht: [Notizen zu Gottfried Benn], in: Große kommentierte Berliner und Frankfurter Ausgabe, Band 22: Schriften 2, Teil 1, Berlin u. a.: Aufbau / Frankfurt a. M.: Suhrkamp 1993, S. 8 f.

6 Heinrich F. Plett: Rhetorik der Affekte, S. 173.

7 Franz Kafka: Vor dem Gesetz, in: Schriften, Tagebücher, Briefe. Kritische Ausgabe, Drucke zu Lebzeiten, hrsg. von Wolf Kittler, Hans-Gerd Koch und Gerhard Neumann, Frankfurt a. M.: S. Fischer 1994, S. 267–269, hier S. 267.

8 Immanuel Kant: Kritik der praktischen Vernunft, Hamburg: Meiner 1974, S. 95.

9 Bernd Scheffer: Anfänge experimenteller Literatur. Das literarische Werk von Kurt Schwitters, Bonn: Bouvier 1978, S. 208.

10 Heinrich F. Plett: Rhetorik der Affekte, S. 173.

11 Stefan Rieger: »Scientia intuitiva« und Erfindungskunst. Zu einer Theorie des Einfalls und der Entdeckung, in: Stefan Metzger und Wolfgang Rapp (Hrsg.): homo inveniens, S. 179–197, hier S. 188.

12 Michael Lentz: Das muss von etwas handeln, in: Muttersterben. Prosa, Frankfurt a. M.: S. Fischer Verlag 2002, S. 127 f.

13 Michael Lentz: Ein Wort gibt das andere, in: Neue Anagramme, Frankfurt a. M.: Fischer Taschenbuch Verlag 2003, S. 10.

14 Wolfgang Iser: Das Fiktive und das Imaginäre, S. 379.

15 Peter L. Oesterreich: Selbsterfindung. Zur rhetorischen Entstehung des Subjekts, in: Stefan Metzger und Wolfgang Rapp (Hrsg.): homo inveniens, S. 45–59, hier S. 47.

16 Ebd., S. 48 f.

17 Erich Kleinschmidt: Die Imagination des Imaginären, in: Ders. und Nicolas Pethes (Hrsg.): Lektüren des Imaginären. Bildfunktionen in Literatur und Kultur, Köln u. a.: Böhlau 1999, S. 15–31, hier S. 29.

18 Wolfgang Iser: Das Fiktive und das Imaginäre, S. 377.

19 Ebd., S. 381.

20 Peter L. Oesterreich: Selbsterfindung, S. 45.

21 Kritische Friedrich-Schlegel-Ausgabe, Band 2: Charakteristiken und Kritiken I, hrsg. von Hans Eichner, Paderborn u. a.: Schöningh 1967, S. 172.

22 Peter L. Oesterreich: Selbsterfindung, S. 46.

23 »Just been listening to that stupid bastard I took myself for thirty years ago, hard to believe I was ever as bad as that.« (Samuel Beckett: Krapp's Last Tape, in: Dramatische Dichtungen in drei Sprachen, Frankfurt a. M.: Suhrkamp 1981, Dramatische Dichtungen 2, S. 104.) Vgl. Anm. 35.

24 Vgl. Samuel Beckett: Krapp's Last Tape, S. 92 / 93 ff.

25 Peter L. Oesterreich: Selbsterfindung, S. 46.

26 »Krapp (…) geht zur Hinterbühne, ins Dunkel. Zehn Sekunden. Korkenknall. Zehn Sekunden. Zweiter Korken. Zehn Sekunden. Dritter Korken. Zehn Sekunden. Plötzliches Erklingen eines zittrigen Gesangs.« (Samuel Beckett: Krapp's Last Tape, S. 94 / 95).

27 Ebd., S. 96 f.

28 Ebd., S. 106.

29 Ebd., S. 84 f.

30 Peter L. Oesterreich: Selbsterfindung, S. 47.

31 Ebd., S. 48.

32 »Sah mir die Augen aus dem Kopf, indem ich wieder einmal Effi las, eine Seite pro Tag, wieder unter Tränen. Effi … *Pause.* Hätte mit ihr glücklich sein können, da oben an der Ostsee, und die Kiefern und die Dünen. *Pause.* Nicht? Und sie? Bah!« (Samuel Beckett: Krapp's Last Tape, S. 104–107).

33 »Siebzehn Exemplare verkauft, davon elf zum Großhandelspreis an öffentliche Leihbüchereien in Übersee. Werke bekannt.« (Samuel Beckett: Krapp's Last Tape, S. 105).

34 »*Band*: (…) Neununddreißig Jahre heute, kerngesund wie eine Eiche, abgesehen von meiner alten Schwäche (…)« (Samuel Beckett: Krapp's Last Tape, S. 91).

35 »Hörte mir soeben den albernen Idioten an, für den ich mich vor dreißig Jahren hielt, kaum zu glauben, daß ich je so blöde war. Gott sei Dank ist das wenigstens alles aus und vorbei.« (Samuel Beckett: Krapp's Last Tape, S. 104 / 105).

36 Vgl. Peter L. Oesterreich: Selbsterfindung, S. 49.

37 »Agere wiederum besitzt eine zweifache rhetorische Bedeutung. Im theatralisch-deklamatorischen Sinne bedeutet agere erstens, etwas darstellen oder vortragen, z. B. ein Stück aufführen (agere tragoediam) oder eine Rolle spielen (agere amicum). Die zweite rhetorikaffine Bedeutung von agere ist forensisch: vor Richtern (apud iudices) einen Prozeß führen (agere causam).« (Peter L. Oesterreich: Selbsterfindung, S. 49).

38 Ror Wolf: Raoul Tranchirers Notizen aus dem zerschnetzelten Leben. Frankfurt a. M.: Schöffling & Co. Verlagsbuchhandlung GmbH, 2013.

39 Sigmund Freud: Notiz über den »Wunderblock«, in: Gesammelte Werke, Band 14: Werke aus den Jahren 1925–1931, Frankfurt a. M.: S. Fischer [5]1972, S. 3–8.

40 Erich Kleinschmidt: Die Imagination des Imaginären, S. 19, 24.

41 Karl Heinz Bohrer: Plötzlichkeit. Zum Augenblick des ästhetischen Scheins, Frankfurt a. M.: Suhrkamp [4]2004, S. 7.

42 Gonsalv K. Mainberger: Jäger und Sammler, S. 64.

43 Siehe Isidore Isou: Introduction à une nouvelle poésie et à une nouvelle musique, Paris: Gallimard 1947, S. 89 f.

44 Stefan Rieger: »Scientia intuitiva« und Erfindungskunst, S. 186.

45 Siehe hierzu John Neubauer: Symbolismus und symbolische Logik. Die Idee der Ars Combinatoria in der Entwicklung der modernen Dichtung, München: Fink 1978, S. 53.

II. Dispositio

1 Andreas Härter: Digressionen. Studien zum Verhältnis von Ordnung und Abweichung in Rhetorik und Poetik. Quintilian – Opitz – Gottsched – Friedrich Schlegel, München: Fink 2000, S. 11.

2 Ebd., S. 17.

3 Vgl. ebd., S. 18.

4 Einen Überblick über die Vielzahl der Ordnungsschemata geben Gert Ueding und Bernd Steinbrink: Grundriß der Rhetorik. Geschichte – Technik – Methode, Stuttgart u. a.: Metzler [3]1994, S. 212 f. Quintilian behandelt die »Teile der Gerichtsrede« unter III, 9, 1–9. Er gibt zu bedenken, dass man »von diesen Teilen, die ich bestimmt habe, nicht so, wie man jedes Stück der Reihe nach in der Rede zu bringen hat, so auch der Reihe nach beim Überarbeiten der Gedanken vorgehen« darf; »vielmehr muß man vor allem darauf schauen, um was für eine Art von Sache es sich handelt, worum es in ihr geht, was sich günstig, was sich ungünstig auswirkt, sodann was zu beweisen und zu widerlegen ist, und danach, wie die Erzählung verlaufen soll.« (Quintilian: Ausbildung des Redners, S. 387, III, 9,6.) Die *dispositio* als Erzählung und Gedankenführung richtet sich also nach dem *aptum*, der *utilitas* und dem *iudicium*.

5 Andreas Härter: Digressionen, S. 17.

6 Vgl. ebd., S. 17.

7 Siehe hierzu Heinrich Lausberg: Handbuch der literarischen Rhetorik. Eine Grundlegung der Literaturwissenschaft, Stuttgart: Franz Steiner Verlag [4]2008, § 443–452, S. 241–247.

8 Ebd., S. 834 f.

9 Siehe Quintilian: Ausbildung des Redners, S. 295–301(III, 4).

10 Heinrich Lausberg: Handbuch der literarischen Rhetorik, S. 733.

11 Ebd., S. 244.

12 Quintilian: Ausbildung des Redners, S. 127 (VIII, 6).

13 Vgl. Heinrich Lausberg: Handbuch der literarischen Rhetorik, S. 244.

14 Fragen des Wortschmucks, der Tropen, der Rede-, Wort- und Gedankenfiguren behandelt Quintilian für die Rhetorik in VIII, 3 – IX, 3,100.

15 Martin Opitz: Buch von der Deutschen Poeterey. Stuttgart: Reclam 1980, S. 23.

16 Andreas Härter: Digressionen, S. 69 f.

17 Volker Meid: Die deutsche Literatur im Zeitalter des Barock. Vom Späthumanismus zur Frühaufklärung (= Geschichte der deutschen Literatur, Bd. 5), München: C. H. Beck 2009, S. 148.

18 Ebd., S. 144.

Die Sestine ist eine Gattung provenzalischen Ursprungs, deren normative Anordnungspoetik unhintergehbar ist: Sechs Reime werden in sechs Strophen permutiert. Die allein in der ersten Strophe frei wählbaren Reime werden in den fünf anderen Strophen nach einem festgelegten Schema Zeile für Zeile neu positioniert. Bei Arnaut Daniel findet sich folgendes Zahlenschema: 123456 – 612345 – 561234 – 456123 – 345612 – 234561. Abgeschlossen wird die Sestine mit einem Dreizeiler als »Tornada« oder Coda, in der alle Reimwörter verwendet werden müssen, je zwei in einer Zeile. Die Sestine ist also eine Ordnungsgattung par excellence. Gottsched mokierte sich darüber, »was einem Dichter von dieser tyrannischen Art der Dichtung auferlegt wird: indem es nicht anders ist, als ob er lauter *Bouts-rimez* zu machen hätte«. (Zit. nach Erika Greber: Textile Texte. Poetologische Metaphorik und Literaturtheorie. Studien zur Tradition des Wortflechtens und der Kombinatorik, Köln u. a.: Böhlau 2002, S. 455.) Es kommt aber eben auf die Findung der Restzeile zum Reim an, und es kann im Gegenteil als eine Befreiung angesehen werden, wenn mit der ersten Strophe für alle fünf folgenden Strophen die Reime bereits gefunden sind. Laut Erika Greber kann die Sestine »als eine kanonisierte Form von bout rimés« (ebd.) bezeichnet werden, deren internationale Geschichte und Gattungstheorie als ein »Dichten nach vorgegebenen Endreimen« und ihre poetologischen Varianzen sie rekonstruiert hat (vgl. ebd., »Bout-Rimés« – Kombinatorik und Spiel, S. 373–542).

Die *ordo artificialis* solcher Gattungen kann so selbst wieder als eine *ordo naturalis* verstanden werden, versteht man sie hinsichtlich der von ihr abweichenden Variabilitäten als stabilisierende Hintergrundmatrix.

19 Ebd., S. 146.

20 Heinrich Lausberg: Handbuch der literarischen Rhetorik, S. 247.

21 Ebd., S. 245.

22 Siehe hierzu Quintilian: Ausbildung des Redners, IX, 4.

23 Oskar Pastior: Kopfnuß Januskopf. Gedichte in Palindromen, München: Hanser 1990, S. 71.

24 Erich Kleinschmidt: Autorschaft. Konzepte einer Theorie, Tübingen u. a.: Francke 1998, S. 26.

25 Andreas Härter: Digressionen, S. 8.

26 Ebd., S. 9.

27 Die *digressio* bzw. Abschweifung hat ihren Ort innerhalb der Rhetorik als nicht an einen der fünf Teile der Rede gebundener Exkurs. Sie ist also »fakultativer Bestandteil aller Teile der Rede« (Heinrich Lausberg: Handbuch der literarischen Rhetorik, S. 187).

28 Andreas Härter: Digressionen, S. 50.

29 Von Cicero bis Lausberg bleibt die Abweichung auf den resystematisierbaren Typus der *egressio* beschränkt, der ›gefährliche‹ Typus der *digressio* wird, eben weil er das System als solches gefährden kann, nicht berücksichtigt. (Vgl. Andreas Härter: Digressionen, S. 51 f.). Bei Quintilian hingegen steht der »ordnungskritische, aggressive Abweichungsbegriff der *digressio* (…) im Zentrum der (…) Definition der Abweichung.« (ebd., S. 52).

30 Marc Föcking und Bernhard Huss (Hrsg.): Varietas und Ordo. Zur Dialektik von Vielfalt und Einheit in Renaissance und Barock, Stuttgart: Steiner 2003, S. X (Vorwort).

31 Andreas Härter: Digressionen, S. 51.

32 Erich Kleinschmidt: Autorschaft, S. 66.

33 Andreas Härter: Digressionen, S. 10.

34 Vgl. hierzu ebd., S. 241–247.

35 Uwe Dick: Sauwaldprosa. Manuskript des gleichnamigen Hörspiels, München: Bayerischer Rundfunk 2012, S. 209. Vgl. Uwe

Dick: Marslanzen oder Vasallen recht sein muß. Bad Nauheim: ASKU-Presse 2007, S. 65 f.

36 Uwe Dick: Marslanzen oder Vasallen recht sein muß, S. 66.

37 Diese These vertritt Tzvetan Todorov: The Origin of Genres (1976), in: David Duff (Hrsg.): Modern Genre Theory, Harlow: Longman 2000, S. 193–209.

38 Thomas Borgstedt: Topik des Sonetts. Gattungstheorie und Gattungsgeschichte, Tübingen: Niemeyer 2009, S. 117–268, 363–468.

39 Umfassend hierzu: Gunter Gebauer und Christoph Wulf: Mimesis. Kultur – Kunst – Gesellschaft, Reinbek bei Hamburg: Rowohlt 1992.

40 Erich Kleinschmidt: Autorschaft, S. 59.

41 Ebd., S. 49.

42 Siehe hierzu Rüdiger Bubner: Ästhetische Erfahrung, Frankfurt a. M.: Suhrkamp 1989, S. 9 f.

43 Vgl. Erich Kleinschmidt: Autorschaft, S. 59.

44 »il est évident que les rhétoriques et les prosodies ne sont pas des tyrannies inventées arbitrairement, mais une collection de règles réclamées par l'organisation même de l'être spirituel. Et jamais les prosodies et les rhétoriques n'ont empêché l'originalité de se produire distinctement. Le contraire, à savoir qu'elles ont aidé l'éclosion de l'originalité, serait infiniment plus vrai.« (Charles Baudelaire: Salon de 1859. Lettres à M, Le Directeur de la »Revue Française« IV. Le Gouvernement de l'imagination, in: Œuvres complètes II. Texte établi, présenté et annoté par Claude Pichois. Paris: Gallimard 1976, S. 626 f.). Übersetzung: M. L.

45 Peter L. Oesterreich: Selbsterfindung, S. 45 f.

46 Kritische Friedrich-Schlegel-Ausgabe, Band 2: Charakteristiken und Kritiken I, hrsg. von Hans Eichner, Paderborn u. a.: Schöningh 1967, S. 255.

47 Erich Kleinschmidt: Autorschaft, S. 50.

48 Eckhard Schumacher: Die Auflösung der Unverständlichkeit. Schwierigkeiten mit Johann Georg Hamann, in: Ders: Die Ironie der Unverständlichkeit. Johann Georg Hamann, Friedrich Schlegel, Jacques Derrida, Paul de Man. Frankfurt a. M.: Suhrkamp 2000, S. 87–155, hier S. 110–112.

49 Eckhard Schumacher: Die Auflösung der Unverständlichkeit, S. 112 f.

50 Ebd., S. 117.

51 Ebd., S. 113.

52 Georg Christoph Lichtenberg: Sudelbücher I, hrsg. von Wolfgang Promies, München: dtv 2005, S. 682 (J 201 – J 203).

53 Peter Schnyder: Die Magie der Rhetorik. Poesie, Philosophie und Politik in Friedrich Schlegels Frühwerk, Paderborn u. a.: Schöningh 1999, S. 148.

54 Kritische Friedrich-Schlegel-Ausgabe, Band 18: Philosophische Lehrjahre 1796–1806 nebst philosophischen Manuskripten aus den Jahren 1796–1828, Teil 1, hrsg. von Ernst Behler, Paderborn u. a.: Schöningh 1963, S. 125 (Nr. 3/24).

55 Ebd., Band 16: Fragmente zur Poesie und Literatur, Teil 1, hrsg. von Hans Eichner. Paderborn u. a.: Schöningh 1981, S. 224 (Nr. 7/279).

56 Ebd., Band 12: Schriften aus dem Nachlaß. Philosophische Vorlesungen 1800–1807, hrsg. von Ernst Behler, Paderborn u. a.: Schöningh 1964, S. 403.

57 Siehe hierzu Peter Schnyder: Die Magie der Rhetorik, S. 149–161, insbesondere S. 155 f.

58 Hans Blumenberg: Theorie der Unbegrifflichkeit, Frankfurt a. M.: Suhrkamp 2007, S. 11.

59 Ebd., S. 12.

60 Heinrich Lausberg: Handbuch der literarischen Rhetorik, S. 244.

61 Ebd., S. 244.

62 Heinz Ehrhardt: Die Hochzeitsrede des Brautvaters, in: Rudi-Carrell-Show 1968.

63 Kritische Friedrich-Schlegel-Ausgabe, Band 16: S. 168 (V, Nr. 998).

64 Longinus: Vom Erhabenen, Stuttgart: Reclam 2008, 22(1), S. 61.

65 Ebd., S. 63.

66 Renate Lachmann: Die Unlöschbarkeit der Zeichen: Das semiotische Unglück des Mnemonisten, in: Anselm Haverkamp und Renate Lachmann (Hrsg.): Gedächtniskunst. Raum – Bild – Schrift. Studien zur Mnemotechnik, Frankfurt a. M.: Suhrkamp 1991, S. 111–141, hier S. 121.

67 Alexander R. Lurija: Der Mann, dessen Welt in Scherben ging. Zwei neurologische Geschichten, Reinbek bei Hamburg: Rowohlt 1991.

68 Umberto Eco: An Ars oblivionalis? Forget it! (1966), in: *Publication of the Modern Language Association of America* 103,3 (May 1988),

S. 254–260. Siehe auch Renate Lachmann: Die Unlöschbarkeit der Zeichen; Kai Behrens: Ästhetische Obliviologie. Zur Theoriegeschichte des Vergessens, Würzburg: Königshausen & Neumann 2005; Harald Weinrich: Lethe. Kunst und Kritik des Vergessens, München: C. H. Beck 1997.

69 Ernst Jandls *Laut und Luise* erschien zunächst 1966 in einer überschaubaren Auflage als Walter Druck 12 im Walter Verlag, dann 1971 bei Luchterhand und wurde 1976 bei Reclam neuaufgelegt.

70 Ernst Jandl: Laut und Luise, Stuttgart: Reclam 1976, S. 128.

71 Ebd., S. 134.

72 Ebd., S. 139–155.

73 Ebd., S. 101.

74 Erika Greber: Textile Texte. Poetologische Metaphorik und Literaturtheorie. Studien zur Tradition des Wortflechtens und der Kombinatorik, Köln u. a.: Böhlau 2002, S. 172.

75 Ebd., S. 171.

76 Vgl. Alfred Liede: Dichtung als Spiel. Studien zur Unsinnspoesie an den Grenzen der Sprache, Berlin u. a.: de Gruyter [2]1992, S. 270 f.

77 Johann Gottfried Schnabel: Die Insel Felsenburg, zit. nach Alfred Liede: Dichtung als Spiel, S. 271.

78 Erika Greber: Textile Texte, S. 205.

79 Ebd., S. 214.

80 Zu diesem Themenkomplex siehe Solomon Marcus: Mathematische Poetik, Frankfurt a. M.: Athenäum 1973.

81 Typologisch differenziert, ist ein Anagramm »unvollständig« (»anagramma impurum«), wenn bei der kombinatorischen Neuformierung ein Buchstabe des zu anagrammierenden Ausgangswortes oder der Ausgangszeile unberücksichtigt blieb – beim Produzieren von Anagrammen mit den Lettern eines Scrabble-Spiels sprichwörtlich unter den Tisch gefallen ist – oder wenn der Buchstabenbestand des Anagramms überschüssig ist, ein Buchstabe über den auch numerisch identischen Bestand des Programmas hinaus also hinzugefügt wurde. Beim strengen Anagramm (»anagramma purum«) gehen Ausgangswort oder Ausgangszeile restlos in jeder neuen durch Permutation generierten Buchstabenkonfiguration auf.

82 Stefan Speck: Von Šlovskij zu de Man. Zur Aktualität formalistischer Literaturtheorie, München: Fink 1997, S. 7.

83 Zur begrifflichen Neubelegung der Versform siehe Georg Witte: Das »Zusammen-Begreifen« des Blicks. Vers und Schrift, in: Sybille Krämer, Eva Cancik-Kirschbaum und Rainer Totzke (Hrsg.): Schriftbildlichkeit. Wahrnehmbarkeit, Materialität und Operativität von Notationen, Berlin: Akademie 2012, S. 265–285, hier S. 265–267. Zur Unterscheidung von »Texturalität« und »Textualität« siehe S. 266: Als »Texturalität« bezeichnet Witte »die materiale Präsenz des Schriftartefakts«, die er von der abstrakten »Textualität« abgrenzt, die »an die spezifische Schriftform des Artefakts« nicht gebunden ist.

84 Erika Greber: Textile Texte, S. 215.

85 Renate Lachmann: Erzählte Phantastik. Zu Phantasiegeschichte und Semantik phantastischer Texte, Frankfurt a.M.: Suhrkamp 2002, S. 123 f.

86 Michael Lentz: Neue Anagramme, Frankfurt a.M.: Fischer Taschenbuch Verlag 2003.

87 Alfred Liede: Dichtung als Spiel, S. 258–260.

88 Ralph Dutli: Fatrasien. Absurde Poesie des Mittelalters, Göttingen: Wallstein 2010, S. 111.

89 Klaus Peter Dencker (Hrsg.): Deutsche Unsinnspoesie, Stuttgart: Reclam Verlag 1985.

90 Alfred Liede: Dichtung als Spiel, S. 260.

91 Ralph Dutli: Fatrasien, S. 111 f.

92 »Uns pez a deus cus/ S'estoit revestus/ Por Iirre gramaire,/ Et uns chas cornus/ Devenoit reclus/ Si vesti la haire./ Li pans d'une manche vaire/ Lor a dist: »Traiés ensus!«/ En chantant les faisoit taire,/ Qant li ombres d'un seüs/ I corut ses braies traire.« (Zit. nach Ralph Dutli: Fatrasien, S. 35).

93 »Estrons sans ordure/ La mer amesure/ Com longue ele estoit,/ Et uns oés de bure/ Li dit« Hure! Hure! /»Qant il l'aperçoit./ Uns mors homs qui bien veoit,/ Dit: »Violas! Bure! Bure!«/ Uns chas qui Paris portoit/ Y coroit grant aleüre/ Por ce que nus piez n'avoit.« (Zit. nach Ralph Dutli: Fatrasien, S. 44).

94 »Uns saiges sans sens,/ Sans bouche, sans dens,/ Le siecle menga,/ Et uns sors herens/ Manda les Flamens/ Qui les vengera./ Mais

tout ce ne lor vaura / La plume de deus mellens / Qui quatre nes af-
fondra. / Mais je ne sai que je pens: / De murdre les apela.« (Witt-
ling: Meerfisch, Merlan.) (Zit. nach Ralph Dutli: Fatrasien, S. 56).

95 Alfred Liede: Dichtung als Spiel, S. 261.

96 Siehe hierzu Peter Köhler: Nonsens. Theorie und Geschichte der
    literarischen Gattung. Heidelberg: Winter 1989.

97 Vgl. Peter Köhler: Nonsens, S. 29.

98 Johann Wolfgang von Goethe: Ferneres über Mathematik und
    Mathematiker, in: Goethe's Werke. Vollständige Ausgabe letzter
    Hand, Band 50: Goethe's nachgelassene Werke. Zehnter Band,
    Stuttgart und Tübingen: J. G. Cotta'sche Buchhandlung 1833,
    S. 187 f.

99 In einem Gespräch mit mir betonte Franz Mon das Primat des ei-
    genen Gedächtnisses vor allen lexikalischen Hilfsmitteln, auf de-
    ren Konsultation er für die Verfertigung seiner Texte verzichtet
    habe. (Literaturwerkstatt Berlin, 20. 11. 2012).

100 Franz Mon: Freiflug für Fangfragen. 103 Alphabetgedichte mit
    26 Versalcollagen und 1 CD mit Lauttexten seit 1960, Wien: edi-
    tion selene 2004, S. 25.

101 Ebd., S. 24.

102 Ebd., S. 66.

103 Ebd., S. 122.

104 Franz Mon: Literatur im Schallraum. Zur Entwicklung der pho-
    netischen Poesie, in: Gesammelte Texte 1. Essays, Berlin: Gerhard
    Wolf Janus press 1994, S. 246.

105 Franz Mon: erge erekt (1962), auf: Phonetische Poesie, hrsg. von
    Franz Mon, Neuwied und Berlin: Luchterhand Schallplatte 1971
    (LP), 2001 (CD).

106 Franz Mon: henk, artikulatorische Etüde, auf: Konkrete Poesie –
    Sound Petry – Artikulationen, ausgewählt von Anastasia Bitzos,
    Bern: John Spinner [1966] (LP).

107 Siehe hierzu Stefan Willer: Poetik der Etymologie. Texturen
    sprachlichen Wissens der Romantik, Berlin: Akademie 2003,
    S. 133–159.

108 Bertolt Brecht: [Notizen zu Gottfried Benn], S. 8 f.

109 Ror Wolf: Raoul Tranchirers Notizen aus dem zerschnetzelten Le-
    ben.

110 Franz Kafka: Die Sorge des Hausvaters, in: Kritische Ausgabe, Drucke zu Lebzeiten, S. 282 f.

III. Elocutio

1 Moses Mendelssohn's gesammelte Schriften. Vierten Bandes erste Abtheilung, hrsg. von G. B. Mendelssohn, Leipzig: Brockhaus 1844, S. 178.

2 Georg Braungart und Dietmar Till: Rhetorik, in: Jan-Dirk Müller u. a. (Hrsg.): Reallexikon der deutschen Literaturwissenschaft. Neubearbeitung des Reallexikons der deutschen Literaturgeschichte, Berlin u. a.: de Gruyter 2007, Bd. 3, S. 290–295, hier S. 290.

3 Ulrich Gaier: Rhetorisierung des Denkens, in: Stefan Metzger und Wolfgang Rapp (Hrsg.): homo inveniens, S. 19–31, hier S. 19.

4 Vgl. ebd., S. 24.

5 Wolfgang G. Müller: Die traditionelle Rhetorik und einige Stilkonzepte des 20. Jahrhunderts, in: Heinrich F. Plett (Hrsg.): Die Aktualität der Rhetorik, München: Fink 1996, S. 160–175, hier S. 161 f.

6 Vom ›Gallischen Herkules‹ distanziert Cristoforo Giarda sich ausdrücklich: »Iouis catena, qua res omnes sublunares coniunctas inuicem Homerus fabulatur, commentitia est, ut illa etiam Herculis Gallici, qua vulgi aures deuinctas post se allicere, & quo vellet trahere, falso creditus est. Ast eloquentiae catenas cum otpimè dispositas, tum maximè validas, eiusdem ordo, & Chymeræ victoria testatur.« (Bibliothecae Alexandrinae icones symbolicae, S. 87).

7 Vgl. Stephan Brakensiek: Rhetorikikonographie, S. 306. Siehe auch Heinrich F. Plett: Rhetorik der Affekte, S. 166–173.

8 Siehe Rhetorica ad herennium, Buch IV, S. 199–213. Im Folgenden werden die Figuren (»Stilmittel«) definiert und an Beispielen exemplifiziert, S. 213–319.

9 Heinrich Lausberg: Handbuch der literarischen Rhetorik, S. 144.

10 Siehe Cicero: Über den Redner, III,149 und Quintilian: Ausbildung des Redners VIII,3,1.

11 Riccardo Nicolosi: Vom Finden und Erfinden. Emanuele Tesauro, Athanasius Kircher und die Ambivalenz rhetorischer inventio im Concettismus des 17. Jahrhunderts, in: Stefan Metzger und Wolfgang Rapp (Hrsg.): homo inveniens, S. 219–236, hier S. 220.

12 Renate Lachmann: Erzählte Phantastik, S. 343.

13 Gerald Posselt: Katachrese. Rhetorik des Performativen, München: Fink 2005, S. 183.

14 Horaz: Ars Poetica. Die Dichtkunst. Lateinisch / Deutsch, hrsg. und übers. von Eckart Schäfer, Stuttgart: Reclam 2011, S. 5.

15 Vgl. Arno Meteling: Monster: Zu Körperlichkeit und Medialität im modernen Horrorfilm. Bielefeld: transcript 2006, S. 19.

16 Quintilian: Ausbildung des Redners, S. 175 (VIII, 3, 60).

17 Peter Schnyder: Die Magie der Rhetorik, S. 157.

18 Longinus: Vom Erhabenen, S. 81–83 (33, 1–3).

19 Werke, Tagebücher und Briefe Friedrich von Hardenbergs, Band 2: Das philosophisch-theoretische Werk, München: Hanser 1978, S. 545.

20 Gerald Posselt: Katachrese, S. 187.

21 Ebd., S. 156.

22 Zur Theorie des Unsagbaren siehe Frank Habermann: Literatur / Theorie der Unsagbarkeit, Würzburg: Ergon 2012.

23 Oskar Pastior: das dialektgedicht ernährt sich von wurzeln, in: Gedichtgedichte. Darmstadt u. a.: Luchterhand 1973, S. 25. Auch in: »Jetzt kann man schreiben was man will«. Werkausgabe Band 2, hrsg. von Ernest Wichner, München: Hanser 2003, S. 35.

24 Siehe den Typologisierungsversuch poetischer Abweichungen in Harald Fricke: Norm und Abweichung. Eine Philosophie der Literatur, München: C. H. Beck 1981, S. 16–62.

25 Harald Fricke: Norm und Abweichung, S. 151.

26 Erika Greber: Das Sonett als Gattung des Wortflechtens (…) und der Kombinatorik, in: Textile Texte, S. 554–701, hier: S. 568.

27 Erika Greber: Textile Texte, S. 569.

28 Jakob Michael Reinhold Lenz: Anmerkungen übers Theater, in: Werke und Briefe in drei Bänden, hrsg. von Sigrid Damm, Band 2: Prosadichtungen und Schriften, München: Hanser 1987, S. 641–671, hier S. 648.

29 Ebd., S. 656.

30 Vgl. Thomas Anz: Abweichung, in: Reallexikon der deutschen Literaturwissenschaft, Berlin u. a.: de Gruyter 2007, Band 1, S. 8.

31 Kritische Friedrich-Schlegel-Ausgabe, Band 2: Charakteristiken und Kritiken I, S. 363–373.

32 Zit. nach Eckhard Schumacher: Die Ironie der Unverständlichkeit, S. 173.

33 Klaus Petrus: Genese und Analyse. Logik, Rhetorik und Hermeneutik im 17. und 18. Jahrhundert, Berlin u. a.: de Gruyter 1997, S. 81.

34 Kritische Friedrich-Schlegel-Ausgabe, Band 2, S. 168 [19].

35 Zit. nach Uwe Dick: Sauwaldprosa, St. Pölten u. a.: Residenz 2008, S. 73.

36 Aristoteles: Rhetorik, übers. von Franz G. Sieveke, München: Fink ⁵1995, S. 167 (1404ᵃ).

37 Immanuel Kant: Kritik der Urteilskraft, Werke, Band 10, hrsg. von Wilhelm Weischedel, Frankfurt a. M.: Suhrkamp 1977, § 53, S. 266.

38 Ebd., § 51, S. 259.

39 Ebd., § 2, S. 116.

40 Ebd., § 53, S. 267.

41 Ebd., § 53, S. 266.

42 Ebd., § 53, S. 266 f.

43 Peter Schnyder: Die Magie der Rhetorik, S. 140.

44 Ebd., S. 140 f.

45 Klaus Semsch: Prolegomena zu einer textrhetorischen Diskurslogik zwischen Moderne und Postmoderne, <http://www.gradnet.de / papers / pomo98.papers / kssemsch98.htm> (letzter Zugriff: 16. April 2013).

46 Nora Bossong, Ann Cotten, Daniela Danz, Herbert Hindringer, Michael Lentz, Marion Poschmann, Monika Rinck, Hendrik Rost, Ulf Stolterfoht, Jan Wagner und Uljana Wolf.

47 Bernd Ulrich und Bibi Tegzess: Macht, Gedichte, in: *Die Zeit 11(2011)*, 10. März 2011.

48 Otto Knörrich: Lexikon lyrischer Formen, Stuttgart: Kröner ²2005, S. 1.

49 Winfried Menninghaus: Hälfte des Lebens. Versuch über Hölderlins Poetik, Frankfurt a. M.: Suhrkamp 2005, S. 20.

50 Vgl. ebd., S. 40.

51 Ebd., S. 26.

52 Oskar Pastior: Das Hören des Genitivs. Gedichte, München: Hanser 1997, S. 10.

53 Oskar Pastior: ügel beg und ügel tal. Gedichte 1969–1997. album, Berlin: Akademie der Künste 1997, Track 8.

54 Oskar Pastior: »… sage, du habest es rauschen gehört«. Werkausgabe Band 1, hrsg. von Ernest Wichner, München u. a.: Hanser 2006, S. 9.

55 Friedrich Nietzsche: Sämtliche Werke. Kritische Studienausgabe, hrsg. von Giorgio Colli und Mazzino Montinari, Band 4: Also sprach Zarathustra. Ein Buch für Alle und Keinen, Berlin u. a.: de Gruyter / München: dtv 1980, S. 371 (IV., Das Lied der Schwermuth).

56 Aleksandar Flaker: Entfaltung, Realisierung, in: Ders. (Hrsg.): Glossarium der russischen Avantgarde, Wien: Droschl 1989, S. 188–212, hier S. 190.

57 Oskar Pastior: Das Unding an sich. Frankfurter Vorlesungen, Frankfurt a. M.: Suhrkamp 1994, S. 82.

58 Vgl. Stefan Speck: Von Šlovskij zu de Man, S. 7.

59 Oskar Pastior: »… sage, du habest es rauschen gehört«. Werkausgabe, Band 1, S. 140 f.

60 Ebd., S. 148 f.

61 Ebd., S. 150.

62 Ebd., S. 151.

63 Ebd., S. 152.

64 Ebd., S. 155 f.

65 Anselm Haverkamp: Figura cryptica. Theorie der literarischen Latenz, Frankfurt a. M.: Suhrkamp 2002, S. 7.

66 Oskar Pastior: »… sage, du habest es rauschen gehört«. Werkausgabe, Band 1, S. 205.

67 Ebd., S. 304.

68 Ebd., S. 159.

69 Renate Lachmann: Erzählte Phantastik, S. 382.

70 Aus: An die Neue Aubergine. Zeichen und Plunder (1976), in: Oskar Pastior: »Jetzt kann man schreiben was man will«. Werkausgabe, Band 2, S. 258.

71 Aus: Gedichtgedichte (1973), in: Oskar Pastior: »Jetzt kann man schreiben was man will«. Werkausgabe, Band 2, S. 35.

72 Oskar Pastior: »Minze Minze flaumiran Schpektrum«. Werkausgabe, Band 3, hrsg. von Ernest Wichner, München: Hanser 2004, S. 10.

73 Ebd., 21 f.

74 Ebd., S. 44.

75 Ebd., S. 44.

76 »Unterzeichneter Pastior Capesius Oskar Walter, geboren am 20. Oktober 1927 in Hermannstadt, Sohn des Pastior Oskar Robert, von Beruf Reporter, zur Zeit beim Rundfunk beschäftigt, wohnhaft in Bukarest [...], habe im Rahmen der Untersuchung zugegeben, Gedichte feindlichen Inhalts geschrieben und diese bei verschiedenen Personen verbreitet zu haben. Mir ist bewußt, daß diese meine Tätigkeit strafbar ist, und ich bitte die Organe der Securitate um die Möglichkeit, mich zu rehabilitieren und durch konkrete Taten meine Aufrichtigkeit und Loyalität gegenüber dem demokratischen Regime in der RVR zu beweisen. Ich werde in diesem Sinne alle Anstrengungen unternehmen, um dem Regime in der RVR feindlich gesonnene Elemente zu entlarven. Die Informationen, die ich liefere, werden ehrlich und objektiv sein, und ich werde nichts von dem, was ich erfahre, verbergen, unabhängig von der Person. Die Informationen werden schriftlich sein, und ich werde sie mit Stein Otto unterzeichnen. Ich werde die mir anvertrauten Geheimnisse niemand anderem anvertrauen, und im Falle der Nichtbefolgung dieser Verpflichtung bin ich einverstanden, entsprechend den Gesetzen der RVR bestraft zu werden.« Verpflichtungserklärung vom 8. Juni 1961, in: Oskar Pastiors Bukarester Securitate-Akte (ACNSAS/R 249.556). © Oskar Pastior Stiftung, Berlin. Die Quellen wurden mir von Klaus Ramm zur Verfügung gestellt.

77 Oskar Pastior: »... sage, du habest es rauschen gehört«. Werkausgabe, Band 1, S. 82.

78 Ebd., S. 89.

79 Anselm Haverkamp: Die Gerechtigkeit der Texte – Memoria: eine ›anthropologische Konstante‹ im Erkenntnisinteresse der Literaturwissenschaft?, in: Anselm Haverkamp und Renate Lachmann (Hrsg.): Memoria. Vergessen und Erinnern, München: Fink 1993, S. 17–27, hier S. 23.

80 Oskar Pastior: »… sage, du habest es rauschen gehört«. Werkausgabe, Band 1, S. 293.

81 Ebd., S. 355.

82 Ebd., S. 355.

83 Ebd., S. 356.

84 Oskar Pastior: Gimpelschneise in die Winterreise-Texte von Wilhelm Müller, Weil am Rhein: Engeler 1997, S. 20.

85 Oskar Pastior: Ein paar Beziehungsweisen, in: Gimpelschneise in die Winterreise-Texte von Wilhelm Müller, Abschnitt g (o. P.).

86 Oskar Pastior, Francesco Petrarca: 33 Gedichte. München: Hanser 1983.

87 Herta Müller: Atemschaukel, München: Hanser 2009, S. 13.

88 Vgl. Theodor W. Adorno: Über den Fetischcharakter der Musik und die Regression des Hörens, in: Gesammelte Schriften, Band 14: Dissonanzen. Einleitung in die Musiksoziologie, hrsg. von Rolf Tiedemann, Frankfurt a. M.: Suhrkamp 2003.

89 Herta Müller: Atemschaukel, S. 19.

90 Ebd., S. 14.

91 Sabine Mainberger: Die Kunst des Aufzählens. Elemente zu einer Poetik des Enumerativen, Berlin u. a.: de Gruyter 2003, S. 8. Mainberger definiert Aufzählungen folgendermaßen: »Aufzählungen nennen distinkte Elemente und egalisieren sie unter einem thematischen oder formalen Gesichtspunkt.« (S. 7).

92 Oskar Pastior: Das Unding an sich. Frankfurter Vorlesungen, Frankfurt a. M.: Suhrkamp 1994, S. 60.

93 Renate Lachmann: Erzählte Phantastik, S. 13.

94 Oskar Pastior: Das Unding an sich, S. 103.

95 Vgl. Renate Lachmann: Erzählte Phantastik, S. 26.

96 Ebd., S. 10.

97 Oskar Pastior: Das Unding an sich, S. 19.

98 Renate Lachmann: Erzählte Phantastik, S. 119.

99 Oskar Pastior: Das Unding an sich, S. 117.

100 Renate Lachmann: Erzählte Phantastik, S. 125.

101 Renate Lachmann: »Die Unlöschbarkeit der Zeichen: Das semiotische Unglück des Mnemonisten«, S. 49 f.

102 Renate Lachmann: Erzählte Phantastik, S. 379.

103 Roland Barthes: S / Z, Frankfurt a. M.: Suhrkamp 1987, S. 8 ff.

104 Ebd., S. 8 f.

105 Hanns Bächthold-Stäubli (Hrsg.): Handwörterbuch des deutschen Aberglaubens, Band 1, Berlin: de Gruyter 1927, Sp. 1043.

106 Vgl. ebd., Band 2, Sp. 891.

107 Ror Wolf: Raoul Tranchirers Notizen aus dem zerschnetzelten Leben.

108 Angemerkt sei, dass die gattungstypologische Abgrenzung der Parabel von anderen Formen vor einige theoretische Schwierigkeiten stellt. Siehe hierzu Rüdiger Zymner: Uneigentlichkeit. Studien zu Semantik und Geschichte der Parabel. Paderborn: Schöningh 1991.

109 Quintilian: Ausbildung des Redners, S. 147.

110 Oskar Pastior: »Minze Minze flaumiran Schpektrum«. Werkausgabe, Band 3, S. 237.

IV. Memoria

1 Ernst H. Gombrich: Das symbolische Bild, S. 175.

2 Über Giarda siehe Ernst H. Gombrich: Das symbolische Bild, S. 275 f., Anmerkung 4. Mit dem Titel der Rede hat es Gombrich zufolge folgende Bewandtnis: Das Barnabiteninstitut S. Alessandro in Mailand, an dem Giarda Rhetorik studiert hatte und in das er nach einem Philosophie- und Theologiestudium in Pavia sowie seiner Priesterweihe um 1623 zurückkehrte, »hatte von Carlo Bossi (1572–1649), einem Mailänder Edelmann und Diplomaten, eine Bibliothek geschenkt erhalten, die von Giarda in seinem Vorwort aufgrund der Vielzahl, der Reichhaltigkeit, der Aufstellung und der Schönheit der Bücher, die sie enthielt, als eine würdige Nachfolgerin der ursprünglichen Bibliothek von Alexandria gepriesen wurde. Ihre Unterabteilungen (*scrinia*) waren mit den Personifikationen von 16 Freien Künsten geschmückt, nach denen die Bücher der Bibliothek klassifiziert waren.«

3 Christoforo Giarda: Bibliothecae Alexandrinae Icones Symbolicae, zit. nach Ernst H. Gombrich: Das symbolische Bild, S. 176.

4 Ebd., S. 179.

5 Ernst H. Gombrich: Das symbolische Bild, S. 181.

6 Ebd., S. 176.

7 Christoforo Giarda: Bibliothecae Alexandrinae Icones Symbolicae, zit. nach Ernst H. Gombrich: Das symbolische Bild, S. 179.

8 Ernst H. Gombrich: Das symbolische Bild, S. 176.

9 Cicero: Über den Redner, Düsseldorf: Artemis & Winkler 2007, S. 299–301 (II, 351–353).

10 Ebd., S. 301 (II, 354).

11 Vgl. Erich Kleinschmidt: Autorschaft, S. 55.

12 Ebd., S. 56.

13 Vgl. Hans Blumenberg: Paradigmen zu einer Metaphorologie, in: Anselm Haverkamp (Hrsg.): Theorie der Metapher, Darmstadt: Wissenschaftliche Buchgesellschaft 1996, S. 285–315, hier S. 287 f.

14 Cicero: Über den Redner, S. 301–303 (II, 357).

15 Ebd., S. 303 (II, 358).

16 Ebd., S. 303 (II, 359–360).

17 Anselm Haverkamp: Auswendigkeit. Das Gedächtnis der Rhetorik, in: Anselm Haverkamp und Renate Lachmann (Hrsg.): Gedächtniskunst, S. 25–52, hier S. 26 f.

18 Ebd., hier S. 26.

19 Roland Borgards (Hrsg.): Schmerz und Erinnerung, Paderborn, u. a.: Fink 2005, S. 16.

20 Ebd., S. 17.

21 Klaus Reichert: Joyces Memoria, in: Anselm Haverkamp und Renate Lachmann (Hrsg.): Gedächtniskunst, S. 328–355.

22 Ebd., S. 336.

23 Rhetorica ad Herennium, S. 167 (III).

24 Nicolas Pethes und Jens Ruchatz (Hrsg.): Gedächtnis und Erinnerung. Ein interdisziplinäres Lexikon, Reinbek bei Hamburg: Rowohlt 2001, S. 196.

25 Vgl. Harald Weinrich: Metaphora Memoriae, in: Ders.: Sprache in Texten, Stuttgart: Klett-Cotta 1976, S. 291–295, hier S. 291.

26 Platon: Theaitetos 191 c, d, zit. nach Harald Weinrich: Metaphora Memoriae, S. 292.

27 Harald Weinrich: Metaphora Memoriae, S. 294.

28 Giambattista Vico: Liber metaphysicus (De antiquissima Italorum sapientia liber primus) 1710 und Riposte 1711–1712, aus dem La-

teinischen und Italienischen ins Deutsche übertr. von Stephan Otto und Helmut Viechtbauer, München: Fink 1979, S. 125.

29 Giambattista Vico: Prinzipien einer neuen Wissenschaft über die gemeinsame Natur der Völker. übers. und hrsg. von Vittorio Hösle und Christoph Jermann, Hamburg: Meiner 2009, § 819.

30 Georg Wilhelm Friedrich Hegel: Enzyklopädie der philosophischen Wissenschaften im Grundrisse. Dritter Teil: Die Philosophie des Geistes, Frankfurt a. M.: Suhrkamp 1981, S. 279 (§ 462).

31 Ebd., S. 260 (§ 453).

32 Stephan Otto: Die Wiederholung und die Bilder. Zur Philosophie des Erinnerungsbewußtseins, Hamburg: Meiner 2007, S. 46.

33 Georg Wilhelm Friedrich Hegel: Enzyklopädie der philosophischen Wissenschaften im Grundrisse, S. 244 (§ 445 Zusatz).

34 Ebd., S. 256 (§ 450 Zusatz).

35 Stephan Otto: Die Wiederholung und die Bilder, S. 44.

36 Georg Wilhelm Friedrich Hegel: Enzyklopädie der philosophischen Wissenschaften im Grundrisse, S. 278 (§ 462).

37 Ebd., S. 273 (§ 459).

38 Ebd., S. 261 f. (§ 454 Zusatz).

39 Vgl. Stephan Otto: Die Wiederholung und die Bilder, S. 14.

40 Siehe hierzu Georg Witte: Das ›Zusammen-Begreifen‹ des Blicks: Vers und Schrift, S. 265 f.

41 Stefan Rieger: »Scientia intuitiva« und Erfindungskunst, S. 180.

42 Edmond Jabès: Das kleine unverdächtige Buch der Subversion. Aus dem Französischen von Felix Philipp Ingold, München: Hanser 1985, S. 5.

43 Leo N. Tolstoj: Der Tod des Iwan Iljitsch. Aus dem Russischen von Gisela Drohla, Frankfurt a. M.: Insel 1999.

44 Edmund Husserl: Cartesianische Meditationen. Eine Einleitung in die Phänomenologie, Hamburg: Meiner 2012, S. 113 (§ 52).

45 Erika Greber: Textile Texte, S. 174.

46 Edmond Jabès: Es nimmt seinen Lauf. Aus dem Französischen von Felix Philipp Ingold, Frankfurt a. M.: Suhrkamp 1981, S. 42.

47 Reinhart Meyer-Kalkus: Stimme und Sprechkünste im 20. Jahrhundert, Berlin: Akademie 2001, S. 44 f.

48 Bernhard Waldenfels: Das Lautwerden der Stimme, in: Doris Kolesch und Sybille Krämer (Hrsg.): Stimme. Annäherung an ein

Phänomen, Frankfurt a.M.: Suhrkamp 2006, S. 191–210, hier S. 201.

49 Sybille Krämer: Die »Rehabilitierung der Stimme«. Über die Oralität hinaus, in: Doris Kolesch und Sybille Krämer (Hrsg.): Stimme, S. 269–295, hier S. 273.

50 Ebd., S. 275.

51 Bernhard Waldenfels: »Hybride Formen der Rede«, in: Ders.: Vielstimmigkeit der Rede. Studien zur Phänomenologie des Fremden, Frankfurt a.M.: Suhrkamp 1999, S. 152–170.

52 Jörg Jochen Berns: Schmerzende Bilder. Zu Machart und mnemonischer Qualität monströser Konstrukte, in: Roland Borgards (Hrsg.): Schmerz und Erinnerung, S. 25–55, hier S. 55.

53 Edmond Jabès: Das kleine unverdächtige Buch der Subversion, S. 22.

54 Ebd., S. 80.

55 Michael Lentz: Liebeserklärung, Frankfurt a.M.: S. Fischer 2003, S. 29

56 Ebd., S. 182 f.

57 Erich Kleinschmidt: Die Imagination des Imaginären, S. 26.

58 Ebd., S. 26.

59 Michael Lentz: Pazifik Exil, Frankfurt a.M.: S. Fischer 2007, S. 204.

60 Vgl. ebd., S. 221 f.

61 Vgl. Walter Benjamin: Über Sprache überhaupt und über die Sprache des Menschen, in: Gesammelte Schriften, Band II/1: Aufsätze, Essays, Vorträge, Frankfurt a.M.: Suhrkamp 2006, S. 140–157, hier: S. 142.

62 Michael Lentz: Pazifik Exil, S. 220.

63 Ebd., S. 390–393.

64 Ebd., S. 356 f.

65 Vgl. das Kapitel »Nach dem Tod meiner Mitarbeiterin M. S.« (ebd., S. 154–167.)

66 Die Gedichte *Im neunten Jahr der Flucht vor Hitler*, *Mein General ist gefallen* und *Nach dem Tod meiner Mitarbeiterin M. S.* finden sich in: Bertolt Brecht: Werke. Große kommentierte Berliner und Frankfurter Ausgabe, Band 15: Gedichte 5. Gedichte und Gedichtfragmente 1940–1956, Berlin: Aufbau / Frankfurt a.M.: Suhrkamp 1993, S. 44 f.

67 Vgl. Edmond Jabès: Das kleine unverdächtige Buch der Subversion, S. 20.

68 Ebd., S. 21.

69 Zu neueren Theorien des Imaginären siehe Erich Kleinschmidt und Nicolas Pethes (Hrsg.): Lektüren des Imaginären. Bildfunktionen in Literatur und Kultur. Köln u. a.: Böhlau 1999.

70 Gilles Deleuze: Unterhandlungen 1972–1990. Aus dem Französischen von Gustav Rossler, Frankfurt a. M.: Suhrkamp 1993, S. 97.

71 Ror Wolf: Raoul Tranchirers Notizen aus dem zerschnetzelten Leben. (Zit. nach FAZ, 27. 09. 2012, S. R 6).

72 Vgl. Renate Lachmann: »Die Unlöschbarkeit der Zeichen: Das semiotische Unglück des Mnemonisten«.

73 Hans Blumenberg: Arbeit am Mythos, Frankfurt a. M.: Suhrkamp 2006.

V. Actio

1 Christian Stetter: Stimme und Schrift, in: Waltraud Wiethölter, Hans-Georg Pott und Alfred Messerli (Hrsg): Stimme und Schrift. Zur Geschichte und Systematik sekundärer Oralität, München: Fink 2008, S. 115–131, hier S. 126.

2 Rhetorica ad Herennium, S. 157 (III).

3 Vgl. Rhetorica ad Herennium, S. 157–161 (III).

4 Quintilian: Ausbildung des Redners, S. 609 (XI 3, 1–2).

5 Ebd., S. 615 (XI 3, 19).

6 Ebd., S. 629 (XI 3, 54).

7 Ebd., S. 633 (XI 3, 61).

8 Vgl. ebd., S. 619–635 (XI 3, 30–65).

9 Ebd., S. 667 (XI 3, 154).

10 Siehe hierzu auch Dieter Mersch: Präsenz und Ethizität der Stimme, in: Doris Kolesch und Sybille Krämer (Hrsg.): Stimme, S. 211–236, hier S. 220 f.

11 Rhetorica ad Herennium, S. 153 (III).

12 Siehe ebd., S. 160 f. (III).

13 Karl-Heinz Göttert: Vox – ein vernachlässigtes Kapitel der Rhetorik, in: Heinrich F. Plett (Hrsg.): Die Aktualität der Rhetorik, S. 57–66, hier S. 62.

14 Vgl. Gunter Gebauer und Christoph Wulf: Mimesis. Kultur –
Kunst – Gesellschaft, Reinbek bei Hamburg: Rowohlt 1998,
S. 378.

15 Walter Benjamin: Über das mimetische Vermögen, in: Gesam-
melte Schriften Band II/1: Aufsätze, Essays, Vorträge, Frankfurt
a. M.: Suhrkamp 2006, S. 210–213, hier S. 213.

16 Siehe diesbezüglich Dieter Mersch: Präsenz und Ethizität der
Stimme, S. 219.

17 Hugo von Hofmannsthal: Der Schwierige, in: Sämtliche Werke
XII: Dramen 10, hrsg. von Martin Stern, Frankfurt a. M.: S. Fi-
scher 1993, S. 13 (1. Akt, 3. Szene).

18 Ebd., S. 140 (3. Akt, 13. Szene).

19 Ebd., S. 99 (2. Akt, 14. Szene).

20 Zum Topos Schweigen siehe auch: Claudia Benthien: Barockes
Schweigen. Rhetorik und Performativität des Sprachlosen im
17. Jahrhundert, München: Fink 2006.

21 Niklas Luhmann und Peter Fuchs: Reden und Schweigen, Frank-
furt a. M.: Suhrkamp 1989, S. 15.

22 Karl Valentin: Unpolitische Rede, in: Sämtliche Werke in acht Bän-
den, Band 1: Monologe und Soloszenen, hrsg. von Helmut Bach-
maier und Dieter Wöhrle, München: Piper 1992, S. 45 f.

23 Johann Peter Hebel: Kannitverstan, in: Ders.: Die Kalenderge-
schichten. Sämtliche Erzählungen aus dem Rheinländischen
Hausfreund, hrsg. von Hannelore Schlaffer und Harald Zils, Mün-
chen: dtv 2010, S. 164.

24 Karl Kraus: Aphorismen. Sprüche und Widersprüche, Pro domo
et mundo. Nachts, hrsg. von Christian Wagenknecht, Frankfurt
a. M.: Suhrkamp 1986, S. 326.

25 Hugo von Hofmannsthal: Der Schwierige, S. 142 (3. Akt, 13. Szene).

26 Kluge. Etymologisches Wörterbuch der deutschen Sprache, bearb.
von Elmar Seebold, Berlin u. a.: de Gruyter [25]2011, S. 195.

27 Karl Valentin: Sämtliche Werke in acht Bänden, Band 1: Monologe
und Solszenen, S. 45 f.

28 Georg Büchner: Leonce und Lena. Ein Lustspiel, in: Werke und
Briefe, hrsg. von Karl Pörnbacher, München: Hanser 1988, S. 165
(I, 2).

29 Siehe hierzu den ausgezeichneten Aufsatz von Petra Gehring: Die

Wiederholungs-Stimme. Über die Strafe der Echo, in: Doris Kolesch und Sybille Krämer (Hrsg.): Stimme, S. 85–110.

30 Moshe Idel: Die laut gelesene Tora. Stimmengemeinschaft in der jüdischen Mystik, in: Friedrich Kittler, Thomas Macho und Sigrid Weigel (Hrsg.): Zwischen Rauschen und Offenbarung. Zur Kultur- und Mediengeschichte der Stimme, Berlin: Akademie 2008, S. 19–53, hier S. 28.

31 Vgl. ebd., S. 36.